香溪古韵

兴山非物质文化遗产资源与传承

何兴 黄妮丽◎主编

『兴山民歌』因其特有的『兴山三度音程』而得名

团结出版社

UNITY PRESS

图书在版编目(CIP)数据

香溪古韵：兴山非物质文化遗产资源与传承 / 何兴，
黄妮丽主编. —北京：团结出版社，2018.3

ISBN 978-7-5126-6153-0

Ⅰ. ①香… Ⅱ. ①何…②黄… Ⅲ. ①非物质文化遗产
–介绍–兴山县 Ⅳ. ①G127.634

中国版本图书馆 CIP 数据核字(2018)第 039305 号

出　　版：团结出版社
　　　　　（北京市东城区东皇城根南街 84 号　　邮编：100006）
电　　话：(010) 65228880　65244790
网　　址：www.tjpress.com
E - mail：65244790@163.com
经　　销：全国新华书店
出版策划：成都力扬文化传播有限公司　028-86965206
印　　刷：成都勤德印务有限公司
开　　本：787mm×1092mm　1/16
印　　张：20
字　　数：400 千字
版　　次：2018 年 5 月第 1 版
印　　次：2018 年 5 月第 1 次印刷
书　　号：ISBN　978-7-5126-6153-0
定　　价：50.00 元

文化自信（代序）

◎ 蔡长明

　　1980年5月，在中国民间文艺研究会湖北分会筹备组的帮助下，兴山出版了第一部《王昭君的传说》，8月，中国民间文艺家研究会湖北分会的老领导和专家，江云、刘守华、刘不朽等一行，前来兴山举办全省第一期培训班，继后又有省文艺专家李继尧、钱宏山来兴山举办第二期培训班，于是便有了兴山第二部《民间传说故事集》。20世纪80年代，全国启动了"中国民间文学集成"工程，由此催生出了《兴山民歌集》、《兴山民谚集》、《兴山民间故事集》三大成果。《李来享传说故事》《昭君故里民歌精选》《兴山民俗》也于90年代末纷纷出版问世。上述成果都为后来申报非物质文化遗产名录工作打下了良好基础。

　　2004年，文化部、财政部联合发布《关于实施中国民族民间文化保护工程的通知》，在此之前，兴山县委宣传部、县文化局已联合印发了《关于成立兴山县抢救保护优秀民间文化遗产领导小组的通知》。兴山历来重视民间文化保护工作，对非物质文化遗产项目申报工作起步早，行动快，当国务院〔2006〕18号文件公布《第一批国家级非物质文化遗产名录》时，"兴山民歌"、"兴山薅草锣鼓"便榜上有名。

　　2004至2014年，十年时间，在县委的重视和关怀下，全县文化文艺工作者爬坡上岭、栉风沐雨,深入民间,凭着对"非遗"文化的热爱和对文艺事业的忠诚,共计抢救申报非物质文化遗产项目26个,其中国家级3个、省级3个、市级3个、县级17个;非物质文化遗产项目代表性传承人计118人,其中国家级2人、省级13人、市级40人、县级63人。这些成绩来之不易,与宜昌市兄弟县相比,兴山虽属山区小县,取得的"非遗"成果却名列前茅。

兴山原为楚始封地,《史记·楚世家第十》记载:高阳是黄帝的孙子,昌意的儿子。高阳氏的后人姓芈,楚国就是他们后代的封地。诗人屈原在《离骚》中吟道:"帝高阳之苗裔兮,朕皇考曰伯庸",即我是颛顼高阳的后裔,父亲的名字叫伯庸,印证了"兴山乃古帝高阳之国"的说法。兴山又属巴楚人文交汇地,既有楚人的坚贞,又有巴人的强悍,地域文化特色鲜明。高阳氏、屈原、昭君、李来享等历史人物,极大地丰富了兴山文化的历史感和厚重感,致使今天才有了我们的文化自信。

古时候由于生产力原始低下,生产过程中付出的劳动强度非常大,艰辛苦闷中,人们"随耘随歌,自叶音节谓之薅草歌";光歌无乐不热闹,于是便由歌声而延想到锣鼓。清同治《兴山县志》记载:"春时村邻易工相助,间有无业之民傭,值自食其力,垦荒土者,聚众数十人,鸣金击鼓唱歌。"人们口头艺术的创作灵感在劳动过程中激发出来,反过来歌声又激发着劳动能力的增加。由此,古老粗犷的"兴山民歌"、"兴山薅草锣鼓"、"兴山五句子歌谣"被源源不断地生发、创造出来。农事节气,民情风俗。"一如元旦十至十五,并演蟠龙跳狮花鼓诸杂剧,又张布作幄,方阔二丈许,中列灯彩,异人行,谓之彩棚,逐夜笙箫鼓乐,遍游街市"。丰富多彩的民间文艺活动,给"兴山围鼓"、"兴山地花鼓"提供了广阔的生存和发展空间。中国古代四大美女之一的王昭君,十六岁走进汉宫,公元前三十三年出塞和亲,给汉、匈两族带来了长达五十余年"边城晏闭、牛马布野"的升平景象。"昭君娘娘和北番"的传说家喻户晓,一首和谐曲,慷慨越千年,成就了民族和平使者——兴山的女儿,世界的昭君。"李来享的传说"、"文三猴子的故事"、"兴山踩堂戏"等"非遗"名录,共同构成了兴山人民特有的精神价值，思维方式和想象力，体现了先民旺盛的生命力和创造力，是兴山人民劳动、生活与智慧的结晶，让历史文化焕发出生命的光辉，为兴山当代的旅游事业、经济发展提供了雄厚的文化依据。

非物质文化遗产，又称人类口头和非物质遗产、无形文化遗产，是人类通过口传心授、世代相传的、活态流变的文化遗产。非物质文化遗产的传承和保护是个浩大的系统工程。首先还要加大普查力度，摸清家底，力争不漏一项；其次是利用现代化的手段，对现有的非物质文化遗产名录进行全面、真实、详尽的记录，建立数据库，实行分级保护制度；最后是出版各类大众读物，图书、图册或音像制品，其目的就是普及"非遗"知识，增强人们对"非遗"的保护意识。譬如"昭君故里三条龙"、"奂状元的故事"、"香溪船工号子"、"兴山狩猎"、"兴山刺绣"等诸多项目需要我们去挖掘、整理和申报。随着城镇化建设步伐加快，自然村落的快速消失，民间艺人一年一年锐减，人亡艺息的现象时有发生。虽然说当前的物质条件比以前好了很多，电脑、摄像机、照相机、录音笔都是高端名牌，但高端名牌必须由人工操作使用，说到底是个队伍建设问题。我们的文化前辈为抢救保护民族民间文化作出了重大贡献，眼下迫在眉睫的是急需一批承前启后，具备一定业务素养的专业技术人才，把抢救非物质文化遗产的重任肩负起来，切莫让我们的祖先在生产生活实践中创造出来的文化遗产，杳无声息地淹没在历史的长河中。尤其在物质条件，工作环境都好于任何时候的今天，我们有理由期待兴山的文化文艺工作者，在非物质文化遗产的抢救、保护、传承、开发、利用工作中，展示才华，做出更加瞩目的成绩，使其成为一张对外交流的文化名片，给昭君故里增添新的光彩。

2016年8月22日

（作者系中国民协会员，省作协会员，二级作家）

代序 文化自信

第1章 兴山民歌

溪韵古香

第一节 项目概论

所在区域及其地理环境：湖北省兴山县因县治兴起于群山之中而得名。汉时属南郡，三国吴景帝永安三年（公元260年）析秭归北界置兴山县。位于大巴山余脉，长江西陵峡北侧，东邻宜昌市、保康县，南连秭归县，北靠神农架林区，西接巴东县。东经110°25′至111°06′，北纬31°04′至31°34′。距宜昌市146公里，距三峡大坝80公里，距神农架60公里。总人口18.5万人，国土面积2372平方公里。

兴山县沟壑幽深，山高坡陡。"讲话听得见，走到大半天"是该县大部分地貌的真实写照。年平均气温15.3℃，年降雨量900-1200毫米，年平均无霜期216天左右。森林覆盖率达60.3%，活立木蓄积量达487.36万立方米。目前已发现43种有用矿产资源，其中属优势资源的主要有磷矿、硫铁矿、煤炭、银钒矿和花岗岩等。

由于境内山高路险，溪河纵横，林密人稀，六十年代前交通极其闭塞，五十年代末才修建34公里的兴（山）——香（溪）公路，七十年代初开发神农架，修建兴（山）——神（农架）公路，其后209国道穿过县境。封闭的地理环境，构成保存兴山民歌的重要条件之一。

分布区域：兴山民歌分布于兴山县各乡镇及其东、南、北部的周边地区，西部的高桥乡，虽有所分布，但不如其它乡镇的普遍。

历史渊源：兴山民歌源远流长，1987年在中国艺术研究院音乐研究所原所长黄翔鹏和中国音乐学院教授何昌林的帮助下，兴山县文化局的王庆沅与福建省永安市文化馆馆长、戏剧工作者卢天生共同对宋代时期从湖北江陵辗转迁徙至今永安市清水乡丰田村（又叫南丰洋村、丰田洋村）人的族谱《熊氏祖图》的真伪进行鉴别考证，以及当地独有的"大腔戏"、山歌进行测音验证后，将其确认为"荆楚古歌"的遗存，已至少有800多年的历史了；从苏东坡听黄州

①兴山民歌国家级代表性传承人陈家珍
②陈家珍在全国第十四届群星奖比赛晚会上和长阳山歌传人王爱民一家登台喊歌
③2010 年 1 月 23 日，兴山县黄粮镇户溪村陈家珍传习所成立

①
②③

人群聚讴歌，"其音亦不中律吕"的记载可知，这种歌已有900多年的历史；刘禹锡在建平听里中儿联歌说："聆其音，中黄钟之羽"，可将这种歌的历史推到中唐；（3）再与曾侯乙编钟音律比较，三度定律结构相一致，就将其历史上溯到2400多年前；还可从西周、商代编钟的音列结构中找到较多的含有介于大、小三度之间的音程，尤其是西周中义钟，其四声结构关系，与兴山体系民歌《送郎》的四声结构关系竟如此的吻合！特别是1992年在本地区长阳县磨市出土的商周青铜"猪磬"，也存在一个335音分的介于大、小三度之间的音程，其三声结构关系与兴山三度三声腔民歌的结构相同相似。故兴山民歌被人誉为"荆楚古歌活化石"。

基本内容："兴山民歌"特指"兴山特性三度体系民歌"，音调奇特，主要在于音阶（列）结构中含有一个介于大、小三度之间的音程（如do-mi），在黄翔鹏亲自指导下，经中国艺术研究院音乐研究所声学实验室测定，音程值多游移在350±15音分，它不同于中立音，经杨匡民先生提议，黄翔鹏先生认同，命名为"兴山特性三度音程",简称"兴山三度音程",其↑do音被谑称为"钢琴缝里的音"。

兴山民歌仅有的两种三音歌的结构关系是:

↑do — mi — slo　　　　↓la — do — (↓)re
350±15　300±15　　　　350±15　180±15

这两种三声腔构成了兴山民歌音调的"核腔",五声音阶就建立在它们之上:

(↑fa) — ↓sol — (↓)la — do — (↓)re — mi — sol — (↓)la

介于大小　小三度　大二度　大二度　小三度　大二度

三度之间　(有时介于大　(有时偏窄)(有时偏窄)

小三度之间)

它的音律结构不是建立在整体音阶关系之上,而是建立在音级的进行关系之上。当煞声于↓sol(常游移过低而为↑fa)时,la音不偏低,la - do为小三度;当煞声于↓la时,la - do为350±15音分。re有时偏低,(↓)re - mi总是个大二度;mi - sol总是个小三度,sol与上方的(↓)la是个大二度音程,但时有偏窄现象。由此构成的音阶,亦被称为"兴山音阶"。

兴山民歌之所以能在兴山集中的保存,除地理环境外,主要依赖于薅草锣鼓这个载体,事实已经证明,没有薅草锣鼓就没有兴山民歌,一旦薅草锣鼓消亡,兴山民歌必将随之绝响。此外,丧鼓虽然也是个载体。

兴山薅草锣鼓分花锣鼓与攒鼓两大类,花锣鼓又分为三遍子锣鼓、四遍子锣鼓和五遍子锣鼓三种,其歌腔有别,唱法各异。三遍子锣鼓唱"鬼音"(或称"尖音"、"窄音",即高八度的假声歌唱),其它两种花锣鼓唱"满口音"(或称"秃音",即高八度的真声歌唱),疲劳时唱"二黄"(低八度的真声歌唱)。

薅草锣鼓歌腔的体裁多样,题材众多,歌腔丰富,"只要能唱的就可打锣鼓",一般薅草锣鼓班子至少可唱100多首曲调,水平高的可唱400—500多首。薅草锣鼓是个庞杂的、特大的大套曲,其中的扬歌,又是套曲中的大套曲,能带着其它歌腔演唱,如扬歌带(或称"搭")赞、扬歌带戏、扬歌带采(茶)、扬歌带号,过去还带着《黑暗传》唱。五遍子锣鼓唱扬歌时,锣鼓艺人还与薅草人阴、阳、摇、赞的对歌(其它锣鼓不对歌),其中包含着不少古代文化的信息。

相关器具、制品及作品:兴山薅草锣鼓的组成乐器有锣和鼓,极少数的地方(如峡口镇秀龙村)在唱扬歌带"皮条条"(皮影)戏腔时加入唢呐伴奏。

锣面直径较大，一般在42厘米以上，锣边较宽，约3.3厘米，锣板较厚。锣槌长25.5厘米左右，直径0.7—0.8厘米，槌头长3.5厘米左右，直径3.7厘米左右，过去多用布条缠成，现今有的用多层板车轮胎扎成。鼓高16.5厘米左右，鼓面直径23厘米，现在仍为农村扎鼓匠制作，鼓盆用整段核桃木（或夜杭木），按尺寸画线后将其挖空，然后蒙上牛皮。鼓皮选用4岁以上的水牛皮，以肩胛骨部位的为最好。鼓槌长25.5厘米左右，直径1厘米左右，两端粗细相当。演奏时锣挂在权（锣）杆上，权杆高114厘米，权杆横梁长40厘米，用1—2厘米粗的树枝依锣的边缘弯成弧度而成。唢呐为中音唢呐，杆长27厘米，唢呐碗高12厘米、直径13厘米，填心长4.5厘米，堵片直径4厘米，现在都于市场购买。只用六个音孔吹奏，采用循环换气法。

① ②
③

①陈家珍在全国、省、市各级比赛中获得的奖杯、奖牌。
②陈家珍及全家在全国第三届南北民歌擂台赛中获得银奖
③陈家珍于2006年6月8日获得兴山县人民政府颁发的"兴山县文化工作特别贡献奖"。

基本特征：

1. 兴山民歌于世界音乐之林别具一格，兴山三度音程与阿拉伯地区的中立音不同，兴山音阶有别于世界任何音阶，唯兴山民歌独有，具有独树一帜的本土性特征和很强的地域性特征。

2. 兴山与福建丰田村各自保留的↑do mi sol和↓la do ⁽↓⁾re两种三音歌800多年来一成不变的事实，见证了中国传统文化传承的顽强生命力，具有传承的久远性和稳定性的特征。

3. 兴山民歌演唱于人民生活的方方面面，构成了人民生活不可或缺的组成部分，具有群体性的特征。

4. 兴山民歌有赖于薅草锣鼓而传承，依赖于薅草锣鼓而生存，明显的表现出对薅草锣鼓依存性的特征。

5. 兴山民歌的音调，历来给"外来人"以"悲"、"哭死人的调子"的感觉。从汉武帝立乐府到唐太宗制雅乐，都有楚音"哀伤"、"悲"的记载；(《旧唐书·音乐志》)《寰宇记案·甲乙存稿》也记载有："郢中田歌……音调极悲"；所有对竹枝歌音调的描写，都是千口同声、毫无例外的唱"悲苦、愁绝"之调。直至今人也认为兴山民歌"音悲"。其实不然，楚人却以为乐，刘

兴山民歌"乡音组合"在决赛中演唱《姐不招手郎不来》

禹锡和黄庭坚在他们的竹枝歌中都曾精辟地指出："南人行乐北人悲"、"北人坠泪南人笑"(《梦李白诵竹枝词三叠》末章)。这只是我国南、北人及现今本地人、外来人的审美心理不同罢了。所谓的"悲",正是荆楚古音的美学特征。

6. 兴山民歌不见经传,让人不识音高、不辨调式、不好记谱、很难学唱。在三声音列中,可有1—2个音"不准",五声音阶中可有2—3个音"不准",一个未受过这种民歌熏陶的人,要唱好这种歌是很困难的,即是专业声乐人员也不例外,具有很高演唱难度的特征。

7. 兴山县除兴山民歌外,还流传有众所熟悉音调的外来民歌和花鼓戏的唱腔,两种音调各异,在歌手口中泾渭分明,从不混淆,具有兼容并蓄的共存性特征。

主要价值:

(一)历史价值

1. 证明了我国传统音乐顽强的生命力和稳定的遗传性:兴山民歌在一片失传声中传承了下来,为中国传统音乐并未失传提供了无可辩驳的铁证。黄翔鹏先生曾在接受武汉电视台采访时说:"兴山县三度音系的民歌,……一是对于民族音乐方面的研究,是具有独有的一种特性,再一就是对于我国古代民歌的音调，现在已经有确实的证据，它有很古的渊源，所以它的价值是很高的。"他在"亚太地区传统音乐研讨会"发表的论文《论中国传统音乐的保存和发展》中说："湖北省'神农架'山区流传着一种具有特性音调的歌曲……它和福建永安县（现为市）南丰洋村的'大腔戏'在音调上相似……这就说明至少800年来这种民间音调并无改变的事实。更毋论它在800年前已流传多久了。"

2. 证明了我国具有独特的本土音乐：一些西方学者认为，在世界的东方只有印尼的'甘美兰音阶'，兴山民歌的发现，证明了在世界的东方还有中国的"兴山音阶"。

3. 揭示了荆楚古歌的面貌，客观看待'今乐'同'古乐'的关系：对于古乐，文献的记载只是为我们描述了一个大概的骨架，兴山民歌的发现，基本揭示了荆楚古歌的面貌。冯洁轩在《中国古代音乐史研究述评》中说："《荆楚古音考》……这一发现，其价值不止于向人们揭示了荆楚古音的面貌，它还与其它类似事例一起，进一步证明了，在一个民族或地区音乐的发展过程中，虽不乏因革新或与其它民族或地区的音乐交流而产生的变异，但却确有其顽固的自身继承性存在（这和生物学的遗传性相似），甚至能经历千年而不改变。这现象对于如何看待'今乐'同'古乐'的关系，也是发人深省的"。（《中国音

第一章　兴山民歌

乐年鉴》1989年第47页）。

4. 保存了我国古代音乐的信息：兴山民歌保存了我国古代音乐和佛教音乐的信息，对于研究中国音乐史、中国传统音乐、佛教音乐及古代楚人民风民俗、文化心理、审美取向等，都具有一定的价值。

（二）科学价值

1. 证明了我国具有有别于欧洲大小调体系的乐律学原理：兴山民歌的调式、和声、音调结构、音律关系等都独具自己的原理。从乐学来讲，调式上：音调的构建依赖于音级关系，不存在调式发展功能逻辑的规定作用，使煞声灵活多样，可供选择的煞声至少有六个之多；转调手法也极其自由方便，如大二度是远关系转调，按欧洲理论要经过中间调的过度，而兴山民歌的原理则可直接一步跨过。音级关系上：最具亲和力的是小三度和大二度，显著有别于欧洲体系理论的四、五度的关系。和声上：用"钢琴缝里的音"配成的和声，具有新颖、别致的效果。

从律学来看，这是一个不为人知的律制。中国律学学会会长、武汉音乐学院教授郑荣达说："这种未受污染的原生态民

2011年，兴山民歌传承示范基地在高岚小学挂牌

2005年6月，兴山民歌传承示范基地在黄粮小学举行授牌仪式，孙进先（左二）担任授课教师

黄粮镇中心小学邀请有关专家到校传授兴山民歌知识

兴山民歌培训班

歌，无论从乐学、律学角度都具有其它民歌所没有的特点，对于研究中国古代荆楚地区音调有很大价值和意义。"

兴山民歌所蕴含的深层的乐律学原理，为我们提出了一个新的课题，有待我们进一步研究。它所具有的独特的乐律学原理，无疑将丰富我国的音乐理论，填补世界音乐理论的空白。

2. 证明了我国民间艺术实践中，存在着与出土乐器相一致的律学原理：出土乐器是僵死的音群，兴山民歌是鲜活的古歌，尽管如此，兴山民歌还是证明了两者具有一致的律学原理，商周编钟如此，曾侯乙编钟也不例外。王子初在《纪念曾侯乙编钟出土十周年国际学术会议在武汉召开》一文中说："王庆沅……深入细致地研究了兴山特性三度体系的民歌，与曾钟的定律结构作了比较后发现，两者在五度关系律位上构筑起"甫页—曾"结构的定律框架存在着鲜明的一致性。"（《中国音乐年鉴》1989年第268页）王婴在《律学研究》中也说："王庆沅的《曾侯乙编钟与兴山体系民歌的定律结构》……则对曾侯乙编钟的生律法作了进一步的探索。"（《中国音乐年鉴》1989年第62页）

3. 揭示了介于大、小三度之间的350音分左右的音程，是我国民族音乐中的一个常规音程：对于350音分左右的音程，历来按欧洲音乐理论归纳为小三度，因而把↑do mi sol三音歌认作#do mi sol或la do bmi的所谓"减五度三音歌"。兴山民歌证明了这个音程，是我国民族音乐中的一个久远的、客观存在的常规音程，不可用欧洲音乐理论的小三度来框套。

4. 见证了我国民间歌唱方法的持久性与科学性：《东坡集》记载："余来黄州，闻黄人二三月皆群聚讴歌，其词固不可解，而其音亦不中律吕，但宛转其声往返高下如鸡唱尔，与庙堂中所闻鸡人传漏微似。"有人将这种方法演唱的歌称为"鸡鸣歌"。兴山人现在唱扬歌和号子，为把唱前憋足的一口气全部释放掉，以求得暂时的放松，往往在一句之余，发出"噢"的一声喉音，确如公鸡打鸣后"噢"的一声落音，这种奇妙的演唱，被称之为"鸡鸣歌"是再形象不过的了。兴山民歌的演唱和黄人的讴歌是一脉相承的，这种鸡鸣歌至少唱了一千多年。

兴山民歌的发声方法，特别是用"尖音"演唱，一开口就挣得脸红脖子粗，青筋暴露，但在薅草时节，锣鼓艺人一天唱到晚，一连唱一、二个月，嗓子就是不哑。据武汉音乐学院前副院长史新民、声乐教授李万敬等先生研究，其发声方法完全科学。

(三) 文化价值

1. 作为巴歌的参照系，具有文化认同的价值：楚文化与巴文化是我国南方的主要文化。兴山处于巴楚交界之地，巴楚人民长期生活在一起，文化上形成了诸多共性的东西。因而从楚歌参照出，巴歌应与之为同一音调体系。不仅如此，还与我国南方诸多民族的文化有着密切的联系。众所周知，竹枝歌在我国文坛上有着重要地位，它是竹崇拜的产物，崇拜的竹王是"自大"的夜郎国的国王。夜郎人于灭国后，融入了楚、巴、苗、瑶、壮、彝、布依、云南德钦等地的藏族等多个民族，并且与侗、水、仡佬、傈僳、纳西等民族的族源有着密切的关系，文化传统上有着千丝万缕的联系（包括吴越文化）。尽管他们现处不同的地区，但都是唱竹枝歌的民族，同属"悲歌"体系，统一在同一特性音调之下，有着同一文化心理。这一文化纽带，有助于增强文化的群体意义，增强民族团结、增强社会凝聚力、构建和谐社会、促进文化交流的作用。

2. 兴山民歌独特的乐律学原理，具有学习、研究的价值：

兴山县被武汉音乐学院作为学生采风、实习基地，其理论被一些教授列为有关专业研究生的必学课程。

3. 兴山民歌提供了新颖的音乐创作和仿古音乐创作的素材，具有现实利用的价值：以兴山民歌作素材创作、改编的作品，音调新奇，在比赛中屡屡获奖，例如，兴山县著名歌手陈家珍老少三代被湖北省群众艺术馆、民族民间文

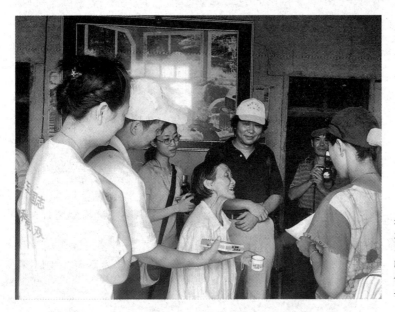

兴山县被武汉音乐学院定为"教学实习基地"。图为陈家珍为同学们演唱、介绍兴山民歌。

化保护中心调往武汉参加"'两湖春'湖北省民族民间文化大型广场演出",演唱用兴山民歌为素材改编的歌曲《致富花开千万朵》,产生强烈的剧场轰动效应,武汉地区六家报刊在显著位置争相报道。还被中央电视台(音乐频道)、上海电视台、武汉电视台、湖北人民广播电台、宜昌电视台等媒体采访制作了有关兴山民歌的专题节目。

*濒危状况:*兴山民歌现在面临的状况是:薅草锣鼓班子很少了,薅草锣鼓极少打了,兴山民歌极少唱了,会唱的老了(50岁以上的占70%以上),不会唱的年轻人又不愿学,正面临着自然消亡。因此,如不下大力气、采取得力措施进行抢救保护的话,最多不过十年,薅草锣鼓必将消亡殆尽,兴山民歌也必将随之绝响!

从最近的田野调查来看,兴山县在建国初期有薅草锣鼓班子120—130个,而现在已不足30个了,能唱兴山民歌的人已为数不多,所占比例还不到全县总人口的10%,并且多为50岁以上的老年人,占能唱兴山民歌人数的70%左右。由于多年不唱,所记曲调也大为减少,甚至有的锣鼓艺人现在只记得30—40首歌了。以2004年被命名为"民歌村"的黄粮镇户溪村为例,全村6个组,1912人,会唱兴山民歌的只有183人,占全村人口的11%,其中50岁以上的128人,占70%,年龄最大的91岁。在建国初期有6个薅草锣鼓班子,到人民公社时发展到10个,沟壑岭上到处飘荡着兴山民歌的歌声,而现今只剩2个班子。作为重点保护的民歌村尚且如此,一般村的情况就可想而知了。实际上不少地方已经消亡,如古夫镇龙池村在建国初期有8个薅草锣鼓班子,现在仅存二、三位70多岁能唱兴山民歌的人了。

第二节　田野调查

一、概述

1987年，兴山县文化局王庆沅在中国艺术研究院音乐研究所原所长黄翔鹏先生和中国音乐学院教授何昌林先生的帮助下，考证出兴山民歌为"荆楚古歌"的遗存，为世人所瞩目。这种"具有我国民族特点的一种音乐"，不止于揭示了荆楚古歌的面貌，还对于我国古代音乐史、我国传统民歌的传承与变异以及有异于欧洲音乐体系的独特的乐律学原理等具有很高的研究价值和重要的现实意义。兴山民歌有赖于薅草锣鼓载体，随着社会的变革、科学技术的进步，现今已很少打薅草锣鼓了，艺人年事已高，后继无人，荆楚古歌将随着薅草锣鼓的消亡而绝响于世，处于极端濒危状态，抢救保护工作已是刻不容缓。

二、风俗

《兴山县治》（清朝同治版）的"风俗"篇记载："山石硗确，地无平衍，农不宜谷，蚕不宜桑，仅资茶黍栗漆蕨为生。"不难看出，兴山是个山大坡陡，人贫地瘠之地。

兴山以汉族为主，人民穿着朴素，现在和其它地方已无明显的区别，但在偏远的山区，偶尔还能看到头上缠有白布（俗称"打包头"），身着青色布衣，脚穿宽口布鞋的老人，也还能看到头蓄小辫或剪瓦盖头，身系百家锁（又名"长命锁"），脚穿狮子鞋的顽童，这种"打包头"乃是邑人的风俗，在《兴山县治》（清朝同治版）上曾提到："在邑居人尚具衣贯，乡间男妇多以手巾缠头"，正是由于兴山古为巴、楚交界之地，楚、巴人民共居，风俗并存。兴山人热情好客，红白喜事，具酒待客，同时收情受礼，一般酒席"十碗一炖盆"，十分热闹。这里的人有着"积谷防饥"的传统观念，生活节俭，细水长流。

兴山民间的传统节日有春节、元宵节、清明节、端午节、中元节、中秋节、重阳节等，传统节日的乡风旧俗，明清以来经久未衰。特别是在农历正月初一至十五日的民俗活动中，包容了很多兴山民歌和传统舞蹈，以一村或联村的形式有组织的进行龙灯舞、狮子舞、花鼓舞等的演出，其中舞蹈形式多样，表演多姿多彩，唱腔婉转动听，感染力很强，深受山里人喜欢。兴山民歌则多出现在农民的劳动中或劳动之余。田地相邻的农民在劳动中便歌声相连，此唱彼和，即使是单独劳作也会哼上几句。兴山民歌音调明朗，有的欢快奔放，有的悲凄婉转，是劳动人民消累解乏，自娱自乐的工具。

兴山临近道教圣地武当山，受其影响较深，道教和佛教曾在这里有着众多的信徒，在二十世纪八十年代以前，曾有很多的信徒自发组织徒步到武当山还愿、朝拜。受其影响在兴山的薅草锣鼓中也融入了很多有关宗教的传说故事和宗教中使用的一些典籍。

三、田野调查情况

由于兴山特殊的地理环境，使其受外来文化的影响较少，演变过程比较缓慢，因而能保持较多古朴、原始的文化风貌。兴山民歌是最好的例子，它与现今一般流行的五声音阶的民歌有不同的音律，曲调对外来人来说不一定好听，

申遗工作专班采访艺人彭泗德

第一章 兴山民歌

2010年兴山民歌国家级非遗传承人鼓泗德传习所挂牌 摄影 何兴

但这种音调的重要意义及宝贵价值，在于它是我国古代的一种音调的遗存。民族音乐研究专家王庆沅（原文化局副局长）经过对其进行十多年的研究，认为这种民歌是"800年前的一种荆楚古音"，这一观点已得到音乐界的认可，这就为我们研究中国古代音乐提供了一个"活化石"。

根据国务院办公厅关于加强我国非物质文化遗产保护工作的意见和文化部办公厅关于开展非物质文化遗产普查工作的通知，兴山县人民政府于2005年7月7日召开了申报"兴山民歌"非物质文化遗产代表作项目的动员大会，文化局抽调15人，广播电视局抽调2人，城建规划局抽1人组成专班，从7月8日至8月3日分成五个田野采访小组，本着事实求是的原则对全县进行了系统的调查，具体情况如下：

（一）兴山民歌分布情况

通过田野调查小组的普查，发现在全县8个乡镇48个村尚有兴山民歌的存在，这种民歌之所以能分布的这么广，主要是因为它与人们劳动紧密相关。人们在薅草的过程中打锣鼓，演唱伴随着劳动；当玉米收获的季节，人们晚上围坐在一起边撕玉米衣（壳）边唱山歌，当地人称之为唱"赶五句子"，还有的人在扎鞋垫、找猪草、喂牲口等劳动中都会唱上几段以调节心情（有拍摄录像为证）。经过初步的统计，整个的调查范围内共有9673首兴山民歌（此数目为各艺人口述的数字总和）。

这种民歌有着众多的载体，如薅草锣鼓、丧鼓、灯歌等，在此仅以最主要的载体——薅草锣鼓为例，对其进行系统的说明。

（二）民间艺人情况

从调查情况来看，现今全县会唱兴山民歌的人有742人，年龄在50岁以下的艺人有225人，占全县艺人总数的30%，年龄在50岁以上的有517人，占全县艺人总数的70%，年龄最大的91岁。其中最具代表性的重点艺人有73人。从这些艺人的艺术生涯中我们可以看出，艺人们由于所居住的区域、环境、习俗的不同，在艺术特长、演唱风格、传承体系等诸多方面既有普遍的共性也有独特的个性。共性特点是艺人们都能集多种民间艺术于一身，这是因为在传承方式上是家族传承和社会传承相结合之故。在调查的过程中，我们发现一些通过家族传承的艺人比通过社会传承的艺人在演唱上更具特点，风格更为清晰，内容也更为完整。但社会传承对家族传承又是一个很好的补充，家族传承在很大程度上受到局限，只能学到一家之长，而社会传承则是习百家之长以补自身之短。这就使诸多民间艺术技艺能相互渗透，丰富民间艺人的演唱技巧，具有很强的感染力。

2010年10月31日，中共中央政治局常委李长春等领导在兴山调研合影，陈家珍（前排左二）

这里的民间艺人们对兴山民歌情有独钟，他们把这些民间艺术视为第二生命，一生都为此付出了毕生的心血。在这次调查过程中，我们看到和听到了很多感人的故事，他们对艺术的执着使我们为之感动。

7月16日田野调查小组赴黄粮镇店子垭村进行调查。7月17日早上六点多，一位叫秦宝军（男、81岁）的老人叫开了我们住户家的门，当我们见到他时，对他能打薅草锣鼓都存有一丝怀疑。因他老态龙钟，步履蹒跚，由于几年前得了脑血栓，口齿也不是很清楚。但我们万万没有想到的是这样一位衣衫褴褛，手蹓拐杖的老人是听说有人来收集民歌而特意从4、5里路外赶来的。经过交谈得知，在这个村中他是最优秀的歌师傅，于是我们抱着一试的心态请他打一回锣鼓。锣鼓一响，我们都惊呆了，他完全像换了一个人，精神振奋，在演唱上时而高亢粗犷，时而委婉悠扬，如痴如醉，旁若无人。当地人都说他是一个性格孤僻，言语不多的老人，但他一说起演唱薅草锣鼓的往事时，变得手舞足蹈，

中国艺术研究院研究员乔建忠采访国家级传承人彭泗德

中央音乐学院教授金湘采访陈家珍老人

2009年5月，舒德应（中）在普查中演唱兴山民歌

2013年5月，万会知（右三）参与接待李玉刚一行在兴山的采风活动 摄影 何兴

艺人李奎表演民歌

接近全力的向我们倾诉，生怕我们听不清楚。从他那激动的神情中，完全看不出他已是一个81岁的古稀老人。我们临离开时，他一脸悲哀，表现出依依不舍的神情，拉着我们的手千叮咛，万嘱咐："你们还要来啊，下次再来一定要来找我，我还有很多的歌要给你们唱。"当我们慢慢的走远，不经意的回头一望，他仍然还站在那里遥望着我们，不停的向我们挥手，我们无不被感动的热泪盈眶。

黄粮镇户溪村四组的姚楚保一生都酷爱打薅草锣鼓，也是当地有名的"锣鼓匠"。当他知道自己得了癌症，将不久于人世，他显得很悲伤。他在生命最后的这段时间里，将以前和自己一起打薅草锣鼓的兄弟们叫到一起，在家不停的打锣鼓，和他们交流着技艺和几十年来打锣鼓的心得。他就这样不知疲倦的打着锣鼓，直到带着遗憾离开这个世界。据户溪村四组的姚楚清回忆，姚楚保在临终前没有给自己的家人留下只言片语，而是唱着那悲凄的民歌，直到咽下最后一口气。

(三) 重点乡镇

1. 黄粮镇位于兴山县中东部地区，东与水月寺毗邻，南与峡口镇接壤，西与高阳镇相连，北与榛子乡搭界。距新县城古夫镇17.5公里，辖13个村一个居委会82个组，共6837户，国土面积245.5平方公里，总人口23800人，是兴山县典型的半高山农业型地区，是全县的烟叶生产大镇。镇政府所在地黄粮坪，原称"黄连坪"，相传坪内有棵大黄连丫子树，随着时间的流逝，坪内逐步开垦为稻田，黄连坪这一地名中的"连"字，遂被"粮"字所代替。

　　黄粮镇会唱兴山民歌的有254人，重点艺人有26人。该镇的户溪村是被县委宣传部、县文化局授牌的"兴山民歌村"，总人口1912人，总面积20.28平方公里，会唱兴山民歌的有183人，占村人口的10%，其中50岁以下的只有55人，占全村会唱兴山民歌人数的30%，50岁以上的有128人，占全村会唱兴山民歌人数的70%，重点艺人有10人。

　　该村之所以成为重点兴山民歌村落，是因为过去这里薅草锣鼓遍布各村组，锣鼓腔调深入人心；另一个原因是由于最近该村被兴山县委宣传部授予"兴山民歌村"，对其进行了保护。2005年7月14日户溪村村委会举办了一个"山歌擂台赛"，全村农民踊跃参加，参赛年龄最大的是六组的金开梅87岁，最小的是四组的舒斌8岁。

　　2. 峡口镇地处兴山南大门，位于香溪河流域中下游，东邻水月寺镇，西接高桥乡，北抵高阳镇，南通秭归县。全镇国土面积217平方公里，辖1个居委会15个村92个组，共10279户，28167人。在这样一个山清水秀的地方会唱兴山民歌的有142人，重点艺人11人。峡口镇的秀龙村总人口889人，总面积3.81平方公里，会唱山歌的23人，占村人口的3%。其中50岁以下的艺人有4人，占全村会唱兴山民歌总数的17%，50岁以上的有19人，占83%。重点艺人4人。

　　这两个村的兴山民歌在全县首屈一指，唱腔独特，薅草锣鼓套路清晰而且丰富，艺人乐感极佳。

四、兴山民歌的艺术特点

(一) 民歌特点

　　"兴山民歌"因其特有的"兴山三度音程"而得名。它的音调奇特，主要在于音阶（列）结构中含有一个介于大、小三度之间的音程，在黄翔鹏亲自指导下，经中国艺术研究院音乐研究所声学实验室测定（材料7），音程值多集中在345音分左右，游移幅度为350±15音分，它不同于中立音，经扬匡民提议，黄翔鹏认同，被暂命名为"兴山特性三度音程"（简称"兴山三度音程"），因此这种民歌也被称作"兴山特性三度体系民歌"（简称"兴山民歌"）。兴山民歌仅有的两种三声腔的结构关系是：

$$\uparrow do \quad mi \quad slo \;(或 \uparrow fa\ la\ do) \qquad \downarrow la \quad do \quad^{(\downarrow)} re$$

$$350\pm15 \quad 300\pm15 \qquad\qquad 350\pm15 \quad 180\pm15$$

　　这两种三声腔构成了兴山民歌音调的"核腔"，五声音阶就建立在它们之上：

$$(\uparrow fa)\ \downarrow sol\ ^{(\downarrow)}\ la\quad do\quad ^{(\downarrow)}\ re\quad mi\quad sol\ ^{(\downarrow)}\ la$$

介于大小　小三度　大二度　　大二度　小三度　大二度

三度之间　（有时介于大　　（有时偏窄）（有时偏窄）

　　　　　小三度之间）

　　它的音律结构不是建立在整体的音阶关系之上，而是建立在音级的进行关系之上。当煞声于↓sol（常游移过低而为↑fa）时，la音不偏低，la‑do为小三度；当煞声于↓la时，$^{(\downarrow)}$ la‑do为350±15音分，$^{(\downarrow)}$ re有时偏低；$^{(\downarrow)}$ re‑mi总是个大二度；mi‑sol总是个小三度，sol与上方的$^{(\downarrow)}$ la是个大二度有时偏窄的音程。（材料8）这种独特的音阶，亦被称为"兴山音阶"。

　　兴山民歌的音调结构特点，是以三个音（三声组）构成旋律的片段。由于三声组的相互作用，造成调式色彩的互为主从，使其不一定在曲调一开始即形成调式中心，更不存在调式发展功能逻辑的规定作用，使转调极其方便自由、毕曲煞声灵活多变。

　　在兴山民歌中，音级的亲和关系是独特的，最具亲和力的（调式支持）是小三度、大二度关系，它胜过四、五度的关系。（材料9）

　　兴山三度音程↑do—mi构成的和声，是种新颖、奇特的效果。

　　兴山民歌的音调，给"外来人"突出的感觉是"悲"，是"哭死人的调子"。

　　兴山民歌之所以能在兴山集中的保存，除地理环境外，主要依赖于薅草锣鼓这个载体，事实已经证明，没有薅草锣鼓就没有兴山民歌，一旦薅草锣鼓消亡，兴山民歌必将随之绝响。此外，丧鼓虽然也是个载体，但它只是能够保存兴山民歌的音调（简称"兴山音调"），对于传承这种民歌的功能却是微不足道的。

（二）载体一：薅草锣鼓

　　兴山民歌的主要载体是薅草锣鼓，清同治版《兴山县治》记："垦荒土者，聚众数十人，鸣金、击鼓、唱歌"。

　　薅草锣鼓在兴山被农民亲切地称为"农戏"——农民自己唱的戏。它历史悠久，其起源，流传着两种说法，一是如黄粮镇户溪村梁望生（72岁）说："秦始皇修长城时，为防止民夫偷懒，提高工效，请十大学士作文章（写歌词）用于打锣鼓"；另一是如峡口秀龙村孙为先说："唐王游地府，置下锣和鼓，薅草田里打锣鼓，白事当中打丧鼓"，认为是唐王李世民时开始打薅草锣鼓（众多艺人都有这种说法）。

薅草锣鼓的作用在于指挥生产催工效，调节精神节劳逸。素有"一鼓催三工"之说。

兴山县薅草锣鼓分"花锣鼓"和"赞鼓"两大类，"花锣鼓"在全县的分布范围较广，主要分布于南阳镇的文武村、十门村、云盘村、百羊寨村、落步河村、阳泉村；高桥乡的伍家坪村、周家山村、贺家坪村、太阳村、长冲村、双堰村；古夫镇的快马村、麦仓村、邓家坝社区、邹家岭社区；高阳镇的大里村、长模院村、蔡家垭村；峡口镇的李家山村、琚坪村、双坪村、秀龙村、建阳坪村、普安村、岩岭村；黄粮镇的户溪村、金家坝村、火石岭村；榛子乡的幸福村、和平村、板庙村；水月寺镇的龙头坪村、百果园村、晒谷坪村，而"赞鼓"在兴山县仅存于黄粮镇的店子垭村、公坪村；榛子乡的青山村；古夫镇的平水村四个村组中。

2005年7月，孙进先（右一）在黄粮小学教孩子们唱兴山民歌

2010年4月29日，"兴山民歌进校园"国家级传承人陈家珍正在黄粮小学传授兴山民歌

2011年5月，国家级传承人陈家珍在高岚小学教唱兴山民歌

2012年3月，省级传承人万梅知在高岚小学教唱兴山民歌

万会知（左一）在北京市海淀剧院参加完"迎奥运——群星奖优秀节目展演"活动后与母亲合影

兴山县建国初期薅草打锣鼓非常普遍，全县计有120—130个薅草锣鼓班子，几乎每个村都有一个。在农业合作化后，特别在人民公社期间，薅草锣鼓发展到鼎盛阶段，山山岭岭锣鼓响，村村寨寨闻兴山民歌声，年轻人争相拜师学艺。文革时期薅草锣鼓遭到禁杀，很多艺人为打锣鼓被批斗、挨整，更有甚者如峡口镇秀龙生产小队长孙为先，苞谷草一时薅不出来，怕误农时，便组织人打了3天锣鼓，结果草是薅出来了，预备党员却被取消了。兴山民歌一度绝响，所唱的都是当时流行的革命歌曲，薅草锣鼓从此一蹶不振，形成了严重的断层。党的十一届三中全会后，虽有所复苏，但随着改革开放和农村土地联产承包责任制的实施，单家独户的在小块田地上劳作，也很少打薅草锣鼓了。现在艺人死一个少一个，很多地方的锣鼓班子已是残缺不全，只有将各地的艺人拼凑在一起才能勉强打锣鼓。

兴山薅草锣鼓的配置一般有：单锣鼓（一锣一鼓）、夹锣鼓（二锣一鼓）、双锣鼓（二锣二鼓）、夹心单（三锣二鼓），夹心夹（四锣三鼓）等数种。使用上视薅草人数的多少而定。

艺人们打锣鼓时要讲究一个形象，一般头戴草帽，肩搭一毛巾，衣着整洁，脚穿黑布鞋。不能打赤脚。

兴山薅草锣鼓虽有"花锣鼓"和"赞鼓"之分，但二者都遵循着共同的演唱规律严格的按照程序性和时序性演唱。其程序是：下田后（无论是早晨开工，还是每次歇凉以后）都必须首先唱"打门槌"，它是由三到四首"当家号子"组成，其顺序不可颠倒，但在下午时，号子的数目可以减少。并且，在全天的演唱过程中，不管唱其它什么歌腔，其间必须不时的穿插"当家号子"。一至数首演唱，腔调不变，歌词应时而变。歇凉（休息）、吃午饭、收工都需唱与之相应的号子歌腔。其时序是：随着一天的天象、人间事物"什么时辰唱什么歌"。否则会被挨骂："不知天日！"、"公鸡打鸣不识时。"兴山薅草习惯是上午休息一次，休息前称"早晨（早歇、头歇）锣鼓"。后称"二歇锣鼓"，下午休息二次，中午下田称"中午锣鼓"（或下午头歇锣鼓），休息后称"下午二歇锣鼓"，最后叫"晚歇锣鼓"。下面以四遍子锣鼓为例，介绍全天的演唱顺序：

头歇锣鼓：当家号子（四声号子、独脚号子、大翻身号子）→唱与早晨天象、事物有关的唱词（如"晓星"、"露水"、"太阳"、"送郎"等）数首→当家号子1——2首→唱与早晨天象、事物有关的唱词数首→当家号子1——2首，到歇凉时唱"歇凉号子"。

兴山民歌传承人参加北京音乐节

2013年11月，国家级传承人陈家珍正在教景区导游学唱兴山民歌。

在北京音乐学院教唱"兴山民歌"

2009年10月，参加北京传统音乐节

二歇锣鼓：当家号子（可只唱2首）→"花名"→当家号子1——2首→"花名"→到中午唱"中饭号子"吃中饭。

下午头歇锣鼓：当家号子→"午时中"→"扬歌"→当家号子1——2首→"采茶"→到歇凉时唱"歇凉号子"。

下午二歇锣鼓：当家号子（可只唱2首）→"五句子"→当家号子1——2首→"情歌"→到歇凉时唱"歇凉号子"。

晚歇锣鼓：当家号子（可只唱1首）→"杂谈"（意：杂七杂八的歌，包括"十想"、"十爱"、"十送"、"怀胎歌"、"望郎歌"、"太阳下山歌"，以至插科打诨等）→到收工时唱"收工号子"。

薅草锣鼓的歌腔，以同题材的歌相聚成族，称之为"歌族"，如"花名"族中包括有种花、栽花、偷花、砍花等，"采茶"族中有"正月采茶"等十二个月采茶及"反采茶"、"十三月倒采茶"等。

与赞鼓在内容上主要区别是，花锣鼓唱情歌（又叫花歌子，所以称"花锣鼓"），而赞鼓则是唱《千百攒》、《黑暗传》、《三国演义》、《水浒》、《封神》、《杨家将》等等的故事。

薅草锣鼓自身的这种极为严密,牢固的封闭结构,使再强大的"侵入者"也不能侵蚀它丝毫,而只能为它所同化、包容。如"文革"期间,兴山一些"横扫"不到的地方(黄粮镇店子垭村、峡口镇琚坪村、高桥乡贺家坪村等),仍旧打他的锣鼓唱他的歌,当时一些广为流传的"革命歌曲"自然而然地进入了薅草锣鼓。然而,只能遵循着薅草锣鼓的程序性和时序性来演唱,如《东方红》必须在早歇锣鼓中唱,《社员都是向阳花》只能在上午二歇锣鼓中唱,《想起往日苦》则放在晚歇锣鼓中唱。它们从不具备"当家号子"的作用和地位,在薅草锣鼓中,既不能动摇其程序性,改变套曲的曲式结构,也不能干扰演唱的时序性,而只是歌腔的增添和丰富而已。正式因为如此,兴山薅草锣鼓作为一种极好的载体,负载着兴山民歌的稳定传承。

(三)载体二:丧鼓

丧鼓也是个古老的风俗歌种,同时也是兴山民歌的载体之一。兴山主要是坐丧和转丧两种,演唱上只有在开头和结尾有固定的歌腔,中间可自由的演唱。其歌腔有的与薅草锣鼓通用,只有唱词不同。其演唱顺序是:

"开歌路"(主要是唱号子,这些号子也是当地薅草锣鼓中使用的"当家号子")→"叹亡人"(主要是哀悼亡者,唱一些亡人在世时的事情)→"唱书"(所唱的书都是中国古代的名著,但反映孝道的《二十四孝》套曲唱的最多)→"说即兴"(主要是唱一些散曲。如五更、采茶等等)→颂"祭文"(祭文上记载了死者一生的功业。这里的"颂"是颂中带唱,并使用哭腔,以增添悲伤之情)→"出殡"(将死者送上山,这时是只打锣鼓不歌唱。)

这里所列的只是一个大的框架,各地的情况不尽相同,会在这个框架内加入一些新的仪式。如峡口镇李家山村的丧鼓在"叹亡人"的仪式后有"绕棺游所"、榛子乡幸福村的丧鼓在"颂祭文"前有"还阳"的仪式等等。丧鼓既可保存原始音调,但也因其自由性而极易受到冲击发生变异,对于传承的意义是微不足道的。

(四)兴山民歌消亡情况

兴山民歌的存亡与薅草锣鼓是紧紧相连的,而薅草锣鼓的发展确是一个曲折的过程,它曾经有过很辉煌的时期。在解放前,土地归地主所有,薅草需要用锣鼓来催工效,因而在那时薅草锣鼓很盛行。建国后的人民公社时期,主要以集体为单位进行劳动,薅草锣鼓发展到了鼎盛阶段,这时薅草者可以达到上百人。据古夫镇麦仓村的艺人袁裕忠(男,71岁)回忆:"那时所使用的是七

2013年11月在黄粮镇举办第二届兴山民歌大赛

锣三鼓，锣鼓一响，声震八方"，可见当时场面之宏大和气势之恢宏。但我们都知道当事物发展到巅峰以后就会慢慢的衰退，而薅草锣鼓的衰退却不是一个慢慢的过程，而是在一夜之间就发生了，文化大革命禁杀薅草锣鼓，使薅草锣鼓退出了历史的舞台。就这样薅草锣鼓和喜爱它的人们沉寂了一、二十年。1979年党的十一届三中全会后，薅草锣鼓得到了"平反"，但由于在"文革"时期人们被长时间的封闭，在思想上不可能马上得到解放，如峡口镇秀龙村的孙文先当时任生产队小队长，由于草要荒苗，无奈之下，趁着村书记出去开会的空当组织人打了三天的锣鼓，将三十多亩地给薅完了，但人们都没有想到，当村书记知道了这件事情以后居然取消了他的预备党员。从此，薅草锣鼓一蹶不振，出现严重的断层。

"文革"以前，兴山薅草锣鼓班子有120—130个，但通过这次的调查发现，目前还能打薅草锣鼓的班子却不到30个了。

现在全县面临的状况是：薅草锣鼓班子很少了，薅草锣鼓极少打了，兴山民歌极少唱了，会唱的老了，不会唱的年轻人又不愿学，后继无人。因此，如不下大力气、采取得力措施进行抢救保护的话，最多不过十年，薅草锣鼓必将消亡殆尽，兴山民歌也必将随之绝响！兴山民歌已面临消亡的严重关头，其原因：

1. 社会原因造成兴山民歌的历史断层：兴山民歌之所以能集中的在兴山遗存，最重要的条件是依附于有着严格程序性和严谨时序性的薅草锣鼓。薅草锣鼓词、曲容量极大，除了劳动号子外，几乎所有歌种都包含其中。毫不夸张地说，没有这个载体，现在就不可能

2012年，高岚小学兴山民歌队参加第十届农村文艺调演。

有兴山体系民歌；一旦这个载体消亡，或程序性、时序性这个封闭的保护外壳遭到破坏，兴山体系民歌的特性音调也将随之沦丧！荆楚腹地（江汉平原）这种特性音调的消亡，就是最好的证明。

2. 社会制度的变革，土地面积的减少，使薅草锣鼓失去生存空间：党的十一届三中全会后，随着改革开放和农村土地联产承包责任制实施后，单家独户的劳作，土地面积不大（人平1.24亩），除大户人家外，一般就很少打薅草锣鼓了。随着孩子长大，家庭分家，将原本不多的田地划分得更小，再加上退耕还林，又将田地进一步减少。在这种情况下，也无需打薅草锣鼓了，使薅草锣鼓失去了生存空间。

3. 农业科技的进步，把薅草锣鼓彻底赶出历史舞台：兴山目前虽离农业机械化尚远，但农村中已普遍使用了"草干磷"等除草剂。不需要薅草了，还需要打什么薅草锣鼓！

陈家珍及全家在全国第三届南北民歌擂台赛中演唱兴山民歌联唱。

4. 现代文化的猛烈冲击，改变了人们传统的审美情趣：农村中房前屋上已是卫星天线锅林立，电视覆率已达98%以上，市场上音像制品随手可买，价格低廉，造成现代文明的猛烈冲击，从心理层次上改变了人们传统的审美情趣。特别是对于年轻一代，在成长过程中很少，或根本没受过兴山

民歌的熏陶，他(她)们认为兴山民歌很难听，又不好唱。因而丢掉了传统，跟随着时代，追随着时髦，再偏僻的农村小学生也都会唱流行歌，却极少有人能唱兴山三度歌。

5. 经济利益的强烈驱使，造成农村少青年：现在种田的收入，一亩田一年不过一千元，而外出打工的工资一个月就是大几佰、一千多元，在这种经济利益的驱使之下，农村青年纷纷外出打工。兴山又是美人王昭君的故乡，全国各地都来招工，南到深圳、珠海，北到沈阳、哈尔滨，常年招工不断，年轻人都出门了，农村中剩下了"留守家庭"，以致种田的几乎都是被谑称为"3860"的部队(妇女和老人，好在田不多)。农村无青年，何人承占歌？

6. 发达的交通，为外来文化的交流提供了便利：兴山已是村村通公路，如户溪村就有两条公路穿村而过。便利的交通，彻底打破了封闭的格局，加速了与外来文化的交流，同时也加速了兴山民歌的消亡。

7. 兴山民歌必须从根本治理，花大力气保护：近几年来，虽然县文化部门注意到兴山民歌即将消亡的严重事态，县委领导也给予了关注，采取了一些保护措施，但文化部门条件有限，能力菲薄，而兴山民歌的传承从根本上、机制上遭到彻底破坏(这是历史的必然)，已病入膏肓，不花大力气、动大手术，是难以保其残生的！

2008年7月8日，陈家珍(右四)在北京市海淀剧院参加迎奥运"群星奖优秀节目展演"活动。

演出结束合影

结　语

　　通过这次田野调查，我们有了很大的收获，得到了许多翔实的珍贵资料。不仅弄清了兴山民歌的分布情况，现存艺人的生活现状以及这种民歌的存亡情况，还收集到了一些年代久远的乐器和艺人的手抄本。这些资料的收集和整理，补充和纠正了我们在过去档案整理中的一些缺失和遗漏。但我们不能否认的是，由于经验的不足，在田野调查的过程中也存在一些遗漏。在以后的工作中我们会多加注意。

　　田野调查结束后，我们每个参与者都在深思，难道这样一种原始、古朴、具有重要意义和宝贵价值的荆楚古音，就要这样慢慢的绝唱了吗？我们不愿意看到这一天的到来，更希望能通过大家的不懈努力使它继续传承，流芳百世。

第

② 章

兴山薅草锣鼓

香溪
古韵

第一节　项目概论

　　薅草锣鼓又称打锣鼓，是在薅草时边打锣鼓边唱歌而得名，并被农民亲切的称为"农戏"。其功能是在劳作时调剂精神，提高功效，故素有"一鼓催三工"之说。除了用于苞谷田中薅草，还外延到开荒种地、修水库等集体生产劳动及水稻田中除草。

　　薅草锣鼓历史悠久，据《寰宇记案·甲乙存稿》、《东坡集》等记载，至少有千年以上的历史了。由于地理环境的封闭，造成"锣鼓不出乡，各是各的腔"。兴山薅草锣鼓不同于湖北省和宜昌市等各地的薅草锣鼓，在形态上仍可贵的保存着原始的面貌，这是因为它具有严谨的程序性和严格的时序性，因此千百年来能丝毫不受外来文化的冲击而稳定的传承，成为"巴楚古歌"的重要载体，为我们可贵的保留了较多的古代音乐文化信息，具有极高的历史文化和学术研究价值。

兴山薅草锣鼓腔调极其丰富，好的歌师傅能唱500多首。体裁多样，按《中国民间歌曲集成·湖北卷》的分类，除了丧事歌、儿歌外，尽含其中，此外还包含有戏曲（主要为花鼓戏）唱腔和佛教音乐等。题材极其广泛，可谓包罗天、地、人世间万象，故许多歌师傅都说："打一、二个月的锣鼓，可不唱重句子！"曲式结构复杂，是套中有套的大套曲。兴山薅草锣鼓尽管歌腔纷杂，但安排有序，在号子（犹如主题音乐）的贯穿下，按部就班，既统一又有对比。

自八十年代改革开放以来，由于社会的变革，科技的进步，加上现代文明和外来强势文化的冲击，兴山薅草锣鼓已后继无人，面临消亡的严重关头，急待抢救保护！

所在区域及其地理环境：兴山县位于湖北省西部，长江西陵峡北侧，神农架南麓，东邻宜昌市夷陵区和保康县，南接秭归县，西连巴东县，北倚神农架林区。

属典型的农耕社会，农作物主产苞谷、其次是小麦、土豆、红薯和水稻，过去人民主食苞谷。薅草锣鼓主要用于苞谷田中薅草，从而为薅草锣鼓营造了极佳的生态环境。

由于境内山高壑深，林密人稀，六十年代前交通极其闭塞，五十年代末才修建34公里的兴（山）香（溪）公路，七十年代初开发神农架，修建兴（山）神（农架）公路，其后209国道擦境而过。封闭的地理环境，构成了保存兴山薅草锣鼓古老面貌的重要条件。

分布区域：兴山薅草锣鼓分布于全县各乡镇。

历史渊源：兴山薅草锣鼓历史悠久，《寰宇记案·甲乙存稿》载："扬歌，郢中田歌也。其别为三声子、五声子，一曰嗷声，通谓之扬歌，一人唱，和者以百数，音节极悲。"此书于明景泰七年（1456年）刊印面世，距今已有550年的历史。时至今日，兴山薅草锣鼓中的腔调名称、唱和方式以及"极悲"的音节依然如故。宋代苏东坡在《东坡集》中云："余来黄州，闻黄人二三月皆群聚讴歌，其词固不可解，而其音亦不中律吕，但宛转其声往返高下如鸡唱尔，与庙堂中所闻鸡人传漏微似……土人谓之山歌。"现今，兴山薅草锣鼓腔调中仍保留着大量的"不中律吕"的音调；"鸡鸣歌"的唱法，也被鲜活地保存了下来。由此可知它至少已有900多年的历史。在我国出土乐器中，锣尚只出现于晚唐，但薅草锣鼓的出现远在此之前。藉来凤《县志》可知："四五月耘草，数家共趋一家，多至三四十人，一家耘毕复趋一家。一人击鼓以作气力，一人鸣钲以节劳逸，随耘随歌"。这里清楚的记载了没有锣的时代，打薅草锣鼓用的是钲。当然，不会使用"薅草锣鼓"这个名称，现今有的地方就叫

五十年代南阳镇双龙村著名老艺人唐朝文、余顺宗、余顺传等打"夹心夹"（四锣两鼓）薅草锣鼓

五十年代南阳镇云盘村打薅草锣鼓开垦荒山　吴佑忠　摄影

喊　歌　吴佑忠　摄影

041

"挖地鼓"等。薅草锣鼓与农耕文明如影随形，兴山薅草锣鼓与宜昌地区其它

薅草锣鼓一样，至少应有千年以上的历史。

2005年黄粮镇户溪村打薅草锣鼓，薅草人与歌师傅对歌

从近的来说，兴山县薅草锣鼓艺人彭泗德是家族中已知的第五代传人，第一代是他的祖先彭元敬，出生于乾隆49年（公元1784年），他十多岁学艺，那么，薅草锣鼓在我县至少流传了200多年。通过王庆沅先生20多年对湖北薅草锣鼓的调查研究，认为兴山薅草锣鼓在湖北地区众多的薅草锣鼓中，是个最原始的品种，其特征是仍良好的具有严谨的程序性和严格的时序性，从而形成了一个坚实的单向保护层，不但丝毫不受外来文化的冲击，而且把外来文化吸取过来为己所用，丰富自己。

基本内容：薅草锣鼓主要用于苞谷田中薅草，其作用在于提高功效，调剂精神，活跃气氛。打锣鼓者俗称"歌师傅"，是劳动的指挥者，歇凉（休息）、吃午饭、放工、调场（调整薅草进度）、轰场（催进度）等都由歌师傅击鼓唱歌来指挥。特别是在晚歇锣鼓时（放工之前），经过一天的劳作，劳动者又累又乏，歌师傅就唱些"荤歌子"（又称"花歌子"）、或是插科打诨、或是即兴将薅草的妇女编词打趣，极好的提神解乏，提高了功效，素有"一鼓催三工"之说。由于薅草锣鼓的良好功能，使它发生了外延，无论哪种农事活动，只要具备集体劳动这一要素，均可打锣鼓，如开荒种地、修水库等。甚至延伸到水稻田中的除草。

兴山薅草锣鼓有两类，一是"花锣鼓"，因唱花歌子（情歌）而得

2005年黄粮镇户溪村万能干、梁望生、舒家发薅草打锣鼓

名；一是"攒鼓"，因主要唱《千百攒》而得名。

"花锣鼓"分布于全县各地。演唱题材极其广泛，体裁多样，曲式结构复杂，腔调丰富多彩，词格多变。花锣鼓的演唱形式又分为三遍子锣鼓（因"当家号子"反复演唱三遍而得名。

2009年，中国艺术研究院音乐研究所所长乔建中采访彭泗德

下同）、四遍子锣鼓和五遍子锣鼓三种。

"攒鼓"分布于兴山北部的榛子乡等少数地区。演唱题材单一，主要唱历史故事，不唱花歌子。《千百攒》是一本从盘古开天地唱起的梗概的历史故事书，歌师傅必须背熟它才能挎鼓提锣下田演唱，因演唱时，并非按章逐节地进行，而是前朝后汉的随意跳着唱，如不能熟背它，锣、鼓师傅就会答非所问无法演唱。它体裁单纯，曲式结构简单，腔调、词格单调，主要为"五字"，演唱五言句和"七字"，演唱七言句。

兴山薅草锣鼓歌唱的发声方法有三种，一是假声高八度的歌唱，民间俗称为"鬼音"、"尖音"、"天堂音"或"顶音"，三遍子锣鼓和攒鼓采用此唱法；二是真声高八度的歌唱，称为"满口音"，四遍子、五遍子锣鼓采用此唱法；再一种是用真声低八度的歌唱，称为"二黄"，歌师傅唱累了常用此唱法。兴山薅草锣鼓的发声方法，具有很强的科学性，武汉音乐学院的多名声乐教授曾列为专门的课题，来兴山考察研究，其结论是和他们教学的发声原理完全相合。难怪歌师傅们一天唱到晚，连唱一、二个月嗓子都不哑！

兴山薅草锣鼓的伴奏乐器有锣和鼓，其配置视薅草人数的多少而定，薅草人少配置小，薅草人越多配置越大，不外有如下几种配置：单锣鼓（一锣一鼓）、夹锣鼓（一锣二鼓）、双锣鼓（二锣二鼓，又称对子锣鼓）、夹心单（二锣三鼓）、夹心夹（三锣三鼓或二锣四鼓）等。

兴山薅草锣鼓的花锣鼓，唱腔极其丰富多彩，这是因为："只要能唱的，就可打锣鼓。"八十年代初，在兴山县妃台区大里采录陈本宝薅草锣鼓班子，录了八个小时的音，他们只唱了上午两歇的锣鼓歌，还有下午三歇锣鼓歌未唱！南阳镇云盘村的著名歌师傅唐朝文，曾不假思索的一气说了97个"五句子"。薅草锣鼓歌腔有号称"48个采茶（歌）"、"48个花名"、"48个阳雀"、"48个午时中"等众多的歌族，其丰富程度由此可见一斑。

兴山薅草锣鼓的演唱，主要是歌师傅之间的相互叠唱，但五遍子锣鼓薅草人还与歌师傅对唱，特别是在唱扬歌时，你来我往，互出难题，各不相让，其场面简直就是一个对歌盛会。

兴山薅草锣鼓的锣鼓牌子非常丰富，约有七八十种之多，如起鼓、煞鼓、各种号子鼓、采茶鼓、虎抱头、十八长锤、三道弯等等，还有双手舞动的牌子，如黄杨树栽跟头（击鼓时将鼓槌抛起在空中翻转数周后接着再打）、狗刨骚（鼓槌在鼓面上由前至后的划动，学狗子刨地状）等。

2009 年 5 月峡口普查中，艺人孙为先（中）、孙宜德、孙文先表演薅草锣鼓

艺人表演薅草锣鼓 实地测量

兴山薅草锣鼓腔调形态特征突出，非同一般，在我国民间艺术品种中实为罕见：

音调特点：兴山薅草锣鼓有两种截然不同的音调体系，一种是叫人感到"怪异"，不识音高、不辨调式、不好记谱、不易歌唱、不见经传，给人以"悲"感的"兴山特性三度体系"音调，一种是普遍流行的一般音调。"兴山特性三度体系"音调是当地学者王庆沅在中国艺术研究院音乐研究所原所长黄翔鹏等人及武汉音乐学院教授杨匡民、中国音乐学院教授何昌林等先生的帮助下，考证出是荆楚古音的遗存，已被誉为"荆（巴）楚古音活化石"。其突出的特点是音阶（列）结构中含有一个介于大、小三度之间的音程。由黄翔鹏先生亲自指导，在张振涛、王子初等先生的直接参与下，经中国艺术研究院音乐研究所声学实验室测定，音程值多集中在345音分左右，游移幅度为350±15音分，被谑称为"钢琴缝里的音"。经扬匡民提议，黄翔鹏认同，被暂命名为"兴山特性三度音程"（简称"兴山三度音程"），其三声腔的音列结构是：

↑do mi slo（或↑fa la do） ↓la do ↑↓re

350±15 300±15   350±15 180±15

这种声腔体系的音阶结构也非同于一般，其五声结构是：

兴山音阶

它的音律结构不是建立于整体的音阶关系，而是建立在音级的进行关系之上。当煞声于 $^\downarrow$sol（常游移过低而为 $^\uparrow$fa）时，la音不偏低，la - do为小三度（300音分左右）；当煞声于 $^\downarrow$la时，$^\downarrow$la - do为350±15音分；re有时偏低，do- $^{(\downarrow)}$ re为170音分左右； $^{(\downarrow)}$ re - mi总是个大二度；mi - sol总是个小三度，sol与上方的 $^{(\downarrow)}$ la是个大二度有时偏窄的音程。这种独特的音阶，亦被称为"兴山特性三度音阶"（简称"兴山音阶"）。

声腔特点："锣鼓不出乡，各是各的腔"。兴山各地薅草锣鼓腔调不同，风格各异，总体而言，不外有三类，即板腔体的号子、扬歌和歌谣体的众多的杂歌子，而号子和扬歌是最有特点的声腔。

号子：

号子又叫"声子"，它不同于劳动号子，却在薅草锣鼓中有着劳动号子的某些特征，"号子"之名由此而来。它只能用高腔歌唱，发声高亢激越，有较

强的节奏。号子的形态特征主要是反复演唱，四遍子锣鼓就必须反复演唱四次（三遍子、五遍子锣鼓要反复演唱三、五遍），从慢到快每遍速度不同，其间插入"号子回头我来接，我换歌师歇一歇"（俗称"号子回头"）的小插句。

号子在薅草锣鼓中占据主导地位，起着重大作用。号子分为主要号子和一般号子，主要号子被称为"打门槌"，顾名思义就是要首当其冲的先唱它。兴山各种薅草锣鼓都有自身的4首主要号子，如四遍子锣鼓的是《四声号子》、《三声号子》、《独脚号子》和《大翻身号子》。在一天的劳动中也要不时的唱

金开亮在景区表演

它。号子的功能，在音乐形态上是歌腔的主干，在生产劳动中起着指挥的作用，唱歇凉号子（烟号子、茶号子）后歇凉，唱中饭号子后休息吃中饭，唱收工号子后结束一天的劳动。

扬歌：

扬歌也要用高腔演唱，发声高亢悠扬，节奏自由，在薅草锣鼓中别具特点。只在上午头歇（上午休息一次，休息前称头歇，休息后称二歇；下午休息二次，休息前称中歇，第一次休息后称下午二歇，最后称为晚歇）和中歇时唱。

扬歌的特性是能带着许多其它的歌类演唱，如带着号子演唱叫扬歌带号，带着地方戏（花鼓戏等）演唱叫扬歌带戏，带着采茶歌演唱叫扬歌带采，带着赞歌演唱叫扬歌带赞，还曾带着《黑暗传》演唱等。

扬歌类的唱腔极其丰富，是薅草锣鼓特大套曲中的一个完整的大套曲，并且套中有套。前有扬歌头，后有扬歌尾（收扬歌），在五遍子锣鼓中，唱扬歌时薅草人与歌师傅一"提"、一"答"，"阴"、"阳"、"摇"、"赞"地对歌。

薅草人"阳"一个歌,带一个"赞",再"提"(也称"打")一个歌题,让歌师傅答歌。歌师傅"阴"一个歌,带一个"摇"的答唱。结构形式为:

扬歌头→"阳"歌→"赞"歌→"提"歌→"阴"歌→"摇"歌→扬歌尾。在头、尾之间任意反复演唱。

兴山县非物质文化遗产展演打锣鼓

歌师傅对赢了,吃晚饭时薅草人要向歌师傅敬酒,甚至送糖,以示敬意;若是歌师傅对输了,场面就炸了锅,薅草人会在狂笑声中大喊:"脱了歌师傅的裤子了!"(意丢丑了)、"拆了歌师傅的鼓盆子了!"不过,这种情况是极少发生的。

杂歌子:

杂歌子在薅草锣鼓中数量庞大,是号子、扬歌以外的诸多唱腔的总称,其中以情歌为最,如"交情"、"怀胎"、"五更"、"送郎"、"十想"、"十爱"等等。如果把号子、扬歌比作骨骼,那么杂歌子就是血肉了。

在众多的杂歌子中,值得一提的,是最有特点、意境深邃的五句子歌,前面四句描景写情,最后一句点睛。特别是艺术性极高的穿五句,它由五言四句的"梗子"和七言五句的"叶子"两个独立成章的部分相互穿插演唱,一般二句"叶子"唱一段歌腔,最后加一个垫句把五句"叶子"凑成六句唱完,"梗子"每段固定不变,"叶子"随词而行。妙就妙在两者词意相通,把两首独立的歌腔连成一个有机的整体,形成一个新的艺术品。穿五句一般被叫白

为穿号子，其实，五言四句的"梗子"如果是号子，才是穿号子；如果不是号子而是歌子，就不能叫穿号子而是穿歌子了。这对一般人是个误区，而有造诣的老艺人是对此是再清楚不过的了。

题材特点：

兴山薅草锣鼓的题材特点，是将同类题材的歌聚集成族，如把唱太阳内容及以"太阳"作起句的歌归为"太阳"族，从而把薅草锣鼓杂乱的题材梳理有序，极大的方便了演唱实践。尽管如此，薅草锣鼓中歌族仍较繁多，如有"晓星"、"露水"、"阳雀"、"午时中"、"交情"、"望郎"、"送郎"、"五更"、"月歌子"、"怀胎"、"香袋"、"十爱"、"十想"、"十写"以及"花名"（其中包括有名目众多的《种花》、《栽花》、《偷花》、《砍花》等）、"采茶"（包括十三个月的各种采茶和《倒采茶》）等等。兴山薅草锣鼓广袤的题材，众多的歌族，有序的展现了一幅生动的民俗风情画卷。

结构特点：

兴山薅草锣鼓的结构，是一个类似回旋曲式的、套中有套的特大型的套曲，它以号子（特别是"当家号子"）为主干，犹如交响乐章中的主题音乐，贯穿在全天的演唱中。除了早晨下田或是歇凉（休息）后，都必须首先唱它们外。在演唱其它歌腔时，唱3—4首后也必须不时的穿插1—2当家号子演唱。其图式如下：

A当家号子→B太阳歌→A当家号子→C送郎歌→A当家号子→D花名→A当家号子→E五更→歇凉号子（除下田时要唱齐4首当家号子外，在其它歌腔中插唱的当家号子只须唱1—2首）

这样就绝妙的把众多纷杂的歌腔有机地串联了起来，形成一个整体，既有对比，又有统一。中国民间的这种犹如回旋曲式的结构组成，比国外交响乐的有关曲式不知要早好多年，不能不叫人拍案叫绝！

相关制品及其作品：兴山薅草锣鼓的乐器只有鼓和锣，锣面直径较大，一般在42公分左右，锣边较宽，约3.3公分，锣板较厚，过去为人工锤打，现今都在市场上购买。鼓高16.5公分左右，鼓面直径约23公分，现在仍为农村扎鼓匠制作，鼓盆用整段核桃木（夜杭木也可），按尺寸画线后将其挖空，然后蒙上牛皮。鼓皮选用4岁以上的水牛皮，以肩胛骨部位的为最好，用麻绳绊于鼓凳上，边晒边捶打，最后订上108根竹钉将牛皮固定于鼓盆上。

基本特征：

1. 薅草锣鼓是农耕文明的产物，历史悠久。兴山长期的农耕历史和相对稳定的文化环境，使兴山薅草锣鼓千余年来传承不断，具有乐种的古老性。

2. 薅草锣鼓具有提高工效、提神解乏、活跃气氛的功能，曾与人民生活紧密相依，在农业生产中发挥重要的作用。当地人平常唱的是薅草锣鼓的歌，薅草锣鼓唱的也是人们日常生活中的歌，具有普遍的群众性。

3. 兴山薅草锣鼓多为口耳相传，多为家族、亲友、邻里传承，因此，即是相距不远的两个锣鼓班子，其种类、唱腔等皆有所不同，正所谓"一山有十里，十里不同风"，具有独特的地域性。

4. 兴山薅草锣鼓种类、演唱题材、声腔体系、发声方法以及劳作习惯等各地不尽相同，表现出绚丽的多样性。

5. 兴山薅草锣鼓本身是个特大的套曲，其中还包含了许多大大小小的套曲，套中有套，结构上具有很强的复杂性。

6. 兴山薅草锣鼓在每次开始劳动时必须唱"打门槌"（当家号子），以后在唱任何歌腔时，其间必须不时地穿插"打门槌"中的一至数首号子歌唱，具有严谨的程序性。

7. "什么时候唱什么歌"，是薅草锣鼓艺人必须遵循的。上午头歇锣鼓要唱与早晨风物事象有关的"太阳"、"露水"等类歌腔。二歇多唱花名、古人等。下午头歇锣鼓唱与中午风物事象有关的"午时中"等类歌腔。兴山各地劳动习

惯不同，有的地方一天打4歇锣鼓。有的地方一天打5歇锣鼓。各地都有一些约定俗成的在各个时段演唱的唱腔，总的原则是"歌随时转"。如果唱错了时段，歌师傅将会挨骂："不知天日"、"公鸡打鸣不识时"，具有严格的时序性。

严谨的程序性和严格的时序性是兴山薅草锣鼓的显著特征，保证了传承的稳定性。

8.兴山薅草锣鼓的音调特点，是以三个音（三声组）构成旋律的片段。造成调式色彩互为主从，不存在调式发展的逻辑功能，使毕曲煞声灵活多变，转调极其简便。调式关系也别具一格，最具亲和力的（调式支持功能）是小三度、大二度关系，它胜过四、五度的关系。更有甚者，在中外音乐理论中，特别是我国"从宫"的理念中，不稳定音是不能做主音（或结音）的，而兴山薅草锣鼓的声腔中以不稳定的↑do或是↓sol等做主音却屡见不鲜，具有音调的奇特性。

9.《东坡集》记载："余来黄州，闻黄人二三月皆群聚讴歌，……但宛转其声往返高下如鸡唱尔，与庙堂中所闻鸡人传漏微似。"被人称为"鸡鸣歌"。兴山薅草锣鼓高腔歌唱扬歌和号子时，发音尖啸激越，更有一句之余，常抒发出"噢"的一声喉音，确如公鸡打鸣后"噢"的一声落音，多么形象的"鸡鸣歌"！至今仍鲜活地保留在兴山薅草锣鼓中。充分表现出传承的稳定性。

10.在我国史书、诗词中，对楚声巴歌的记载，都千口一声地道出了一个"悲"字，如"汉乐府尚悲"、"吴楚之音曲调哀伤"、"音节极悲"等等。其

采访孙为先班子

采访王清沛

采访峡口薅草锣鼓班子陈本州、王克序等

采访薅草锣鼓艺班，彭泗德、刘德运、彭家成

实，"悲"、"哀伤"，只是"外人"的感觉，而巴、楚之人却感觉是乐。刘禹锡一语切中个中原委："南人行乐北人悲"，其底蕴只是南人与北人各具不同的审美取向罢了。现今兴山薅草锣鼓中，有众多的声腔在外人听来是"哭死人的调子"，而当地人却觉得非常好听，并无悲感，具有审美的独特性。

11. 薅草锣鼓是田歌，体裁多样，唱腔极其丰富多彩，民间歌曲除劳动号子、儿歌、风俗歌外，基本都包含其中，甚至包含皮影戏、花鼓戏、祭神歌、宗教歌等，与姊妹艺术具有紧密的依存性。

主要价值：

1. 兴山薅草锣鼓是古代音乐文化传承的极好载体。兴山薅草锣鼓形态古老，保留了传统文化的基因，不但较好地传承了巴楚古歌，还传承了民俗、民众心理、生活情状及宗教文化等。事实证明，一旦薅草锣鼓消亡，巴楚古歌等也必将随之绝响。

2. 兴山薅草锣鼓充分证明了我国传统音乐并未失传。其中保存其中的"兴山体系声腔"

(兴山特性三度体系民歌音调)，被誉为"巴楚古音的活化石"。我国自汉以来，历代都说古乐失传了，以致几千年，兴山体系声腔在一片失传声中传承了下来，为中国古乐并未完全失传提供了无可辩驳的证据。

峡口艺人孙为先、孙宜德、孙文先表演薅草锣鼓

3. 兴山薅草锣鼓证明了我国具有本土音乐。一些西方学者及国人有中国文化"西来说"的论调，认为我国无本土音乐。兴山薅草锣鼓中的兴山体系声腔以独特的形态于世界音乐之林独树一帜，铁证了中华民族具有本土音乐。

4. 揭示了巴楚古歌的面貌。通过兴山薅草锣鼓中保存的兴山体系声腔，拂去了巴楚古歌千年的尘封，对巴楚古歌的形态、变异情况及演变轨迹等有了初步的认识，为研究我国古代音乐提供了难得的鲜活材料。此外，在宜昌薅草锣鼓中还有不少难解之谜，可供研究的课题实在太多，具有非常高的学术价值和研究价值。

5. 丰富了音乐理论。兴山薅草锣鼓中的兴山体系声腔具有独特的乐律学原理，无论是乐学方面的音调结构、调式关系、和声观念等，还是律学方面的律制结构，都与欧洲大小体系调理论绝然有别，也与我国已知的传统乐律学理论不同。无疑丰富了我国音乐理论。

6. 有助于古代乐器的研究。出土的古代乐器是僵死的音群，兴山薅草锣鼓中的兴山体系声腔是存活于人民口中的鲜活的音乐，两者可相互印证研究。如它与曾候乙编钟在五度关系律位上构筑起"甫页一曾"结构的定律框架，存在着鲜明的一致性，对曾候乙编钟的生律法作了进一步的探索。

7. 提供丰富的创作和研究素材。兴山薅草锣鼓既可提供大量的各种不同类型的音乐和文学创作素材，又可将其音乐理论（调式、和声、音调特点、音级关系等理论）应用于音乐创作中，不但丰富创作手法，并可创作出别致而新颖的作品。同时为研究楚人的习俗、心理、生活情状等提供了重要的根据，在民俗学的研究中也具有不可替代的作用。

8. 和睦邻里关系，增强民族认同。兴山薅草锣鼓从小的方面来说，可以增强群众团结友爱、互相帮助的精神。打薅草锣鼓是协同劳动的反映，一村（一地）的群众，在个把月的时间里，每天一起劳动，一同吃饭，一块休息，充满亲情意味，可以加深情感，化解矛盾，营造安定、祥和的氛围。从大的方面看，兴山薅草锣鼓中的"悲歌"（兴山特性音调），不只存在于巴、楚先民及后裔之中，还曾存在于吴声及现今苗、瑶等南方多个少数民族之中，他们同属"悲歌"体系。这一文化纽带，对于加强文化群体意义，促进文化交流，增强民族团结和社会凝聚力，构建和谐社会都能起到很大的作用。

濒危状况：由于社会的变革，科技的进步，加上现代文明和外来强势文化的冲击，现在状况是：薅草锣鼓已很少有人打了，薅草锣鼓班子锐减，艺人渐老、渐少，后继无人。从最近的田野调查来看，盛行打薅草锣鼓的兴山县，全县不足30个班子，会唱锣鼓歌的人，所占比例不到人口的1%，其中60岁以上的老年人，约占70%左右。全县20多年来不见产生一个新的薅草锣鼓班子。被兴山县委宣传部、县文化局命名为"民歌村"的黄粮镇户溪村曾经有10个薅草锣鼓班子，而现今只能凑合成2个班子。这还算好的，兴山县古夫镇龙池村曾有8个薅草锣鼓班子，现在却已绝响！究其原因：

高桥中学将薅草锣鼓引进课堂。图为锣鼓艺人李波（左）、李仕国（中）和李家兴正在8（2）班教唱

1. 薅草锣鼓艺人年事已高，年长者80多岁，最年轻的已40多岁，老艺人相继谢世，青年人的审美观念和传统文化价值观已经发生了改变，不愿学打薅草锣鼓，传承面临后继乏人困境。

2. 党的十一届三中全会后，随着改革开放和农村土地联产承包责任制的实施，形成了单家独户的劳作，每户土地面积都不大（如黄粮镇户溪村人平1.24亩），除大户人家外，一般打不成薅草锣鼓了。并且随着孩子长大，家庭分家，将原本不多的田地划分得更小。再加上退耕还林，进一步减少了田地，使薅草锣鼓失去了生存空间。

3. 现在农村中除草，已普遍使用了"草干膦"等除草剂，无需人工薅草了。农业科技的进步，已有将薅草锣鼓彻底赶出历史舞台之势。

4. 现在种田的收入，一亩田年收入不过一千元左右，而外出打工，人均一个月就是大几百、上千元，在现实利益驱使下，农村青年纷纷外出打工。农村中剩下了"留守家庭"，以致种田的几乎都是被谑称为"3860"部队的妇女和老人。农村少青年，何人承古艺？

兴山薅草锣鼓已面临消亡的严重关头，如不下大力气、采取得力措施进行抢救保护，过不了多久，必将消亡殆尽！

第
3
章

王昭君传说

第一节　项目概论

　　所在区域及其地理环境：兴山县位于湖北省西部、长江西陵峡北侧、大巴山余脉与巫山余脉交汇处，东邻夷陵区和保康县，南接屈原故里秭归县，西连巴东县，北倚神农架林区，东西长66公里，南北宽54公里，国土总面积2327平方公里。境内共有大小山头3580座，海拔最高点2426.9米，最低点109.5米，属亚热带大陆性季风气候，四季分明，有"山上皑皑霜雪，山下桃红李白"的精当描述。全县地貌结构大体为"八分半山一分田，半分水面和家园"，林地242万亩，耕地20.09万亩，人均耕地仅1.08亩。

　　兴山境内有香溪河、凉台河两大水系，156条溪河，水利资源十分丰富。全县梯级开发水电站47座，人均装机和用电居全国领先水平。县内已勘探出40多种矿藏，特别是磷、银钒、花岗岩、硅石等储量很大。兴山林木资源达52科232种之多，珙桐、兴山榆（金钱树）、银杏等稀有树种被科学家确定为古生物进化的"活化石"，动物有娃娃鱼（大鲵）、小熊猫、猕猴、獐、獾、豪猪、雉

昭君村

鸡、锦鸡等数百种。药材以杜仲、天麻、当归、党参、何首乌为最佳。特产主要有柑桔、板栗、核桃、猕猴桃及香菌、木耳等。

兴山县共辖2乡6镇，101个行政村，13个居委会，总人口18.52万人。农作物主产玉米、水稻、小麦、马铃薯和红薯。兴山属三峡库区移民县，三峡工程兴建以来，需动迁一座县城，三个乡镇，计3万多人。2002年9月，兴山县城已由高阳镇迁至古夫镇。

分布区域：王昭君传说主要分布在香溪河流域，以兴山县高阳镇、南阳镇、峡口镇、古夫镇最为集中。

历史渊源：王昭君名嫱字昭君，出生于湖北省兴山县昭君村。汉元帝以"良家子选入掖庭"，竟宁元年（公元前33年）春，匈奴首领呼韩邪单于来到长安，想与当时的汉朝通婚，做大汉天子的女婿。为汉匈两族和好，免于战乱，王昭君"乃请掖庭令求行"，主动出塞和亲，此后半个多世纪里，边境无烽火之警，给汉匈两族带来了"边城晏闭，牛马布野"的升平景象。

昭君出塞的确切时间，据《汉书》记载是公元前33年，即汉元帝竟宁元年春，距今已二千多年了。昭君出塞和亲的史实，主要记载于东汉班固著《汉书》的《元帝纪》、《匈奴传》、《西域传》以及南朝范晔著《后汉书·南匈奴列传》等。

如《汉书·元帝纪》载：竟宁元年春正月，匈奴呼韩邪单于来朝。诏曰："匈奴郅支单于背叛礼义，既伏其辜，呼韩邪单于不忘恩德，响慕礼义，复修朝贺之礼，愿保塞传之无穷，边陲长无兵革之事。其改元为竟宁，赐单于待诏掖庭王嫱为阏氏。"

昭君汉白玉塑像

单于和昭君

又如《后汉书·南匈奴列传》载："初，单于弟右从蠡王伊屠智牙师，以次当为左贤王。左贤王即是单于储副。单于欲传其子，遂杀智牙师。智牙师者，王昭君之子也。昭君字嫱，南郡人也。初，元帝时，以良家子选入掖庭。时呼韩邪来朝，帝敕以宫女五人赐之。昭君入宫数岁，不得见御，积悲怨，乃请掖庭令求行，呼韩邪临辞大会，帝召五女以示之。昭君丰容靓饰，光明汉宫，顾景裴回，竦动左右。帝见大惊，意欲留之，而难于失信，遂与匈奴。生二子。及呼韩邪死，其前阏氏子代立，欲妻之，昭君上书求归，成帝敕令从胡俗，遂复为后单于阏氏焉。"

以上史书记载中，由于文颖在《元帝纪》中注称王昭君"本南郡秭归人"，因而这条注解为后人所沿用，确信昭君是秭归人。如果按照当时的郡国疆域，此说无可非议。但是，古今行政区划绝不尽同，秭归、兴山几经分并，时而合置为州（归州），时而分立为县，倘若认为昭君故里在"今湖北秭归县"，是不符合地理沿革的。秦汉时期，秭归隶属南郡，范围大于今秭归县。三国吴景帝（孙休）永安三年（公元260年），设置建平郡（《三国志·吴书》）。领信陵、兴山、秭归、沙渠四县"（《宋书·州郡》）。可见，从三国吴景帝永安三年开始，兴山已由秭归分出。以后兴山与秭归、巴东等县虽然时有分并，但单独设县已成定局。

宋太宗太平兴国年间（公元976—984年）乐史所撰的《太平寰宇记》载："昭君村，在县南，有昭君院。开宝元年（968年），移兴山治（县城）于此。又有昭君台，汉王嫱即此邑之人，故曰昭君之县。"（转引自《宜昌府志·疆域》）

又据清同治版《兴山县志》云："兴山县有香溪，王昭君所游处。是妃临水而居，恒于溪中浣手，溪水尽香，故名香溪。香溪源出昭君村，则香溪断在县境。"

有关王昭君的史料很多，限于篇幅，不能一一列举。除了正史对王昭君的事迹记载以外，特别是歌颂王昭君的各类文艺作品更是浩如烟海。自晋代以

来，歌咏王昭君的诗歌不下千首。如晋代石崇的《王明君辞》（因避司马昭讳，王昭君又被称作王明君），唐朝李白的《王昭君》："汉家秦地月，流影照明妃。一上玉关道，天涯去不归"。杜甫的《咏王昭君》："群山万壑赴荆门，生长明妃尚有村"。白居易的《过昭君村》：

坐落在妃台山上的昭君台 蔡长明摄

"灵珠产无种，彩云出无根。亦如彼姝子，生此遐陋村"。宋代苏轼的《昭君村》："昭君本楚人，艳色照江水，楚人不敢娶，谓是汉妃子。谁知去乡国，万里为胡鬼"。还有欧阳修的《明妃曲》等等，一直到近代董必武《题昭君墓》诗曰："昭君自有千秋在，胡汉和亲识见高。词客各摅胸臆懑，舞文弄墨总徒劳"，表达了诗人对昭君的崇高评价。除了诗歌，有关王昭君的戏剧，从元代大戏剧家马致远的《汉宫秋》到现在，有二十多种戏剧和电视剧作品。如明代陈与郊的《昭君出塞》、黄钟意等编著的琴谱《昭君怨》以及现代曹禺的《王昭君》等等，都为王昭君出塞和亲的历史事实给予了歌颂和肯定。有关王昭君的古代长篇小说，以清代雪樵主人著的《双凤奇缘》流传最为广泛。叙述的是王昭君为了民族大义，毅然出塞和亲，使匈汉两族人民停止战乱，走向和平。但王昭君自始至终不失贞节，为忠于汉朝天子，死后黑河水倒流三千里，一直将昭君尸体送回中原。

两千多年来，兴山人民一直流传着"昭君娘娘和北番"的故事，说昭君天生丽质，且溢香气，在河里洗手，满河飘香，溪河从此变成了香溪。昭君吃柚子，胭脂染到柚肉上，从此就变成胭脂柚了，这种柚子柚肉粉红，香甜可口，个大如葫芦，兴山至今仍生长着许多胭脂柚树。

有关王昭君的古迹兴山现存较多：有昭君台、楠木井、珍珠潭、梳妆台和王昭君纪念馆。昭君村楠木井在上世纪八十年代被湖北省政府公布为重点文物保护单位。最能说明问题的是与王昭君有关的地名，如昭君村、香溪、大礼溪、小礼溪、思乡溪等等。《宜昌府志·疆域》载："昭君台在兴山界中，乡人怜昭君，筑台望之。"上世纪八十年代经省政府拨款修复的昭君台，就坐落在妃台山上，是兴山人民思念昭君的历史见证。

基本内容：

王昭君在兴山的传说很多，内容很广，归纳起来有五大类：

1. 与王昭君有关的地名传说。王昭君的故乡——兴山县，这里存在着许多关于王昭君的地名传说。如《昭君村》、《王字崖》、《响滩》、《香溪》。特别是香溪河流域，地名更多。王昭君"恒于溪中浣手，溪水尽香"，所以取名"香溪"。传说王昭君选妃进宫，船顺香溪而下，乡亲们跟在后头送行。昭君站在船头上行了个小礼，让乡亲们留步，往后这个地方就叫"小礼溪"。众乡亲挽留昭君，依依难舍，继续跟到船送。王昭君见这般情形，稳住船，给乡亲们行了个大礼，请大家回去，不要再送了，于是这里就叫作"大礼溪"。《大礼溪》、《小礼溪》、《思乡溪》、《珍珠潭》等等，皆属地名传说类。

2. 反映王昭君勤劳善良的传说。王昭君的童年一直在家乡度过，她同村姑们上山砍柴，下河洗衣，采茶，挖水井；帮助老人挑水做饭，团结乡亲，跟恶势力斗智斗勇，与乡亲们结下了深厚的感情。如《稀荒垭》、《百日还乡》、

县非遗保护工作专班在田野调查中走村串户

《楠木井》、《娘娘泉》、《站穿石》等传说，从不同侧面反映了王昭君农家女儿的本色和勤劳善良的优秀品质。

3. 反映美好事物的传说。人们想昭君、念昭君，以美好的事物来寄托对昭君的怀念，这是王昭君传说的一个显著特点。如《桃花鱼》的传说，说的是王昭君离家进京，不光是乡亲们舍不得她，连两岸的桃花也纷纷飘落到河水里，拥簇着船儿不能前行。王昭君哭别，泪水掉到桃花上，很快变成一种水母，形如桃花，人们就称作"桃花鱼"了。美好事物的传说较多，《彩石溪》、《鸽子花》、《白鹤茶》、《绣鞋洞》、《胭脂柚》、《香肠鱼》、《琵琶桥》等等都属这一类。

4. 反映故乡人们思念昭君的传说。王昭君这位历史人们距今两千多年了，有关她的传说生活中有，地名中有，民俗中有，信仰习俗里也有。"年是拜，月是接"，兴山风俗中，凡出嫁的姑娘，到了农历七月十五这天，娘家里一定要接她们回来过"月半"；"月半"的晚上，还要到香溪河边放河灯，接那些亡故的先人魂归故里。王昭君远嫁塞外，人们就以这种方式，呼唤王昭君的魂灵归来，跟父老乡亲一同过"月半"。这种习俗一直流传至今。如《河灯节》、《弯脖子龙》、《龙王庙》、《昭君台》、《盼女亭》等传说，皆表达了人们对昭君的思念。

5. 以《汉宫秋》、《双凤奇缘》等古典文艺作品为代表演绎的传说。在兴山流传较为普遍，故事梗概是这样的：汉王做了个梦，梦见秭归有个美女，叫王昭君，便差画师毛延寿到秭归选妃。王昭君自恃美貌，选妃中不愿贿赂毛延寿，得罪了毛延寿。毛延寿就在昭君的画像上点了一颗伤夫滴泪痣，致使昭君进宫后被打入冷宫。昭君受到冷落，难见天日，听说匈奴的单于来向汉朝求婚，王昭君主动请行。临行时汉王见王昭君不但脸上没有滴泪痣，且美貌无双，产生爱慕，但又不能失信匈奴的单于，只好让昭君去了塞外。王昭君在塞外死后给汉王报梦，说她今生不能伴君，家中还有一个妹妹，叫赛昭君，让汉王把她选进宫来，终日侍君，以了思妾之愿。故事以梦开端，以梦结束，结构完整。因故事叙述昭君自始至终没有失掉贞节，这一点最合兴山人民的心意，所以传得较广。

相关器具、制品及作品：湖北省兴山县因王昭君出生在这里，故历史悠久，文化内涵深厚。兴山县境内有汉墓群，出土了大量的汉砖，有汉代的铜镜等文物，还有昭君宅遗址和昭君祠遗址。昭君宅、昭君台、梳妆台、楠木井已

研究王昭君的相关书籍

以王昭君为题材的小说《双凤奇缘》

有关王昭君的文艺资料

于上世纪八九十年代修复，是人们旅游观光的好地方。除了这些遗迹遗址和实物，有关王昭君的传说作品也不少，以传说为题目的就不下百个，现将部分成集的传说书目排列如下。

《王昭君的传说》	甘肃人民出版社出版
《王昭君的传说》	兴山县文化馆编
《王昭君传说故事》	冯骏祥、傅光亮编
《兴山民间传说故事集》	周世安、吴兰生编
《昭君故事诗歌集》	郭自宝、许代乾编
《绝代昭君村》	冯绪旋编著
《王昭君及其故里》	兴山县文化馆编
《昭君出塞史料辑览》	刘世义编著
《昭君故里》	吴道周编著
《昭君和亲源流考》	林永仁著
《兴山民间故事集成》	陈大炳、汪发凯编
《中国民间故事全书·兴山卷》	蔡长明主编

基本特征：

"妍姿化已久，但有村名存"。王昭君虽然离我们远去了，但有关她的传说一直在民间流传。王昭君传说有它自身的特点，主要表现在以下几个方面。

1. 群众性。王昭君的事迹相传两千多年了，但讲述起来仍觉十分亲切，就像发生在前不久的事情。因为王昭君出生在普通的家庭，成长在山清水秀的香溪河边；她心地善良，帮助乡亲们解决困难；她勤劳智慧，跟村姑们一道下河浣纱、挑水、采茶、绣花，和普通百姓结下了深厚的情谊，所以有关她的传说妇孺皆知，具有广泛的群众性。

2. 传奇性。王昭君出生在湖北兴山县，成年后选美进了汉宫，然后又出塞和番，传奇的人生经历使她的传说具有传奇特性。一个民间女子，从山旮旯里如何被发现，选美进宫后又如何被打入冷宫，和番临行时汉元帝又如何依依难舍，到匈奴去后又如何接受"妻其后母"的习俗等等，构成了一幅幅广阔的生活画面和离奇的曲折人生。王昭君传说从大山里到汉宫中，然后到塞外草原，她的人生经历不仅有着令人感叹的传奇性，同时也有跨越时空和民族的广泛性。

3. 多样性。王昭君传说在《汉书》、《后汉书》等正史中记载，逐步演化为各种文艺形式广泛传播。歌咏王昭君的诗、词从古至今不下千首。还有以

北方史专家林干教授（中）来昭君故里考察王昭君遗迹、遗址（从左至右吴佑忠、张代久、谢源远、周世安、林干、刘楚彬、傅兴鼎、吴道周、吴祖鉴、冯骏祥）

《汉宫秋》为代表的戏剧，逐步发展到如今的电视连续剧，内容十分丰富。而以昭君为题材的小说、散文、故事、传说和理论著作更是不计其数。除此而外，内蒙古呼和浩特市连续举办了七届昭君文化节，兴山县也举办过六届昭君艺术节。国内外许多知名企业及其产品，也冠以昭君的美名。呈现出一种五彩缤纷的昭君文化现象。

4. 传承性。王昭君传说大体分为五种类型：与王昭君有关的地名传说；反映昭君善良勤劳的传说；反映美好事物的传说；反映故乡人民思念昭君的传说；从历代各类文艺作品演绎的传说。这些传说相互渗透，相互补充，使其更具有圆满性。如地名中的《珍珠潭》；习俗中的《弯脖子龙》、珍稀动物《桃花鱼》、"乡人怜昭君，筑台望之"的《昭君台》等。王昭君出生在兴山，睹景思人，使人们感到亲切，所以王昭君的传说具有广泛的传承性。

5. 王昭君传说具有良好的教育功能。许多王昭君的传说，如《站穿石》、《娘娘泉》、《桃花鱼》、《绣鞋洞》等，都反映了王昭君的善良和勤劳，给人们以真善美的享受。王昭君进宫、出塞、"从胡俗"等许多传说，反映出王昭君顾全大局、能吃苦、忍辱负重的民族传统美德，一位伟大的女性屹立在民族和睦的百花园中，是对青少年进行爱国主义教育的光辉典范。

　1992 年，昭君学术研讨会专家学者在高阳镇合影

主要价值：

公元前36年，王昭君被朝廷选美选中，离开家乡，进入汉宫。公元前33年，当匈奴呼韩邪单于第三次来到汉朝时，她顺应时代潮流，主动请行，自愿到塞外和亲，给汉匈两族带来了"边城晏闭，牛马布野"的升平景象，两千多年来，她的事迹一直被传为历史佳话。

王昭君是美的化身、和平的使者、民族团结的象征。王昭君的史实及以她为原型的文学艺术作品，包括民间文学在内的各种文艺形式的演变、传播，构成了"昭君文化"的独特内涵。昭君文化即和谐文化，不仅属于兴山县、内蒙古，也属于中华民族和全世界，符合人类社会和睦相处、共同发展的时代主题，其价值主要体现在以下几个方面：

1. 文学价值。传说作为民间文学的一种，口头传承性强，流传广泛，老少皆宜。王昭君传说是有关昭君各类文艺作品的创作源泉。从古代的诗、词、小说、戏剧、散文、故事、传说、唱词等，到现代的歌舞剧、电视连续剧，都从民间传说中提取了大量的素材，塑造出的昭君形象，血肉丰满，个性鲜明，弘扬了昭君文化，使昭君美的形象、民族和睦思想以及她善良、智慧、勤劳、秀外慧中的优秀品质，都得到了较好的表现和传播，为丰富中华民族的艺术宝库做出了独特贡献。昭君传说以其丰厚的文化内涵成为各种文艺表现形式的永恒选题。

2. 思想价值。王昭君从一个普通民女，走进汉宫，然后出塞和亲，不仅加强了民族之间的团结，同时也促进了汉匈两族之间政治、经济、文化的交流。因此，王昭君传说给人们带来的不仅是艺术的享受，也能提高人们的思想认识水平，为创造和谐社会间接地提供了思想基础。昭君文化即和谐文化，社会和谐，民族和睦，世界和平，符和人类社会共同发展的主题，其丰富的内涵，值得政治家、社会学家们从各个方面、各个层面去探讨和研究。

3. 人文价值。王昭君传说，反映了昭君善良、勤劳、乐于助人的美好品德。王昭君这位绝代美女，选进汉宫，却得不到君王的宠爱，后来出塞和亲。塞外自然环境恶劣，生活习俗不同；老单于死后，要嫁给小单于——前阏氏生的儿子，昭君上书求归。然而汉帝却叫她从胡俗，打消了她回汉的念头……这一切表明：昭君的人生是曲折的、传奇的，却又是凄婉的，处处充满着人文精神。忍辱负重、委曲求全的民族大德与中国女性勤劳善良、助人为乐的传统美德在昭君身上得到了完美的统一。因此，王昭君传说中折射出来的人文精神，是对广大青少年以及全体公民进行爱国主义教育的极好教材。

2006年6月县非遗保护工作专班在宝坪听老艺人李园林讲王昭君

2006年8月县非遗保护工作专班蔡长明（左）听周远鹏老人（右）讲王昭君的生平

2006年9月县非遗保护工作专班蔡长明（右）与邹学传（左）在香溪河边听省级传承人王作章（中）讲王昭君

4. 史学价值。王昭君是民族团结的象征，为汉匈两族的团结和睦作出了重大贡献，在历史上留下了浓墨重彩的一笔。王昭君作为一个历史人物，她的传说故事为我们多视角的认识和研究提供了难得的资料。传说中昭君形象是生动的、丰满的：她是中国古代四大美女之一，多才多艺，琴棋书画、诗词歌斌、纺织刺绣样样精通，又善良、勤劳，更难能可贵的是忍辱负重、顾全大局。当我们从不同层面上认识昭君这个丰富的文化资源和昭君本身的传奇人生的时候，我们还可从史学角度，认识到独裁专制下封建王朝的腐败无能。

王昭君身为良家女子，生长在山清水秀的香溪河畔，却被皇室选中，使她离开父母，告别乡亲，到那见不到外人的冷宫里去。皇权腐败，政权欲倾，大兵压境，只好红颜平干戈。王昭君传说既是一首民族团结的颂歌，也是一部反映封建统治阶级腐败无能、残害妇女的历史悲剧。对更好地认识和研究西汉文化、研究封建历史都具有十分重要的参考价值。

濒危状况：今年"申遗"工

作开展以来，"王昭君传说"田野调查小组，走访了全县6个乡镇，对一百多名民间艺人进行了调查采访，结果令人十分担忧。会讲王昭君传说的民间艺人，大都已是70岁以上的老人，共25位。70岁以下的人虽说能讲述几段，但往往东扯西拉，很不系统，王昭君传说在多种因素的制约下，正逐步式微。

1. 自然因素。王昭君传说的讲述人，很多已先后谢世，活在世上的民间艺人已经不多。仅存的艺人中，百分之六十的老人健康状况令人担忧。有的生活有困难，有的有病无钱看，有的子女不够孝敬，连一天三顿饭食也难以保障。南阳镇百羊寨村七连坪老艺人王君汉，今年84岁，患类风湿病，手脚肿得放光，却无钱医治。临告别时，我们见到老艺人的处境，爱莫能助，只担心这次变成永别，眼睛都湿润了。

2. 环境因素。时代在前进，社会在发展，沧海桑田，山乡巨变。上世纪五六十年代，兴修水利，修建公路，王昭君的遗迹遗址，都遭到不同程度的破坏。珍珠潭和绣鞋洞在高阳镇陈家湾村前，修兴香（兴山至

2006年三峡大学教授刘冰清（右）在白羊寨听市级传承人王君汉（右二）讲述王昭君传说

2006年三峡大学教授刘冰清（左）与张伟权（右）两位教授听省级传承人王作章讲王昭君传说

2009年5月县非遗保护工作专班邹学传（左）与曹再烈（右）记录省级传承人李作权（中）讲述的昭君传说

第三章　王昭君传说

071

2013年9月湖北大学蒋方教授（左二）在昭君台听徐天河（右一）讲王昭君

香溪镇）公路，将珍珠潭、绣鞋洞上面的三块大石碑全部毁掉，绣鞋洞堵了，珍珠潭填了，一处绝妙古遗迹就这么活活地从昭君故里消失了。昭君台下的上马台和下马磴也一同被毁。

又因三峡工程的兴建，兴山成了库区移民县，江水倒灌，一条绵延几十公里且彩石遍地、溪水尽香的香溪河如今也变成了一个水库，一条美丽的香溪成为了历史。

3. 社会因素。环境变了，香溪河成为一片湖区。王昭君传说主要分布在香溪河两岸，兴山人讲王昭君传说，秭归人也讲王昭君传说。如今水位上涨，香溪两岸的百姓很多已背井离乡，有的到了上海，有的到了江苏，有的到了安徽，有的到了江汉平原，四分五散，会讲王昭君传说的老艺人流向了四面八方，给传说的传承和收集带来诸多困难和不便。其次，王昭君传说传承的主体——中年人、年轻人，如今皆纷纷外门打工，涌向了现代化的城市，使王昭君传说的继承和发展，出现了一个传承的空缺，问题非常严峻。

昭君村王昭君纪念馆里陈列的文物和有关王昭君的一些古迹，由于地方财政不济，没有得到及时有效地保护，致使王昭君汉白玉塑像已被污染，美人不美了，叫人十分痛心。昭君村一棵800年的古柏和一棵300年的核桃树枝桠枯萎，正在慢慢走向死亡。我们呼吁环保、旅游、文化和文物部门，赶快拯救"昭君"！

现代文明的冲击，也对王昭君传说的继承产生影响。许多中青年人，不热爱传统的民间文化，热衷时髦，不虚心向老艺人求教，面对优秀民间文化的衰落漠不关心，这也是王昭君传说濒临消亡的一个重要因素。

综上所述，王昭君传说濒危状况十分严峻。王昭君传说这块优秀的民间文化园地，如在我们这代人手里荒芜，将是我们的耻辱和罪过。我们要花大气力，尽快用现代化的设备，把老艺人肚子里的"传说"，用高档的音、像设备完整地抢救起来，力争将王昭君传说这个宝贵的文化遗产长期保存下来，永远传承下去。

第二节　田野调查

工作总结"王昭君传说"项目组由黎刚健、万宗知、蔡长明、万国清、邹学传、万国知等人组成。动员会结束后，"王昭君传说"项目组立即召开业务工作会议，讨论工作方案，明确工作任务和完成项目的时间、标准等。工作人员落实了，可是没有资金，没有设施设备。面对重重困难，"申遗"领导小组办公室给本组预支了800元钱，找县旅游局借了一套摄像机和照相机，并将旅游局办公室主任张文兆同志连人带机借来参加"王昭君传说"项目组搞了三个星期的摄录工作。

2006年8月县非遗保护工作专班田野调查途中休息（从右至左：蔡长明、邹学传、万国清）

2006年9月田野调查工作人员邹学传（左）记录市级传承人王君汉（右）诵唱王昭君歌谣

2009年5月县非遗保护工作专班采访李作权（中）有关王昭君的歌谣

原计划分组进行田野调查，但由于人手少，设备缺，我们决定把人员、设备集中起来，一个乡一个镇地对优秀民间艺人进行直接普查，对王昭君传说一处一处地搜集。8月23日召开"申遗"动员大会，24日召开项目组业务工作会，25日我们就联系各乡镇文化广播电视服务中心和重点艺人，27日把设备凑拢，29日就下乡开展田野调查。

调查中，我们分工明确：蔡长明采访，邹学传记录，张文兆摄像，万国知填艺人调查表，万国清负责民间艺人访谈，照相由邹学传、张文兆、蔡长明三人兼做。我们既分工又合作，工作起来不打乱仗，效率较高。局"申遗"办公室也为本项目做了大量组织协调工作，"王昭君传说"项目组对全县八个乡镇都进行了采访调查，对王昭君传说分布较多的六个乡镇进行了重点调查，包括一个旅游景区——王昭君纪念馆在内。田野调查的形式多样，我们到田边地头，在香溪河边，在菜园，在村寨，在艺人家中……不拘形式地对重点艺人进行采访，这样各位艺人讲述王昭君传说就不受条条框框限制，形态自然，讲起来滔滔不绝；而且

2006年县非遗保护工作专班工作人员为王君汉（左）老人照相

使录像的画面也生动活泼，效果比较好。

"王昭君传说"项目组一行五人，有公路的地方我们就赶盒盒车（小四轮），没有公路的地方大家就步行。调查中正值暑热高温天气，最高气温达摄氏40度左右，山间小路上摔跟

2006年9月市级传承人王君汉（右三）生活情景

头是常事，膀臂被荆棘拉的尽是红道道，有的把鞋子磨破了，打赤脚磨起了泡。特别是邹学传同志，今年已62岁高龄，就在我们下乡前夕，他的外孙出了车祸，把一只腿轧掉了，在宜昌住院，但他没有耽误"申遗"工作；因为缺一个人，我们这个组的工作就难以开展，所以他一直坚持下乡，配合本组的工作；一双皮鞋磨破了底子，他打赤脚跟着大家在石子路上走。万国清是个女同志，胆囊炎经常发，带病工作。她的小孩子上六年级，早起晚睡，吃饭洗漱都无人看管，她只好托人帮忙照看，自己坚持下乡搞田野调查。旅游局办公室主任张文兆同志工作负责，十分敬业，每次下乡，他比任何人都起得早，遵守时间，精通业务，爱护设备，对搜集的资料爱护备至，妥善保存，走时皆移交得清清楚楚。资金发生困难，大家先垫，只为尽快把工作搞上去。

一、王昭君传说分布情况

王昭君传说主要分布在香溪河流域，从香溪源到长江边的香溪镇，全长60多公里的溪河两岸，比较广泛地流传着王昭君的事迹和传说，有关王昭君的古遗址遗迹也大多在香溪河沿岸，如昭君宅、梳妆台、响滩（想叹）、浣纱处、昭君台、珍珠潭、绣鞋洞、上马台、下马磴、小礼溪、大礼溪、平揖口（平邑口）、思乡溪（泗湘溪）、香溪镇等，一路顺河南下，留下一路的传说。一条香溪贯穿神农架的木鱼镇、新华乡、兴山全境及秭归的香溪镇，所以王昭君传说不仅兴山有，秭归有，神农架也有。

2006年8月县非遗保护工作专班为市级传承人蔡德第照登记照的场景

2006年三峡大学刘冰清（中）、张伟权（右）两位教授在昭君村采访当地老人

2013年9月蒋方教授采访市级传承人王清菊（左一）

2014年11月台湾联合大学全球客家文化研究中心副调研员林丽华（右二）、陈俊光夫妇在昭君村接受中新社采访

二、民间艺人情况

"王昭君传说"项目组对高阳镇、古夫镇、南阳镇、峡口镇、水月寺镇、高桥乡，还有古夫城区及昭君村旅游景点等八个重点地区进行了详细的田野调查，共走访民间艺人40多位，普查民间艺人300多人，采录重点艺人20多位，收集录像资料20多个小时10多盒录像带，整理出文字资料20多万字，拍摄民间艺人照片500多幅，为"申遗"工作奠定了丰厚的资料基础。走访调查中，访谈的艺人最高年龄87岁，最小年龄18岁。其中男性占80%，女性占20%；中老年人占90%，年轻人占10%；农民占85%，干部职工占15%。

三、王昭君传说分类

我们经过走访调查，王昭君传说大致可归纳为五大类。

1. 与昭君有关的地名传说。如《宝坪的由来》、《王字岩》、《香溪》、《珍珠潭》、《小礼溪》、《大礼溪》等。

2. 反映王昭君善良勤劳的传说。如《稀荒垭》、《百日还乡》、《站穿石》、《楠木井》、《昭君庙》等等。

3. 反映美好事物的传说。如《彩石溪》、《桃花鱼》、《鸽子花》、《百鹤茶》、《绣鞋洞》等等。

4. 反映故乡人民思念昭君的传说。如《昭君台》、《盼女亭》、《河灯节》等等。

5. 从古典小说《双凤奇缘》和古典戏剧《汉宫秋》等文学名著演绎过来的民间传说。

四、王昭君出生地三种说法

这次采访调查中，对王昭君的出生地有三种说法：一是南阳镇的百羊寨村七连坪（小地名后坪）。理由是那儿的人大都姓王，跟昭君村的王姓是一个祠堂，同姓同派。另外就是清乾隆版《兴山县志》上有"王昭君生于七连坪"的记载（此志系手抄本）。

2006年9月县非遗保护工作专班在陈家湾整理王昭君的资料

2006年9月县非遗保护工作专班在王作章家中整理田野调查资料的场景

2009年6月国家级传承人彭泗德（中）参加全县传承人会议

2013年9月湖北大学蒋方教授（左）与县政协副主席宁平（右）交流

2007 年 4 月省级传承人李作权在讲昭君故事　　2016 年 9 月 5 日王昭君传说申遗工作人员听省级传承人李作权讲故事

二是高阳镇的昭君村。理由是那儿的村民多姓王，有《楠木井》、《昭君宅》等实物，王昭君的古遗址遗迹，如梳妆台、三熟地都在昭君村；王昭君纪念馆也设在那儿。

三是高阳镇老县城对面的陈家湾村。王昭君出生在陈家湾村依据最充分。首先是历来的《县志》都记载：陈家湾有"昭君祠，汉建，久废"。陈家湾有王昭君的遗址遗迹，如珍珠潭、绣鞋洞、昭君台、上马台、下马礅等。其次是陈家湾发掘出汉砖和宋朝立的"昭君院"碑 (清同治版《兴山县志》记载)。

五、王昭君传说其它载体表现形式

田野调查中，除王昭君传说以外，我们还调查到不少的唱词，大意是昭君进宫后，受到冷落，冷宫度日，伤时叹老，后和番到塞外，过着背井离乡的生活，情节多为对汉朝的幽怨和对自身的哀怜，唱词情真意切，读着荡气回肠，感慨颇多。

无论是王昭君传说还是唱词，兴山人民对这位美女都寄予了深厚的感情。首先表现在憎恨毛延寿，不该乱点乱画，导致王昭君被打入冷宫；其次是对王昭君打入冷宫的同情；最后是昭君娘娘和北番后，并没跟单于成婚，始终守贞如玉，回归中原 (哪怕是死了)，这个没有"失节"的王昭君形象，兴山人民都能接受。倘若说王昭君出塞后，跟单于结了婚，还生了子，然后又嫁给小单于，这一点兴山人民始终难以接受。所以兴山人民不愿谈到王昭君结婚生子，老辈子说这是丑事，不准传，这种观点对王昭君传说的传承存在很大影响。

结束语

通过"王昭君传说"开展田野调查，我们收获很大，真正明白了"申遗"工作的重要性，了解到"王昭君传说"面临失传的实情。我们"抢"到了部分资料，抓拍了一些老艺人的身影，为《王昭君传说》的有效传承保护做了一点工作。但这还很不够，还

2009 年 10 月中国·兴山昭君文化高层论坛上台湾苗粟县为昭君故里赠送昭君金像

只是一个良好的开端。王昭君传说不光是关于王昭君的故事，更多的是王昭君留给我们后人的文化内涵和高尚的人格情操，这是一座非常丰富的民间文学宝库，有待文化人的进一步开发，更有待社会各界的不懈努力。

2006 年国家民委授予昭君村为全国民族团结进步教育基地

2006年李作权参加
北京"旅游博览会·湖
北文化周"表演

2006 年 7 月
昭君文化高层论坛
歌颂昭君

2009年呼和浩特市民族歌舞团来昭君故里演出

第 4 章 兴山围鼓

溪韵
香古

第一节　项目概论

　　兴山县位于荆山南麓，长江西陵峡北侧，东临宜昌市夷陵区、保康县，南连秭归县，北靠神农架林区，西接巴东县。六十年代前交通极其闭塞，惟从宜昌穿兴山至武当山有一盐道。

　　缘于兴山善男信女结队朝拜武当山的需要，约在清咸丰年间，流传于武当山周边及鄂、豫、陕交界地区的"打火爆"传入了兴山。一百多年来，与兴山民间艺术相结合，形成了具有本土特征的"兴山围鼓"。它既保留有北方吹打乐粗犷的气质，又具有南方吹打乐委婉的风格，更不同于鄂、川等地的"围鼓"而独树一帜。

电影《三峡情思》中的兴山围鼓。摄影　吴佑忠

乐 器

兴山围鼓传承脉络清晰，现今已至第10代传人。广泛应用于民俗的各方面，深受喜爱，颇具影响。七十年代初，被宜昌地区列为民间艺术"七鼓一曲"之首，多次前往北京、武汉、上海、宜昌等地演出。

兴山围鼓乐器有鼓、大锣、叶子、马锣、唢呐。音调乐而不荒，广而不宣。曲牌来源于鄂、豫、陕各地的民歌小调、花鼓戏和道乐耍曲。曲牌丰富，涵盖面广，其价值在于：①历史较久，文化信息含量大，具有一定的历史、文化研究价值；②与当地人民生活须臾不可分，极具民俗功能和娱乐价值；③成为兴山的重要文化品牌，对于繁荣文化、发展旅游和经济建设具有一定的作用；④兴山围鼓与鄂、豫、陕接壤地区的民间音乐存在某些相同的基因，具有一定的文化认同价值，对于弘扬我国传统文化，构建社会主义和谐社会起到不可忽视的作用。

现今，兴山围鼓后继乏人，珍品曲牌武曲子已散失过半，击鼓手音也大都遗亡，且具有丧失传统技艺而全盘现代化的危险，保护在即。

"兴山围鼓"艺班表演

所以区域及其地理位置：湖北省兴山县是中国古代四大美人之一王昭君的故里，兴山境内山高谷深，沟河纵横，林密人稀，六十年代前交通极其闭塞，惟从宜昌雾渡河穿兴山至武当山地区有一条"盐道"（经商的要道），也是兴山的善男信女朝拜武当山进香的唯一便道。这为兴山围鼓的传播、发展提供了必要条件。

分布区域：除西部与巴东县接壤的高桥乡外，分布于全县各乡镇、神农架林区新华乡（原属兴山县）及由兴山围鼓艺人传播的宜昌市夷陵区的石板岗、秀水、阳向坪等少数地区。

历史渊源：兴山"民风醇朴"、"尚淫祀"（《兴山县志》同治版）。兴山的善男信女每年两度结队朝武当山敬香，都需要吹打乐班沿途吹打。约于清咸丰年间（1855年左右），谷城人王兴武等将流传于武当山周边地区及豫西南、陕东南等地的"打火爆"传入兴山，至今已有150年了。在兴山传承、发展过程中，与兴山民间艺术相结合，形成了具有本土特征、独具特色的"兴山围鼓"。

据学者考证，（材料1：《兴山围鼓的源流》）兴山围鼓的前身——打火爆的产生与武

给民间艺人陈常明赠送奖金和奖牌

当山道教有着密切的联系。武当山是我国道教名山，明永乐年间大肆营造武当道观，进入鼎盛时期，"神乐观"的乐舞生就有四百之众。（材料2：《中国武当山道教音乐》）还有山下广大地域的火居道活跃于民间，火居道人都为当地著名的民间艺人，领衔一方的民间艺术活动。为了朝武当山进香的需要、民俗活动的需要，人们娱乐的需要，于是，融民间吹打乐、道乐、民歌、地方戏等姊妹艺术于一体的打火爆应运而生，至今最少应有500年的历史了。

兴山围鼓的初期，在兴山榛子乡民间艺人甘大荣（咸丰年间）时代，有"八人班子"的表演形式。乐器除现存的外，还有笙、箫、管、笛及小镲、勾锣等，行走时吹打，围桌而坐时歌唱，围鼓之名大概由此而来。后由于兵荒马乱，民不聊生，"八人班子"技艺传之不便，学之不易，艺人聚之难拢等原因，遂在兴山逐步消失，只剩下现在的所谓"五人班子"，同时唱腔流失，成为吹打乐了。

建国后，兴山围鼓几经起落，1962年统计时，兴山约有15个围鼓班子。文革期间，跌入了低谷，1975年调查时全县不足9个班子。八十年代后有所发展，增加到50多个班子，现今全县只有近40个班子了。

《围鼓情》兴山围鼓合影

基本内容：兴山围鼓
又称"围鼓"、"八音子"
(相对于当地另一种吹打
乐"六音子"，即"鸣
音")。虽由外地传入，但
长期以来与兴山民间艺术
相结合，形成了独自的鲜
明特色，既保留有北方吹
打乐粗犷的气质，又具有

南方吹打乐委婉的风格，于形态、特征、表演等方面也不同于鄂、川等地的
"围鼓"而独树一帜。

　　兴山围鼓早期有"八人班子"的形态。乐器除现存的外（见下文），还有
笙、箫、管、笛及小镲、勾锣等，行走时吹打，围桌而坐时歌唱，围鼓之名大
概由此而来。现今主要为吹打乐，虽然经过挖掘保留了不少唱腔，但在民俗活
动中已不再演唱了。

　　兴山围鼓广泛应用于红白喜事、生儿打喜、春节灯会、集会游行、寿诞庆
贺、朝山进香等各种活动以及平时自娱，与民俗紧密相依，与生死密切相连，
构成了人们生活中不可或缺的组成部分。深受人们喜爱，颇具影响。六十年代
初就以原生态参加了宜昌地区专业剧团调演，七十年代初，被宜昌地区列为民
间艺术"七鼓一曲"（兴山围鼓、宜都梆鼓、漳河大鼓等及长阳南曲）之首，
多次前往北京、上海、武汉、宜昌等地演出，如2006年参加北京、上海"旅游
博览会"和"三峡国际
旅游节"的演出，2004
年被省群艺馆调至武汉
江滩参加"'两湖春'民
族民间文艺大型展演"，
2002年参加宜昌市春节
晚会等。并改编、创作
了一批曲目和声乐节目，
如围鼓曲《山村火红》、
《迎新春》、《校园鼓韵》

省级传承人雷杰秀吹奏兴山围鼓

2004年5月，兴山围鼓在武汉江滩参加"'两湖春'湖北省民族民间文化汇演" 摄影 吴瑶林

等，根据围鼓曲牌改编的声乐节目《春催杜鹃》（根据京剧《杜鹃山》第二场移植）于1974年赴省参加专业剧团汇演，围鼓大合唱《你待同志亲如一家》于1972年参加"宜昌地区业余文艺调演"等等。所有这些，都扩大了兴山围鼓的影响，提高了知名度。

一、兴山围鼓乐器

兴山围鼓的乐器有：鼓一架、大锣一面、叶子一付、马锣一个和唢呐一至二支（或更多）。

鼓：由小鼓、单面蒙皮的嘣子及一些配件组成。音色焦脆。见下图：

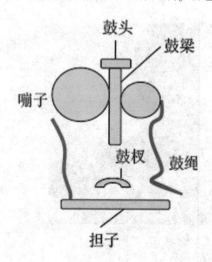

大锣：兴山围鼓的大锣是种专用锣，无锣膛，锣边很窄，发音苏旷。这种锣现在少见，据老艺人称，过去以老河口出产的为最佳。

叶子：似道乐中的大铙，叶片较平直，发音苏柔。

马锣：是通用的形制，市场上普遍有卖。

唢呐：为中音唢呐，一般筒音在G音左右。现在都于市场购买。据老艺人称，过去老河口出产的铜质唢呐杆最优

兴山围鼓苏锣焦鼓的音色，乐而不荒，广而不宣，让人感到既热烈而不喧闹，故而久听不烦、不累，过去演唱也不会盖唱，传播得又远，其声在山谷间飘扬回荡，别有韵味。

二、兴山围鼓曲牌

由于兴山及鄂、豫、陕等地围鼓（打火爆）艺人在武当山相聚后，总要比试一番，形成了围鼓艺人切磋、交流技艺的盛会，各地围鼓（打火爆）曲牌、唱腔、演奏技艺、演奏形式、表演特点等都在此传播，使围鼓的艺术含量得到极大的丰富与提高。因此形成兴山围鼓曲牌丰富多彩，风格纷杂，包容量大，涵盖面广的特点。

1. 兴山围鼓曲牌既有欢快热烈的，又有恬静淡雅的；既有庄严肃穆的，又有风趣幽默的。一般围鼓班子皆可演奏传统曲牌150左右，较好的艺人可演奏传统曲牌近300首。曲牌可分为玩曲、戏曲和武曲子三类：

玩曲类 数量最多，皆是来自各地的民歌小

峡口艺人潘光申、钟家一、万忠和表演"六音子"

调，"将民歌化成喇叭曲，再拿来打围鼓"是艺人们谙熟之道，关键在一个"化"字。将民歌旋律器乐化，以利于唢呐性能的发挥、技巧的运用和锣鼓的演奏。其手法主要是对旋律加花、变奏、扩充处理，和接风棰的收束式（即"补充终止"）。因此可以说，兴山围鼓的曲牌，再加上演化现代各类歌曲的话(称之为"现代曲牌")，可谓无计其数！只在于艺人音乐水平的高低了。此类曲牌多为单个演奏。

戏曲类 主要来自兴山花鼓戏以及少量陕南花鼓戏（八岔子）和鄂北花鼓戏的唱腔。戏曲类的曲牌多为串联起来演奏，形成一个连缀体，构成一支"大曲"。它们的连接有一定的程序，如：《四平头子》（徵调式）→《四平》（徵调式）→《乔大娘》（羽调式）→《打腔》（煞声于商）→《补丁㈠》（徵调式）→《补丁㈡》（商调式）→《放流》（徵调式煞于宫音。它并不属于花鼓戏范畴，这里将它借用过来，以造成结尾高潮的声势）。这种结构庞大、复杂、调式色彩多变的"大曲"，在多为短小结构的围鼓曲牌中，形成了

杨正等进行兴山围鼓表演

鲜明的对比。

武曲子类 武曲子
又称神曲子，是兴山围
鼓曲牌中的珍品，能够
吹奏多少首武曲子，也
是衡量围鼓艺人水平的
一个标准。武曲子多来
源于道乐的"耍曲"，在
隆重场合一般都成"排"
(5首武曲子联在一起演

丧事中不可或缺的兴山围鼓　摄影　王庆沅

奏称作"一排")演奏。它在艺人的心目中具有神秘感，认为它有"神气"，演
奏要求非常严格，不能吹错一个音，不能打错一槌锣，否则就没有灵气了。只
能于特定的场合演奏，如在武当山可尽情吹奏，意为娱神；在喜事中，新娘出
门上轿时可吹奏一排，意在驱除"煞气"。有的还在新娘进夫家门时吹奏，意
在乞求神灵庇佑新人百年好合，家庭平安；在丧事中，夜间守灵、出殡上山时
可吹奏一些 (不一定成排)，意在超度亡灵升天。在平常是不能随意吹奏的，
否则会得罪神灵。

2. 兴山围鼓曲牌风格纷杂，涵盖面较广，包含了鄂西北、豫西南和陕东南
各地的音调，如《蛮曲》(又称《蛮腔》)就有本地的《老蛮曲》和外来的
《河南蛮曲》、《陕西蛮曲》、《苏州蛮曲》等，戏曲类有《四平》(本地花鼓
戏)、《八岔子腔》(陕南花鼓戏) 等。此外，同名异曲众多，如《朝阳歌》、

王万星打围鼓吹唢呐

《梳妆台》等就有六、七
种之多，有的大同小异，
有的混然不同。它们都
是由各地民歌、戏剧演
化而来，昭示了兴山围
鼓中包含的各地的民间
音乐信息。

3. 兴山围鼓曲牌的
另一大特点是能紧跟时
代步伐，与时俱进。由

091

于它有演化民歌的功能，所以无论什么歌曲一经面世，马上就可在兴山围鼓中出现。如"文革"时期，兴山围鼓以《东方红》、《大海航行靠舵手》、《社员都是向阳花》等为常用曲牌，现今《好汉歌》、《走进新时代》等也经常出现在兴山围鼓中。

三、兴山围鼓演奏特点

兴山围鼓演奏时将鼓权叉于腰部或小腹上，鼓担子负于肩上。红喜事或庆典场合，可于鼓头点上两支红腊烛，办丧事时可于鼓头点上两支白蜡烛。打鼓者是演奏的指挥，击鼓时双手舞动具有一定的表演性，动作包含有手音和手势两种。手音是发出演奏曲牌的指令，即"要调子"，有"叫头"或"点子"两种。兴山围鼓中俗有"36叫头"（要武曲子）、"48点子"（要其它曲牌）之说，虽然是功

艺人黄显朗、向日葵等表演兴山围鼓

艺人陈常明表演围鼓

能性的动作，但极大的美化了演奏姿态。手势是无意义的近似于舞蹈的动作，目的在于美化击鼓姿态。击鼓手法有拳眼朝上的"正手"、手背朝上的"阴手"和手心朝上的"阳手"三种。鼓槌除了握于大指和食指之间外，还可握于食指和中指之间、中指和无名指之间及无名指和小指之间。

马锣是掌板的乐器，视鼓的演奏，掌握着乐曲的速度、节拍。可以"单打"（每拍敲一下）也可"双打"（每拍敲两下），抛锣演奏并不多见。握槌和鼓的握槌一样，演奏时双手配合舞动，打出前后左右的姿态。

叶子在兴山围鼓的演奏中起着重要作用，俗话说"围鼓打得好不好，全看叶子花得巧不巧"。演奏时即兴加花，双手随机舞动。

大锣的演奏在于操锣（加花）和扣锣，关键是掌握好尺寸（节奏）。

唢呐吹奏用八个音孔，不用循环换气法。哨子于口中的含法有平放与竖放两种，哨子较硬，多用平放的含法，哨子较软，为避免"堵音"多用竖放的含法。两支唢呐吹奏时，吹"宫调"（筒音作re）限于音域，只能同度吹奏。吹"平音"（筒音作sol）多用隔一个八度的音高吹奏，俗称"上下手"、"老配少"。"平音"在低音区吹奏，称为"满手"或"下手"。"宫调"在高音区吹奏称为"上手"。"满手"起音的曲牌称为"正"的，"上手"起音的曲牌称为"反"（或"翻"）的。例如曲牌《雪花飘》，"满手"起音的，叫《雪花飘》，

而"上手"起音的则叫《翻手雪花飘》或《雪花飘反手》了。

四、兴山围鼓音乐形态

音调特点 兴山围鼓音调进行以二、三度的级进和上下四度的跳进为特点。

这是兴山围鼓的典型音调，do la sol、sol mi re的邻音级进及其反行，和sol do的跳进可看作是兴山围鼓曲牌的核音。此外，六度和少数八度大跳以及吹奏上的八度换位，非常有特色，为兴山围鼓的音调平添了许多活力。

在兴山围鼓中，有的曲牌呈现刚劲的音调、重宫的调式色彩、特别是si音的出现，充分体现了北方地区吹打乐的气质；有的曲牌具有委婉的音调、重徵的调式色彩，do re mi sol la的五声音阶，则展现了南方地域的风格。

音阶调式 兴山围鼓曲牌以五声音阶为主，占总数的78.6%，其次是六声音列，占17.8%，七声音阶极少。节拍上为适应行走的需要，以二拍子为主，为打破单调的平稳，其中常夹以三拍子小节。曲牌的调高有宫调及平音（又称"平调"）两种。宫调筒音作re，常用音在sol以上，其曲牌绝大多数为徵调式，少数为宫调式，商调式极少。羽音不见调式功能的作用。平音筒音作sol，其曲牌主要为宫调式和徵调式，两者数量大致相当。宫调与平音实则为最利于唢呐吹奏的两种指法。现在唢呐多为市场购买，筒音在G左右。那么宫调中的诸调为C徵、F宫及G商；平音诸调为G徵、C宫和D商。无论宫调或平音，兴山围鼓曲牌的调式只有宫、徵、商三种。

曲体结构 兴山围鼓曲牌的结构特点，主要为结构短小、曲体简单、补充终止和惯用重复。

为了适应山区行走的需要，兴山围鼓曲牌皆为短小结构，并在乐句或两小节之间插以锣鼓伴奏，好让吹唢呐者有个喘气、休息的机会。

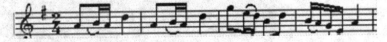

乐曲一般多为上下句结构，三乐句和四乐句结构的较少。

乐句的反复（变化反复）是围鼓曲牌的惯用手法，可谓无曲不反复，特别表现在最后一个乐句上。

兴山围鼓毕曲煞声总是形成"接风槌"的形态，即煞声在四分之三拍的第二拍的弱拍上，并打上一槌锣：

三拍的第二拍的弱拍上，并打上一槌锣：

(选自《雪花飘》兴山青山雷杰秀演奏)

"接风槌"，顾名思义是连接锣鼓牌子的桥梁，使锣鼓进入和曲牌衔接的顺畅。"接风槌"的结构形态，是围鼓曲牌的一大显著特色，几乎没有例外。在演化民歌时，都必须将曲尾形成"接风槌"。

锣鼓与曲调的配合有三种形式：

包锣，锣鼓从头到尾都跟随曲调演奏，锣鼓将整个曲调都"包"了起来，故称为"包锣"。它气氛热烈、欢快，多用于热闹场合。

半包锣，锣鼓只在曲调的局部加以演奏，有的将整个下句包上，有的只包一、二个小节。这种形式清幽中显出热烈，热烈中透着清幽。

不包锣，除间奏外，整个曲调都不伴以锣鼓。这种形式显得清幽、恬淡。

雷杰秀等艺人表演兴山围鼓 　**095**

普查人员对艺人王安心、让明月等"兴山围鼓"艺班进行采访

兴山围鼓队列：兴山围鼓在行走和座下演奏时，都有一定的序列。行走时，根据道路的宽窄，可排成单列、双列或三列的队形。单列队形的次序是：鼓、大锣、叶子、马锣、唢呐。双列队形的次序是：第一排为鼓（位于左方）、大锣，第二排为马锣（位于左方）、叶子。三列队形的次序是：第一排为鼓（居中）、叶子（左）、大锣（右），第二排为马锣（左）、二支唢呐。围桌而坐演奏时，位于堂屋后方的中央，围鼓位于桌后右手、马锣位于桌后左手，大锣位于桌右上手、叶子位于桌右下手，二支唢呐位于桌左。

相关制品及其作品：兴山围鼓的鼓，由小鼓和嘣子组成，小鼓鼓面直径25公分左右（外框，下同），框壁厚1.5公分左右，高16公分左右。嘣子框直径21公分左右，嘣子膛直径约为12公分，上窄下宽，单面蒙皮，高14公分左右。鼓担子长60公分左右，中间宽5公分左右，两端约3.5公分。现在的鼓和嘣子仍为农村扎鼓匠制作，鼓、嘣盆子用整段核桃木（夜杭木亦好），按尺寸画线后将其挖空，修整成形，然后蒙上牛皮，牛皮选用4岁以上的水牛皮，以肩胛骨部位为最好。绷紧干燥后，沿鼓沿订上36根竹钉。

兴山围鼓的大锣是种余音短暂的专用锣，锣面直径39公分，锣边很窄约1.7公分，无锣膛（锣光），发音苏旷。据老艺人称，过去以老河口出产的大锣为佳。现在这种锣已不多见，比较讲究的艺人们就将从市场买回的无膛大锣，

采访围鼓艺班张斌班子

用钢锯将锣边锯窄，以减少余音和共鸣，作为代用品。

叶子的叶面直径34公分左右，叶帽混圆约为8公分。

马锣的锣面直径约17公分，是通用的形制，市场上普遍有卖。

唢呐为中音唢呐，筒音一般在G音左右。唢呐杆现在多为木制，杆长27公分，碗口3公分，碗高12公分、直径13公分，填心长4.5公分，堵片直径4公分。现在都于市场购买。过去民间有铜匠打制铜质唢呐杆，现在于民间已保存极少。据老艺人称，过去老河口出产的铜质唢呐杆最优。

多年来改编、创作了一批围鼓曲目和声乐节目，如围鼓曲《山村火红》、《庆丰收》、《迎新春》、《校园鼓韵》等以及根据围鼓曲牌改编的声乐节目《春催杜鹃》（根据京剧《杜鹃山》第二场移植）、围鼓大合唱《你待同志亲如一家》等等。

主要特征：

1. 兴山围鼓音调乐而不荒，广而不宣，使人久听不烦、不累，深受人民喜爱。普遍应用于各种民俗活动以及平时自娱，成为兴山人民生活中不可或缺的组成部分，与民间礼仪息息相关，与人的生死紧紧相依。具有普遍的民众性；

2. 兴山围鼓七十年代初被宜昌地区列为当地民间艺术"七鼓一曲"之首，多次被调至省、市演出以及参加北京、上海的展演。具有较大的影响性；

3. 兴山围鼓既有北方的气质，又有南方的风格。涵盖广泛的地域性；

4. 兴山围鼓曲牌包含了各类歌曲、民间器乐曲、戏曲和道乐等。具有极好的兼容性；

采访潘光申班子

5. 兴山围鼓是个较古老的乐种，难能可贵的是能将最现代的歌曲演化为曲牌来演奏，站在音乐时髦的最前沿。具有很强的时代性；

6. 为适应山区行走演奏的需要，兴山围鼓的曲调结构都很短小，并在上下句或两小节之间插以锣鼓间奏。具有

香溪古韵

曲调的简约性；

7. "接风槌"的收束式（"补充终止"），是兴山围鼓曲牌的显著特征，其作用是将曲调与锣鼓牌子极其顺畅、紧密的结合了起来。具有曲、牌配合的紧密性；

采访艺人黄显朗、向日葵等兴山围鼓艺班

8. 打鼓者的手音、手势丰富多彩，击鼓手法多种，握槌方法多样。具有极强的表演性；

9. 兴山围鼓艺人对武曲子怀有一种敬畏感、神秘感，在平常是不能随意吹奏的。具有演奏的禁忌性；

10. 兴山围鼓虽然现在作为吹打乐，然而它原本是可以演唱的，现在仍保留着不少唱腔，只是于今在民俗活动中不唱而已。它先天是个集器乐、歌唱于一身的综合体，还被列入了曲艺的范畴，曾被改编、创作了器乐曲、歌曲、曲艺甚至用围鼓形式移植了戏剧。具有广泛的艺术性和表演的综合性。

重要价值：

历史、科学、文化价值在于：

1. 兴山围鼓从源头来看，具有较久的历史，兼容并蓄了鄂、豫、陕交界地区的民间音乐和武当山道教音乐，音乐文化信息含量大，对于研究它们的历史、相互关系、交融情况以及传承与变异的规律提供了资料；

2009年5月县非遗保护工作专班在昭君村采访李作权的围鼓班

2010年6月华东师范大学研究生饶晓敏（右）采访省级传承人李作权

098

2.兴山围鼓深受人们喜爱，与当地人民生活息息相关，成为不可或缺的组成部分，具有极大的民俗功能与极高的娱乐价值；

3.兴山围鼓影响较大，已成为兴山一个重要的文化品牌，对于繁荣文化、发展旅游和经济建设具有一定的作用；

4.兴山围鼓与鄂西北、豫西南、陕东南民间音乐及道乐存在某些相同的基因，具有广泛的文化认同，对于弘扬我国传统文化，提高群众文化素质，促进社会主义精神文明建设，构建社会主义和谐社会起到不可忽视的作用。

濒危状况：

1.由于社会的变革，现代义明猛烈的冲击，人们观念的改变，审美情趣的变化，现在兴山的青少年普遍喜欢的是通俗歌曲、现代舞，愿意学围鼓的人已经不多了，1988年统计时兴山尚有近60个围鼓班子，现在却只有40多个了，已经凸现了消亡的趋势；

2.由于兴山经济落后，农业产值低，在经济利益驱使下，农村年轻人大多出外打工，造成兴山围鼓缺乏后来人；

3.围鼓老艺人的相继谢世，将会造成围鼓的许多绝技、曲牌难以得到传承。例如，张连新一辈的唢呐吹奏技巧现在很少见了；全县能演奏手音、手势的现在只有一个班子的两个人，由于兴山围鼓严重的退化现象，过去是由鼓

洪水河围鼓艺人

发出手音来指挥曲牌的演奏，但现在已废弃了鼓的指挥权，由唢呐来决定曲牌的演奏，故他们已多年不打手音了，现今已大都遗亡；珍品曲牌"武曲子"，本来就流传不多，只有四、五十首，由于有禁忌性，现今已失散过半，严重的存在着继续消失的危险。更为严重的是，现在有不少班子连一首武曲子都不会演奏！

4. 由于兴山围鼓广取博采和演化民间音乐的功能，使它能紧跟时代，站在音乐时髦的最前沿。这虽然不是什么坏事，但存在着古老艺术全盘现代化的危险，还未到围鼓消亡的时候，却提前丢失了传统艺术和各地珍贵的文化信息。

今已兴山围鼓现已出现了莫大的危机，需要保护在即。

第二节 田野调查

　　兴山县文化局历届领导都非常重视对兴山围鼓的搜集整理、调查研究工作。从1962年起，即对古夫公社青草大队的李永久围鼓班子进行了四天的全面、深入地采录。七十年代初专门对榛子公社大水坑桃子沟的著名围鼓艺人陈盛德进行了三天的采录。接着对平水竹园河围鼓艺人甘学运进行了搜集。1975年5月又大规模的将全县著名围鼓艺人榛子板舍的张连新、古夫青草的李永久、水月寺的关启坤、赵德翠、古夫麦仓的谭洪裕等接到县文工团，进行了五天的采录，使人喜出望外地挖掘出了许多已近失传的围鼓曲牌，特别是围鼓的珍品曲牌——武曲子十多首。1988年元旦举办了为期三天的全县"第一届围鼓大赛"，共有来自各地的十一个围鼓班子，参赛人员老者72岁，小的尚之8岁，再次对他们进行了有重点的收录。1988年编撰《中国民族

为艺人赵从银填表

为艺人郑远清填表

帮陈常明艺人填表

民间器乐曲集成·湖北卷·兴山围鼓资料卷》时，再次对古夫镇竹园河王万海、王万斌围鼓班子进行了深入、细致的采录，作了全面的摄像、录音、拍照，并详细记录、绘制了手音的分解动作。2003年12月举办全县"'天星杯'第二届围鼓大赛"，八个班子参赛，这次活动着重挖掘了围鼓的唱腔。此外，还对水月寺镇椴树垭著名围鼓艺人关启贤、神农架林区新华乡高白岩（当时属兴山）著名围鼓艺人谷永纲、孔子河邹家坡著名艺人周志常等进行了搜集。现在又对兴山围鼓进行了一次广泛的田野调查，并着重解剖了竹园河围鼓班子。

由于40多年来一直对兴山围鼓作了不间断的、全面、反复地搜集、整理和深入的研究工作，因此对它的全貌、发展、演变有个全盘的了解，从而对其传承脉络、派系，能准确、清晰地掌握，现今已至第十代传人，共有三个派系。

非遗工作专班田野调查路上

兴山围鼓在本地区影响很大，早就由山野进入了艺术殿堂。1963年以原生态参加了宜昌地区专业剧团调演。七十年代初，被宜昌地区列为民间艺术"七鼓一曲"（兴山围鼓、宜都梆鼓、漳河大鼓、长阳单手鼓等及长阳南曲）之首。

采访当地村书记和艺人们

多次前往北京、上海、武汉、宜昌市各市县、神农架等地演出，如2006年参加北京、上海旅游博览会——"北京·湖北文化周特色旅游文化表演"和"第七届中国宜昌三峡国际旅游节"的演出，并获"三峡国际旅游节"金奖。2004年被省群艺馆调至武汉江滩参加"'两湖春'湖北民族民间文化汇演"，2002年参加宜昌市春节晚会等。此外，多年来改编、创作了大量围鼓曲目和围鼓声乐节目，如围鼓曲《山村火红》、《迎新春》、《庆丰收》、《校园鼓韵》等，用围鼓曲牌改编的声乐节目《春催杜鹃》（根据京剧《杜鹃山》第二场移植）、围

工作人员与艺人万楚知合影

采访丁祥贵

鼓大合唱《你待同志亲如一家》、《小闯王李来亨》、《翠娥夺鼓》等等。从六十年代以来，数十次参加省、市专业、业余文艺调演、演出，深受好评。此外，还被上海电影制片厂拍摄的电影《三峡情思》用于迎亲的场面，也被电视剧《王昭君》用于昭君离乡时的送别场面。所有这些，都扩大了兴山围鼓的影响，提高了兴山围鼓的知名度。

一、兴山围鼓的分布

除西部与巴东接壤的高桥乡外，分布于全县各乡镇。以及原属兴山县的神农架林区新华乡和由兴山围鼓艺人传播及搬迁的宜昌市夷陵区的鄢家坪、石板岗、秀水、阳向坪等地。

现神农架林区新华乡的围鼓，是甘大荣之徒榛子乡青山村的周玉祥传授了新华乡龙口湾的罗跃堂而传承下来。宜昌县（现为宜昌市夷陵区）分乡的石板岗和插旗冲的两班围鼓，为关启坤于六十年代被邀请前去传授。宜昌县秀水的围鼓是王思举系的陈光润传授了秀水的邹良基和阳向坪的赵永焕等人。古白荣系的王绍举（字直夫）合家于八十年代初搬迁到夷陵区鄢家坪居住，遂将兴山围鼓带入该地区，并广为授徒。其孙王宗刚也是位有名的门第师，曾任该村书记，这更促使了这方围鼓迅速的发展起来。围鼓由北

采访围鼓艺人刘廷国班子

向南传播，至此为止。

兴山县内，主要分布于东、北部的水月寺、高岚、榛子、平水等地和中部地区的黄粮、高华、古夫等地，南部地区峡口的两班围鼓，是九十年代后才发展起来的。西部地区的高桥乡无围鼓，民间器乐主要是"叫点子"，究其原因，不外有二：一是民俗信仰与兴山东、北部地区不同，东、北部地区人过去把朝拜武当山当作人生大事，缺之不可；而高桥人则基本不朝武当山。二是高桥与巴东接壤，生活、经济、文化各方面与巴东交往过密，而与东、北部地区缺乏接触。

二、兴山围鼓的历史源流

兴山围鼓历史悠久，与鄂、川等地的围鼓不同。据兴山围鼓著名艺人陈盛德（1913—1980年，袁志泉之徒）介绍，他在十七、八岁时，为躲兵躲夫逃到青山的大老林中，遇到了做木梳的袁志泉（字瑛、号吉成，浑名袁麻子，其时年近四十岁，独身），袁就收留了他，陈白天帮袁做木梳，晚上袁就教他吹唢呐、打围鼓。陈盛德说，围鼓是有唱词的，袁师傅也曾教他的唱段，只因身在逃难中，没心思去学，加上唱词又长又多，记不住，就没学。也就是从陈盛德这辈艺人起，兴山围鼓的唱词大量流失了。

陈盛德还说，袁师傅曾向他介绍过"八人班子"的情况。袁师傅

2009年6月丁祥贵在水月寺小学教授兴山围鼓的情景

丁祥贵一对一教授围鼓

2009年5月省级传承人李作权（中）教学徒打蓁草锣鼓的场景

王万星吹唢呐

在十二、三岁时曾于兴山榛子岭见过"八人班子"的演奏，鼓是在现今的鼓和嘣子的前端再加一个小鼓，除了唢呐，还有笙、箫、管、笛，家业还加上小镲、小勾锣等，吹打起来非常热闹，唱起来优雅得很呢！"八人班子"随着岁月流逝而基本消亡，今不复见其盛况了。

追溯兴山围鼓的源头——打火爆的产生，据学者考证，（材料1：《兴山围鼓的艺术特色及其源流》载《宜昌文化》2003年第3期）与武当山道教有着密切的联系。东汉末年道教形成以后，武当山即是我国道教名山胜境之一，从唐贞观年间建祠开始，历代营造武当道场，至明永乐年间大肆营造武当道观，进入鼎盛时期，道乐也随之盛况空前，"神乐观"的乐舞生就有四百之众。（材料2：《中国武当山道教音乐》中国文联出版公司出版））还有山下广大地域的火居道活跃于民间，火居道人都为当地著名的民间艺人，领衔一方的民间艺术活动。此外，武当山周边地区，自古以来音乐文化发达，器乐演奏活动频繁。《光化县志·风俗篇》记载："当是鼓乐守岁达旦"。在这种文化氛围中，为了民俗活动的需要，人们娱乐的需要、朝武当山进香的需要，于是，融民间吹打乐、道乐、民歌、地方戏等姊妹艺术于一体的打火炮应运而生。我们暂从明永乐年间道乐进入鼎盛期（1424年）算起，打火炮至今最少有500多年的历史了。具体的产生地应在武当山周边地区，谷城应是其中心之地。谷城紧傍武当山麓，是道乐的活跃之地，是民间器乐演奏活跃之地,也是乐器的著名生产之地,围鼓(打火炮)专用的大锣、叶子及铜质唢呐杆就以这里的出产最为有名。

三、兴山围鼓的传承谱系

兴山围鼓经由两条路线传入兴山,共有三个派系:

一是来自谷城。谷城人王兴武授徒保康县的石天福,石约于清咸丰年间(1855年左右),授徒兴山榛子乡的甘大荣、李兴德等人,首次将围鼓传入兴山。甘又授徒榛子大水坑的袁志泉、榛子青山的周玉祥等人,他们又教了众多的弟子,这一系在兴山的北部地区流传开来。

该系的技术力量最强,出了张连新、陈盛德等老一辈著名艺人和王万斌、王万海、雷杰秀等当代兴山围鼓代表性传人。特别是张连新,从小学过道士,善吹唢呐,双手的指关节都被唢呐孔磨出了茧子。能将围鼓曲牌倒过来吹(从曲尾吹到曲头),在朝武当山活动中多次与各地的艺人比赛,常胜不败。他的同班及弟子常骄傲地说:在上武当山的途中有个九里垭,这个地方围鼓(打火炮)打得非常好,各个班子在此都要受到检验,有穿长袍的人(大概是道士)当评委,打得好才能让你通过,打得太差了就不让上山。如果你态度不好,又不谦虚,他们会认为这个班子没有艺德,没资格打围鼓,就会把家业(乐器)都没收去。打得好的也要评个名次,第一名的称为"班主旗",授予旗子,上山时走在最前面。张连新多次夺得"班主旗"。他的儿子张传美,是兴山书店的原经理,他说,在张连新即将去世前,传了一包旗子、有四、五面给他,并向他传唱了四、五首从未传人的围鼓看家曲牌,因他未学围鼓,就用录音机录了下来。可惜的是,张传美于八十年代初负责王昭君纪念馆的建设工程时,在一次火灾中,将旗子和录音资料都烧毁了。张连新在建国前以及初期的演奏活动,还传下了兴山围

2008年12月,中国艺术研究院研究员乔建中(右一)在黄粮镇金家坝村调研兴山围鼓。摄影 丁岚

2009年4月，县保护中心工作人员在水月寺镇做围鼓普查工作。摄影　何兴

鼓的近乎神奇的佳话。该系的周玉祥还传授了新华乡龙口湾的罗跃堂（现划为神农架林区）。

二是来自河南。河南人老张师（人称"老张喇叭"）授徒保康的王二师、王三师，兄弟俩约于光绪26年（1900年）左右被请到兴山教了水月寺的王思举、关教瑞、朱本朝等，黄粮的刘兴安，后坪的古白荣三班围鼓。这些徒弟又传授了众多的弟子，这一系主要分部在兴山东部地区。

该系中影响最大的是刘兴安和古白荣，刘兴安教了椴树垭的关启贤，水月寺的关启坤、赵德翠，黄粮高华的梁望根、梁望兴等。关启坤于六十年代被请到宜昌县（现为宜昌市夷陵区）分乡的石板岗和插旗冲传授了两班围鼓。陈光润也传授了宜昌县秀水的邹良基和阳向坪的赵永焕等人。

古白荣的徒孙王绍举（字直夫）善吹唢呐，曾是这一系的杰出人物。据当代传人水月寺的丁祥贵介绍，兴山东部地区朝武当山的围鼓班子，从未通过九里垭，直到王绍举将曲子倒过来吹，才上了武当山。只是该系后继力量不强，当代缺乏有影响的艺人了。

除此而外，还有兴山县古夫镇青草的李永久，他未正式拜师学艺，只是瞟学苦练成才，也成为一方名师，该系活跃于兴山中部地区。

这一系传承人较多，当今代表性的艺人有李作权等。兴山南部峡口等地的围鼓，是近十年才发展起来的，属于李永久系。

水月寺镇中心小学聘请围鼓艺人丁祥贵进校园传授兴山围鼓。摄影　何兴

四、兴山围鼓的社会功能

兴山围鼓又称"围鼓"、"八音子"。广泛应用于红白喜事、年节玩灯、集会游行、寿诞庆贺、生儿打喜、砌屋上梁、朝武当山进香等各种民俗活动以及平时自娱，成为兴山人民生活中不可或缺的组成部分，与民俗紧密相依，与生死密切相连。虽然兴山县与宜昌市夷陵区接壤的马粮坪、龙头坪等地还流传有"六人班子"（"六音子"）、"八文班子"（"鸣音"）等民间器乐形式，但唯兴山围鼓独尊，并逐步为围鼓所取代。六人班子只用于娶亲，八文班子只用于送葬，唯围鼓是全功能的。六人班子设座于大门外屋檐下（这是为了迎客吹奏的需要），围鼓却坐于正堂的上首中央。坐席吃饭时，围鼓艺人要坐上席，故艺人中戏说，围鼓是老子，六人班子是儿子，八文班子是孙子，可见围鼓在民间的地位。

五、兴山围鼓的艺术特色

兴山围鼓音调明亮，气氛热烈，曲牌既有欢快活泼的，也有抒情委婉的，还有诙谐风趣的。既保留有北方吹打乐粗犷的气质，又具有南方吹打乐委婉的风格，更不同于鄂、川等地的"围鼓"而独树一帜，深受人民的喜爱。

1. 兴山围鼓的乐器

鼓一架：由小鼓、嘣子、鼓梁、鼓权、担子、鼓绳组成。音色焦脆。"八人班子"时的鼓是在鼓梁前端再加一个小鼓（或为嘣子）。见下图：

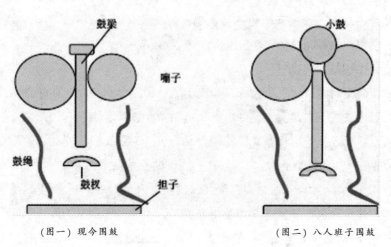

（图一）现今围鼓　　　　　（图二）八人班子围鼓

鼓面直径25公分左右、高16公分左右、绑于鼓梁的左侧。嘣子框直径21公

109

分左右、嘣膛12公分左右，单面蒙皮，绑于鼓梁的右侧。担子长60公分左右，两端用绳子连于鼓与嘣子的两端。

现在的鼓和嘣子仍为农村扎鼓匠制作，鼓、嘣盆子用整段核桃木（夜杭木更好，但不多），按尺寸画线后将其挖空，然后蒙上牛皮。鼓皮选用4岁以上的水牛皮，以肩胛骨部位的为最好。鼓皮用绳索固定于扎鼓凳上，其间打上一头薄一头厚的楔子，边晒边敲打鼓皮，边打紧楔子，待鼓皮干好后，再沿鼓缘订上36根竹钉，将鼓皮固定。

大锣一面：兴山围鼓的大锣是种发音苏旷、余音短暂的专用锣，锣面直径约39公分，无锣膛（锣光、锣脐），锣边很窄只约1.7公分。据老艺人称，过去以老河口手工打制的大锣为佳。现在这种锣已不多见，比较讲究的艺人们就将从市场买回的无膛大锣，用钢锯将锣边锯窄，以减少余音和共鸣，作为代用品。

叶子一付：似道乐中的大铙，叶片较平直，叶面直径34公分左右，叶帽圆浑约为8公分，发音苏柔。

马锣一个：锣面直径约17公分，是通用的形制，市场上普遍有卖，选择音色低沉者。

唢呐1—2支：为中音唢呐，一般筒音在G音左右。唢呐杆现在多为木制，杆长27公分，碗口3公分，碗高12公分、直径13公分，填心长4.5公分，堵片直径4公分。现在都于市场购买。民间尚存一些铜质唢呐杆，据老艺人称，过去老河口出产的铜质唢呐杆最优。

兴山围鼓的鼓音焦脆，锣声苏旷，苏锣焦鼓的音色乐而不荒，广而不宣，既热烈而不喧闹，过去演唱也不会盖唱，故使人久听不烦不累，又传播得远，其朦胧之声在山谷间飘扬回荡，别有韵味。

2. 兴山围鼓的演奏特色

鼓在演奏时将鼓杈叉于腰部或小腹上，鼓担子负于肩上。在红喜事或庆典场合，可于鼓头上点两支红腊烛，办丧事时可于鼓头上点两支白蜡烛。演奏时打鼓者双手舞动，包含手音和手势两种动作，手音是发出演奏曲牌的指令，亦称"要调子"，要武曲子的称"叫头"，要玩曲及戏曲类曲牌的称"点子"，俗有"36叫头"、"48点子"之说，现在只收集到21个叫头、9个点子。手音虽然是功能性的动作，但极大地美化了击鼓姿态。手势是无意义的近乎于舞蹈的动作。在丧事中绕棺演奏时，打鼓者走"跷（音qiáo）步"，即走3—5步要停一下，一脚伸出，后跟点地，另一膝微屈。这是兴山"转丧鼓"的典型步法，兴山围鼓借用了过来，形成它独特的风格。击鼓手法有"正手"、"阴手"和"阳手"三种。鼓槌除了通常的握于大、食间外，还可以握于任何手指之间。不同的握槌，更美化了击鼓手法，极具表演性。

大锣的演奏在于操锣（加花）和扣锣，关键在于掌握好尺寸（节奏）。

叶子演奏主要用搓奏，碰击少用，演奏时双手也舞动。它在兴山围鼓演奏中具有重要作用，艺人们皆知道："围鼓打得好不好，只看叶子花得巧不巧"，也就是说叶子的演奏重在加花和变奏。

马锣在兴山围鼓的演奏中起着"掌板"（即掌握演奏速度）的作用。可以"单打"（每拍敲一下）也可"双打"（每拍敲两下），一般不抛锣演奏。马锣槌的握法与鼓槌一样，可握于各手指之间，前后左右的用各种手势敲击。

唢呐吹奏用八个音孔，故又称"八音子"（对应于兴山另一种只用六个音孔吹奏的吹打乐"六音子"），不用循环换气法吹奏。哨子于口中有两种含法，既可平放（哨子与嘴唇

2005 年李作权的围鼓班子在昭君村打兴山围鼓

兴山县非物质文化遗产展演日

艺班参加"八艺节"表演

兴山县"天星杯"第二届围鼓大赛

平行）于口中，也可竖放（哨子与嘴唇垂直）于口中。哨子较硬，多用平放的含法，哨子较软，为避免"堵音"多用竖放的含法。

两支唢呐吹奏时，吹"宫调"（筒音作re）由于音域所限，只能同度吹奏。吹"平音"（又称"平调"，筒音作sol）多用八度（两支唢呐隔一个八度音高）吹奏，俗称"上下手"、"老配少"或"双吹"。

"平音"在低音区吹奏，称为"满手"或"下手"，"宫调"在高音区吹奏称为"上手"。"满手"起音的曲牌为"正"的，"上手"起音的曲牌为"反"（或"翻"）的。例如曲牌《雪花飘》，"满手"起音的，叫《雪花飘》，而"上手"起音的则叫《翻（反）手雪花飘》或《雪花飘翻（反）手》。

兴山围鼓行走演奏时，其队列次序是有规定的。过去由于道路狭窄，多为单列行走，其次序从前至后是：围鼓、大锣、叶子、马锣、唢呐。在道路宽阔的地方也可成双列或三列行进，双列的队列次序是：第一排鼓（位于左边）、大锣，第二排马锣（位于左边）、叶子，第三排唢呐。三列的队列次序是：第一排叶子（位于左边）、大锣（位于右边）、鼓（处于中间），第二排马锣（位于左边）和两支唢呐。

3. 兴山围鼓的曲牌

由于鄂、豫、陕等地的善男信女，不远数十、上百里，每年都要结成数

2017年8月，兴山围鼓《娶亲》参加第九届全国残疾人艺术汇演荣获器乐类三等奖

十、上百人的朝武当山的进香队伍，其中兴山围鼓（打火炮）班子必不可少，少则数班，多则数十班，边走边吹打。到达武当山后，香客们上山进香拜佛，而各地艺人则聚集一起，免不了要比试一番。方法是，甲班的"捏家"（唢呐吹奏者）到乙班去吹奏，乙班的"捏家"到甲班来吹奏，若甲班"捏家"所吹的曲牌，乙班的"打家"（打锣鼓者）配合不了，即甲班获胜。这为鄂、豫、陕各地围鼓艺人相互学习、交流、磋切技艺创造了绝好的机会，故使兴山围鼓曲牌融这三地的风格于一身，艺术含量得到极大的丰富与提高。形成兴山围鼓曲牌丰富多彩，风格纷杂，包容量大，涵盖面广的特点。

(1) 兴山围鼓曲牌非常丰富，既有欢快热烈的，又有恬静淡雅的；既有庄严肃穆的，又有风趣幽默的。三、四十年代的传统曲牌有108首，俗有"36正调，72反调"之说。随着斗转星移，对姊妹艺术的不断吸取，现今曲牌极大的丰富了，一般围鼓班子皆可演奏传统曲牌120——150首，较好的艺人可演奏传统曲牌200多首。曲牌可分为玩曲、戏曲和武曲子三类：

玩曲类 是兴山围鼓的主要曲牌，数量最多，皆是来自各地的民歌小调，"将民歌化成喇叭曲，再拿来打围鼓"是艺人们谙熟之道，关键在一个"化"字。将民歌旋律器乐化，以利于唢呐性能的发挥、技巧的运用和锣鼓的演奏。其手法主要是旋律加花、变奏、扩充处理，和加上"接风槌"的收束式（即"补充终止"）。

如下例：

雪花飘

筒音作re

兴山·青山

（软　四　槌）

接风槌

（单　七　子）

（陈盛德（1975年62岁）　吹奏　王庆沅　记谱）　113

原曲调是四分之二拍的，应在上例倒数第四小节的四分之三拍处结束（最后的sol音应为二拍、位于下一小节的强拍），为了适应围鼓的演奏特点，就在其后又加了四三拍的一小节，并使sol音收煞在弱拍上，化成了"接风槌"，这种补充终止，是兴山围鼓的一大突出的显著特点。

再就是将原民歌的旋律加花和变奏，使曲调更适合唢呐的吹奏，更富于围鼓的特色。如下例：

例1

肚儿疼

（民歌）

兴山·竹园河

（王望月　演唱　刘经建　记谱）

例2

肚儿疼

（围鼓曲牌）

兴山·青草

114

（李永久　演唱　陈盛德　吹奏　王庆沅　记谱）

注：

一：大锣、叶子、鼓休息；

匡：大锣、叶子及鼓齐奏；

车：叶子；

大：唢子；

冬：鼓。

马锣在整个演奏中都按拍"单打"或"双打"；

唢子都随旋律不断的自由加花演奏。

例1是首民歌，化作例2的围鼓曲牌后，对旋律进行了重复、加花、扩充、变奏处理，歌词也作了改动，使其更加风趣、诙谐、引人入胜，并为其"包"上了锣鼓。

因此可以说，兴山围鼓的曲牌，再加上演化现代各类歌曲的话（称之为"现代曲牌"），可谓无计其数！只在于艺人音乐水平的高低了。此类曲牌多为单个演奏。

戏曲类 主要来自兴山花鼓戏以及少量陕南花鼓戏（八岔子）和鄂北花鼓戏的唱腔。戏曲类的曲牌多串联起来演奏，形成一个连缀体，构成一支"大曲"。它们的连接有一定的程序，如：《四平头子》（徵调式）→《四平》（徵调式）→《乔大娘》（羽调式）→《打腔》（煞声于商）→《补丁㈠》（徵调式）→《补丁㈡》（商调式）→《放流》（徵调式煞于宫音。它并不属于花鼓戏范畴，这里将它借用过来，以造成结尾高潮的声势）。有的还在其间插入《陶腔》、《啦呱腔》、《八岔子腔》、《订缸》等。这种结构庞大、复杂、调式色彩多变的"大曲"，在多为短小结构的兴山围鼓曲牌中，形成了鲜明的对比。

王万海等人参加宜昌市第一个文化遗产日

武曲子类 武曲子又称神曲子，这类数量不多，仅有30多首，是兴山围鼓曲牌中的珍品，能够吹奏多少首武曲子，也是衡量围鼓艺人水平的一个标准。武曲子来源于道乐的"耍曲"，在隆重场合一般都成"排"（5首武曲子联在一起演奏称作"一排"）演奏。它在艺人的心目中具有神秘感，认为它有"神气"，演奏要求非常严格，不能吹错一个音，不能打错一槌锣，否则就没有神气了。只能于三种场合演奏：一在武当山可尽情吹奏，意为娱神；二在喜事中，新娘出门上轿时可吹奏一排，意在驱除"煞气"。民间传说，姑娘出嫁时身上带有娘家的"煞气"，因此到夫家之前必须给予驱除。有的还在新娘进夫家门时吹奏，意在乞求神灵庇佑新人百年好合，家庭平安；三在丧事中，夜间守灵、出殡上山时可吹奏一些（不一定成排），意在超度亡灵升天。在平常是不能随意吹奏的，否则会得罪神灵。

成排演奏的武曲子具有很强的震撼力。民间流传了不少有关演奏武曲子的近乎神奇的真实故事，主要发生在兴山北部和东部围鼓打得好的地区，例如，月寺镇树空坪的鼓手余应奎，演奏武曲子3排以后入了神，自己3寸多长的胡须都参了起来等。研究兴山围鼓四十多年的王庆沅先生，就曾被武曲子的演奏震撼得双手握拳，肌肉紧张！

五曲子来源于武当山道乐和山下火居道道乐的耍曲，只不过是在"化"的过程中有了一定的演变，但仍能清楚地看出他们一脉相承的关系。例如：

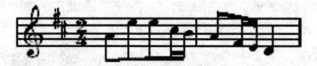

是兴山围鼓的典型音调，它以上、下四度的跳进及二、三度的邻音级进为其音调特点。这种音调结构，在武当山道乐及山下火居道道乐的曲牌中到处可见。尤其是结尾部分，形成补充终止的"接风槌"，在道乐曲牌中也较普遍，如耍曲《背靠背》、《雪花飘》、《海白菜》、《水乐音》等。将兴山围鼓曲牌《开门曲》、《大货郎担》、《垂金扇》、《满手雪花飘》等与道乐耍曲《海白菜》的终止式作一比较，就可明确地看清这个问题。

兴山围鼓典型结尾音乐：

《海白菜》结尾音乐：

此外，锣鼓牌子也有诸多相同相似之处，例如：

道乐耍曲《背靠背》尾奏：｛坤.坤 一钗|坤 一坤|一坤 一坤 坤|

围鼓曲牌《背靠背》尾奏：｛匡 匡 一车| | |

｛坤冬 坤冬 坤|坤.坤 一坤|一钗 坤|一坤 一钗 坤|一坤 一坤|
｛匡 匡 匡| 一匡|一车 匡|一匡 一车 匡|一匡 一车|

｛坤.坤 一坤|一钗 坤‖
｛匡.匡 一匡|一车 匡‖

再如，兴山围鼓《蛮曲》的尾奏锣鼓牌子"回头望"（又称"狮子嗑牙)与道乐曲牌《闹台尾》的尾奏锣鼓牌子也大体相近。

（2）兴山围鼓曲牌风格庞杂，涵盖面广，除了鄂西北、豫西南和陕东南各地的音调外，还包含有江西、江苏等地的音调，如《蛮腔》（或叫《蛮曲》）是兴山围鼓的常用曲牌，就有本地的《老蛮腔》、和各地的《河南蛮腔》、《陕西蛮腔》、《苏州蛮腔》、《江苏蛮腔》、《广东蛮腔》和《江西慢曲》等。《江苏蛮腔》是峡口镇李家山围鼓艺人万能伟的三儿子万宸到浙江打工，向一

位江苏艺人学来的。江苏没有围鼓，万宸是学了一支江苏民间吹打乐的曲牌，而化到兴山围鼓之中。戏曲类有《四平》（本地花鼓戏）、《八岔子腔》（陕南花鼓戏）等。此外，同名异曲非常多，如《朝阳歌》、《梳妆台》等就有六、七种之多，有的大同小异，有的混然不同。这些都昭示了兴山围鼓的各地的民间艺术的信息。

（3）兴山围鼓曲牌的另一大特点是能紧跟时代步伐，与时俱进，具有极强的时代精神。由于它有演化民歌的功能，所以无论什么歌曲一经面世，马上就可在兴山围鼓中出现。如"文革"时期，兴山围鼓把《东方红》、《大海航行靠舵手》、《社员都是向阳花》、《没有共产党就没有新中国》等脍炙人口的革命歌曲融入围鼓之中作为主要曲牌，现今《好汉歌》、《走进新时代》、《九月九的酒》等歌曲也化入了围鼓之中，作为常用曲牌了。

4. 兴山围鼓的音调结构

收束式：围鼓的毕曲，总是形成"接风槌"的形态，即煞声在四分之三拍的第二拍的弱拍上，并打上一槌锣：

大　大大　大匡

这是为了锣鼓进入顺畅、圆滑的需要，既有特点又"水到渠成"，围鼓艺人把这称作"接风槌"。这种补充终止的收束方式，是围鼓曲牌的一大显著特色，极少例外。即是在演奏现代歌曲时，也必将结束句添作"接风槌"的形态。如：

《东方红》：……

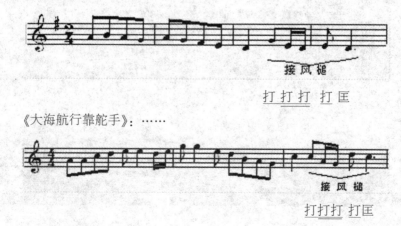

《大海航行靠舵手》：……

曲体结构：兴山围鼓曲牌皆为短小结构，这是为了适应行走中吹奏的需要，特别是在山区，爬山时已够气喘呼呼了，还要吹唢呐，这就必要乐句短小，并要锣鼓间奏，好让吹唢呐者有个喘气、休息的机会。乐曲一般多为上下句结构，在每乐句或两小节之间插以短小的锣鼓间奏，（多为《软四槌》、《硬四槌》、《单七子》，也有少数的是《软三槌》）一曲完后接打锣鼓过门，它由《双七子》→《拗板》→《长流水》→《幺板》，或是《回头望》→《长流水》→《幺板》等锣鼓牌子组成，其中《长流水》可以无限反复，然后再接吹其它曲牌。只有戏曲类的曲牌结构庞大，但也用锣鼓过门将原乐句分割开来，造成短句型。结构形式不外有下列几种：

①‖:A:‖+锣鼓间奏+‖：B+锣鼓尾奏《单七子》:‖

　或：A+A′+锣鼓间奏+‖:B+《单七子》:‖

②A+锣鼓间奏+‖:B+《单七子》:‖

③‖:A+锣鼓间奏+B+《单七子》:‖等。

三乐句和四乐句曲牌的结构如：

A+‖:B+C+《单七子》:‖

A+B+锣鼓间奏+A+C+《单七子》:‖等。

乐句的重复（反复）演奏是围鼓曲牌的又一大特色，可谓无曲不反复，这特别表现在乐加的下加和最后一个乐句上。

音调结构：主要以二、三度的级进和上下四度的跳进构成旋律：

这是兴山围鼓曲牌的典型音调，它以邻音级进和上下四度跳进为特点，do la sol、sol mi re及其反行，可看作是兴山围鼓曲牌的核音。此外，六度和少数八度大跳以及吹奏上的八度换位，非常有特色，为兴山围鼓的音调平添了许多活力。

旋律发展的手法，主要是重复、变化重复和四、五的移位。

音阶调式：兴山围鼓曲牌主要为五声音阶，约占曲牌总数的78.6%，六声的约占17.8%（其中do re mi slo la si的占10.7%，do re mi fa sol la的占7.1%），三声音列及七声音阶很少，约各占1.8%。

兴山围鼓曲牌的调高有两种，艺人将其称为"宫调"及"平音"（又称"平调"）。

宫调：唢呐筒音作re，常用音在sol以上。其曲牌绝大多数为徵调式，半终止音主要为do、re二音，la音极其少见；少数为宫调式，半终止音多为sol；商调式极少，半终止音主要是sol。此外还有少数徵调式曲牌，却侧煞于羽音上，造成不稳定的开放性的效果，藉以向其它曲牌过渡。

平音：筒音作sol，其曲牌主要为宫调式和徵调式，两种调式的数量大致相等，它们的半终止音与"宫调"相同；商调式较少，半终止音主要为sol，少数为do。

"宫调"、"平音"实则为最利唢呐吹奏的两种指法。唢呐的筒音为G，那么"宫调"中的诸调常为C徵、F宫及G商；"平音"诸调常为G徵、C宫和D商。通观围鼓曲牌的调式，在同一调高上，主要是宫、徵、商三种，其功能支持音绝大多数也是do、sol、re三声，体现了我国传统乐律理论的宫调关系。

5. 曲调与锣鼓的配合

兴山围鼓的锣鼓牌子不多，乐句间过门主要是硬四槌、软（挑）四槌、硬三槌、软（挑）三槌，曲尾过门多为单七子（用于反复）。曲间间奏一般为双七子、拗板、长流水、挽板。《蛮曲》的曲间间奏为狮子嗑牙（又叫"回头望"）、武曲子结束是幺二三等。

锣鼓与曲调的配合有三种形式：

包锣：曲调从头到尾都伴以锣鼓，亦即锣鼓从头到尾将曲调"包"了起来，故这种形式被称为"包锣"。它气氛热烈、欢快，多用于行走等热闹场合。

2007年11月，青山围鼓班在第八届中国艺术节宜昌分会场表演。摄影 刘道霖

半包锣：在曲调的局部伴以锣鼓，有的将整个下句包上锣鼓，有的只包一、二个小节。这种形式热闹中透着清幽，清幽中透着热闹。

不包锣：除间奏外，整个曲调都不伴以锣鼓。这种形式显得清幽、恬淡。

兴山围鼓队参加在陕西韩城举办的全国锣鼓大赛

六、兴山围鼓的传奇佳话

民间流传不少有关武曲子的近乎神奇的真实故事，主要发生在兴山北部和东部围鼓打得好的地区，例如，古夫镇平水竹园河围鼓艺人王万月、王万海、王万星等皆异口同声的介绍，他们的舅父袁培名在张连新班子中打鼓，曾多次对他们说，张连新是位很了不起的艺人，从小学道士，唢呐吹得非常好。他多次在夜晚守灵时吹五曲子，吹到第三、四排时，使在场的一些人迷糊而发"马子"（一种无意识的不自主的手舞足蹈动作）。并且袁培名就曾发了二、三次"马子"。麻岭（竹园河二组）的袁之怀曾在张连新班子中打家业（叶子或马锣），今年83岁，他也常说，他亲自见到张连新吹武曲子使人发"马子"的事。张连新的儿子张传美也说，他小时候也亲眼见过父亲打围鼓时使人发"马子"。古夫镇金子山二组的袁之垓，全家人都会打围鼓，他也亲自见到张连新吹武曲子使人发"马子"的事。无独有偶，古夫镇古井坪的冯秀全等打围鼓也数次引起袁裕富发"马子"，袁的大儿子袁选成、儿媳张君英都介绍了数次见到父亲发"马子"的情况：父亲先是坐在堂屋靠墙的凳子上，听了几排武曲子后，手开始摇动起

榛子乡幸福村围鼓艺人获奖归来。摄影　何兴

第四章　兴山围鼓

121

来，慢慢的越摇越大、越摇越大，突然一哄地就蹦到堂屋中间，八十多岁了还可蹦起离地一尺多高。然后他就随着围鼓曲子（玩曲）有板有眼的舞动。这类现象看似荒唐不经，但这是真实的，如果我们从真实发生的气功师傅带功

兴山县新城迁建庆典中的兴山围鼓方队。摄影　吴瑶林

授课现场的发"马子"现象来看，也就没有什么奇怪的了。

七、濒危状况

近十多年来，兴山围鼓班子大量减少，1988年统计，兴山有90多个围鼓班子，现在却不足40个，特别是围鼓曾经普遍流行的黄粮镇，八十年代时有21个班子，现在只可勉强拼凑成5个班子，名噪一方的名师关启坤家乡的水月寺镇，曾有10多个班子，现今也只可拼凑4个班子了。消亡的趋势已经严重凸现。究其原因：

1. 后继无人，是兴山围鼓趋于消亡的重要原因。产生于三个方面：

(1) 由于兴山经济落后，农业产值低下，在经济利益驱使下，农村年轻人大都出外打工。以黄粮镇金家坝村原二组为例，全组172人，出门打工的就有42人，村里已没有一个年轻人了，杀猪时只能由妇女帮忙捉猪（过去都是由年轻力壮的男人来做），死了人连抬丧的人都没有，还得到外村去请。农村无（缺）青年的状况一时难以改变；

(2) 由于社会的变革，现代文明猛烈的冲击，人们观念的改变，审美情趣的变化，现在

湖北省第二届群众广场舞展演

兴山的青少年普遍喜欢的是通俗歌曲、现代舞，愿意学围鼓的人已经极少了；

(3) 围鼓艺人吃苦受累而无丰厚的报酬，为人办丧事，要吹打演唱一通宵，第二天把棺木送上山，直到十点多钟才能回家，而报酬视丧家的经济状况只有二三十元和二包2元钱的香烟。这也是年轻人不愿学围鼓的一个原因。

2. 围鼓老艺人相继谢世，造成围鼓的许多绝技、曲牌难以得到传承。例如，张连新一辈老艺人的唢呐吹奏技巧现在很少见了；全县能演奏手音、手势的现在只有竹园河一个班子的两个人，由于兴山围鼓严重的退化现象，过去是由鼓发出手音来指挥曲牌的演奏，但现在已废弃了鼓的指挥权，由唢呐来决定曲牌的演奏，故他们已多年不打手音了，现今已大都遗亡；珍品曲牌"武曲子"，本来就流传不多，只有三十多首，由于它的禁忌性，现今已失散过半，严重的存在着继续消失的危险。更严重的是，现在有很多班子连一首武曲子都不会演奏！

3. 由于兴山围鼓广取博采和演化民间音乐的功能，使它能紧跟时代，站在音乐时髦的最前沿。作为娱乐性来讲这并不是什么坏事，但就文化而言存在着传统艺术全盘现代化的危险，典型莫过于水月寺班子，唢呐演奏者丁祥贵在当地小有名气，但只会吹20多支传统曲牌，而现今流行歌曲演化的所谓"现代曲牌"却能演奏30多首。更重要的是，他把民歌演化为围鼓曲牌时加上的接风棰——兴山围鼓的重要特征，都丢掉了，还未到围鼓消亡时，却提前出现了丢失传统艺术和各地珍贵的文化信息。

兴山围鼓听其自然传承下去，势必消亡，为了不使传统艺术消失，需要保护在即。

兴山全域锣
鼓推介会

2017 年 4 月，
兴山围鼓《金
风送爽》参加
第九届湖北省
残疾人艺术汇
演荣获器乐类
三等奖。

第二届宜昌
艺术节展演
剧目《水上
彩虹》

第5章 兴山地花鼓

溪古
香篆

第一节　项目概论

兴山地花鼓俗称花鼓子，分布于全县各乡镇及周边地区，广泛应用于春节灯会、红白喜事等民俗活动。

据乙丑年（公元1865年）清同治版《兴山县志》记载："元旦十三至十五日并演蟠龙、跳狮、花鼓诸杂剧"。可知，地花鼓至少于140多年前就在兴山流传。

兴山地花鼓有一旦一丑扮夫妻，也有二旦一丑表演的"穿花鼓"。表演集说、唱、舞于一身，保留了即兴歌舞的应变性特征。丑角表演的"翘翘步"诙谐幽默，动作以翘、拧、颤为特点；旦角男扮女装，手饶花扇的同时转腰、抬肩、提肘、拧腕，表演娇媚秀丽，体现出"活"（腰活、肘活、手腕活）的特点，"绞绞步"轻而飘是其显著特征。舞蹈家杨凤仙曾说："湖北民舞，兴山地花鼓和恩施的耍耍是最有特点的。"

《地花鼓》舞蹈

该舞有古代舞蹈的信息，碰胯、靠腿、抚摸等动作呈现出性文化的符号，具有研究人类学的价值；在春节灯会中它以独特的舞蹈形态出现，具有民俗学价值；"搭白"语言生动，以对比、夸张的语言体现人民的口头文学才华，具有语言学的价值；表演程式完整，动作融入了现代的粗犷美和古朴的典雅美，形成了独具魅力的艺术价值。兴山地花鼓于民俗活动中表演，具有构建和谐社会的价值。

兴山地花鼓已凸现出后继无人、极度濒危的状况，不采取保护措施，必将消亡！

地花鼓

所在区域及其地理环境：湖北省兴山县因县治兴起于群山之中而得名。汉时为南郡秭归，三国吴景帝永安三年（公元260年）析秭归北界置兴山县。

由于境内山高路险，溪河纵横，林密人稀，五十年代前交通极其闭塞，五十年代末才修建34公里的兴（山）－－香（溪）公路，六十年代初开发神农架，修建兴（山）－－神（农架）公路，其后209国道穿县而过。封闭的地理环境，构成保存兴山地花鼓的重要条件之一。

分布区域：兴山地花鼓分布于兴山县各乡镇及宜昌市夷陵区、神农架林区、秭归县和远安县等周边地区。

历史渊源：兴山地花鼓俗称"花鼓子"，据乙丑年（公元1865年）清同治版《兴山县志》记载："元旦十三至十五日并演蟠龙、跳狮、花鼓诸杂剧。"可知，地花鼓于140多年前就在兴山流传了。建国初期，群众文化生活相对较贫乏，各种政治、民间活动较多，地花鼓呈现繁荣景象。"文革"期间被视为"才子佳人，封资修"，遭到彻底禁绝。粉碎"四人班"后，兴山地花鼓有所复苏。党的十一届三中全会后，人们的传统观念和审美情趣发生了很大变化，随着老艺人的相继去世，青年人不学，现在已后继无人，在一个村里已很难找到一个完整的班子，只有异地匹配以及旦角改丑角，才能勉强演出，已呈现出极度濒危状况。

基本内容：兴山地花鼓通常由两个角色表演，一旦一丑扮作夫妻，旦角过去均为男扮女装。也有两旦一丑表演的，叫"穿花鼓"，但不多见。

兴山地花鼓广泛应用于春节灯会、红白喜事（丧事中称"孝花鼓"，唱腔、表演相同，唱词有异）、寿诞庆贺、生儿打喜、砌屋上梁等。表演场地室外室内均可，孝花鼓只能在室外表演。在室内表演时，要面对香火（堂屋中堂上方设有香案，上面供奉着菩萨或祖先的牌位），调度上不能"背圣"。

地花鼓表演，开始由丑角"搭白"（说即兴），视主东家的职业、地位、经济状况以"福、禄、寿、喜"等为题，即兴创作风趣幽默的贺词，既取悦于主东，也逗趣于观众。丑角请出旦角后，两人边唱边舞。舞蹈动作主要有半边月、转花鼓、四门庆（拜四门）、风摆柳、挖金钱、拦娇娥、牛擦痒、剪子铰（音gào）、大翻身、小翻身、鲤鱼跳龙门、凤凰扇翅、犀牛望月、蛤（音kè）蟆晒肚、团鱼瞅蛋等40多种。转花鼓和半边月是地花鼓表演的核心动作，常用作上下舞段之间的衔接。地花鼓表演的动作随时令、事象、场地不同而异，如春节上街表演只做半边月、转花鼓，来到四合院的屋场就做四门庆，逢结婚、生儿打喜等喜事，就表演凤凰扇翅、鲤鱼跳龙门、团鱼瞅蛋、剪子铰、蛤蟆晒肚等动作。兴山地花鼓的舞蹈中，有许多动作呈现出性文化的符号，将男女调情、交媾情状表现得淋漓尽致。

兴山地花鼓的扇花，是舞蹈表演的一大亮点，基本动作有"里挽花"、"拎肘挑腕里挽花"、"八子片花"等。丑角扇花的特点是火爆泼辣，旦角扇花的特点是腰活、肘活、手腕活。扇花的美妙应用，极大的增强了兴山地花鼓的表现力。

2005年余祖礼、贾代银参加兴山参加第一届昭君民间艺术节演出

兴山地花鼓的曲牌不多，一般有30多首，可分为戏腔和民歌小调两类，戏腔是吸收花鼓戏的唱腔，如《四平腔》、《拉呱腔》、《八岔子腔》等。值得一提的，是唱腔中存在有"兴山特性音调"。

兴山地花鼓的乐队称为"云台师傅"或"坐台"，位于表演场地的左后方。乐器只有大锣、大帽钹及马锣三件，却没有鼓。"花鼓无鼓"倒成了趣谈。只有榛子乡的地花鼓用兴山围鼓伴奏，别有一番情趣。

如何表演好兴山地花鼓？艺人在长期艺术实践中总结出一条艺诀："一要不怕丑，二要拢拢走，三要反应快，四要一合手"。

相关器具、制品及作品：

道具：纸花折扇两把，丝绸方巾一块，边长约25厘米。

头饰：丑角头缠一条三尺长的土布白帕，在左右各扎一个结（或大白毛巾两端打结戴于头上）；且角头戴勒子（或大红花）、假发纂巴、银簪、鲜花、爪子米的银耳环、圆梗银扭丝手镯或玉石手镯。

服饰：丑角身穿白色对襟布衫，外罩黑色背褂，下穿黑色大腰裤，再用7尺长的白布，由双肩搭下于胸前交叉，并围腰一周于左腰侧打结，留下大约一尺五寸长的布头，脚穿草鞋，讲究的穿皮鞋，用麂皮做鞋帮，二层牛皮做鞋底，并在底部钉有小土钉；且角身穿白色满搭襟上衣，外罩黑色满搭

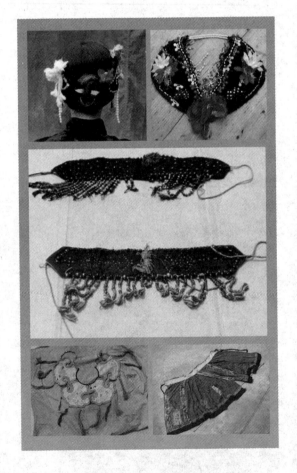

襟背褂，肩围云肩，下着红色绣花撒罗裙（镶有花边），脚穿绣花鞋。

乐器：主要有大锣、大帽钹、马锣各一个。在榛子地区用兴山围鼓伴奏，有鼓一架（由小鼓，和单皮崩子组成）、叶子（大铙）、马锣各一件、唢呐一至二支。

2006年9月2日兴山县南阳镇云盘村一村民家中孩子满月打喜。当地地花鼓艺人登门贺喜,该图为"挖金钱"动作 摄影王辉

基本特征:

1. 旦角舞蹈纤巧秀丽,步伐如行云流水,双目频频传情,娇柔之中透出质朴之美。丑角舞姿刚健奔放,古朴凝重。具有刚柔相济的审美特征。

2. 兴山地花鼓丑角表演,视环境和人物即兴发挥,语言生动活泼,诙谐幽默,保留了即兴歌舞的应变性特征。

3. 兴山地花鼓表演套路在世代艺人的传承中,保持了固定的程式化特征。

4. 兴山地花鼓表演于民俗活动中,具有对民间习俗的依存性特征。

5. 在堂屋中表演时要面对中堂,不能"背圣";孝花鼓只能在室外表演,具有禁忌性特征。

6. 兴山县是巴、楚先民世代繁衍生息的地方,又是巴、楚文化交流的重要通道。地花鼓中的凤凰扇翅、犀牛望月、牛擦痒等动作名称,在土家族的跳丧中也同样存在。兴山地花鼓具有巴、楚舞蹈的兼容性特征。

7. 唱腔中存在着兴山特性音调,这是其它地区地花鼓所不见的,具有本土的独特性特征。

主要价值:

1. 兴山地花鼓舞蹈中保存有较多的原始性文化符号,如碰胯、勾脚、抚摸等象征男女调情与交媾的动作。具有一定的学术价值和研究价值。

2. 兴山地花鼓动作优美

已故著名老艺人唐朝文、李学知 摄影 汪发凯

131

2006年6月兴山地花鼓参加宜昌市第一个非物质文化遗产日演出。摄影 黎刚健

奔放，语言生动活泼，是一种艺术性极强的舞蹈形式。表现出美的情感，美的观念，美的趣味，具有很高的欣赏价值和娱乐价值。

3. 兴山地花鼓的民族性、民俗性、地域性，具有文化交流的价值。

4. 兴山地花鼓还具有发展旅游经济的实用价值，并对提高群众文化素质，促进社会主义精神文明建设，构建和谐社会起到不可忽视的作用。

濒危状况：随着岁月的流逝，一些颇有造诣的地花鼓艺人因年事已高逐步退出了舞台，有的相继谢世，存世的艺人所剩无几，兴山地花鼓面临着人亡艺绝的严峻形势。

1. 外来文明的冲击导致审美方式的改变，摇滚乐、的士高、交谊舞是

曹再烈和董廷喜在表演地花鼓

艺人们在昭君村

132

现代舞台的新宠，兴山地花鼓这个原生态的民间舞蹈已很难吸引青年人的眼球。出现后继乏人的危局。

2. 随着时代的进步，一些传统的民俗活动日益淡化。婚事新办、寿诞从简、现代节日逐步替代传统节日，表演的活动阵地逐渐缩小，导致兴山地花鼓赖以生存的土壤日渐贫瘠，濒危状况愈演愈烈。

2008 年 12 月，中国艺术研究院研究员乔建中（中拿蓝色笔记本者）在黄粮镇金家坝村观看艺人表演兴山地花鼓。摄影　丁岚

第二节　田野调查

一、概述

　　兴山地花鼓（俗称花鼓子）属红事表演的舞蹈，旦角一般男扮女装，流传于全县8？个乡镇，其中以高阳、南阳、古夫、黄粮、峡口等地较为普遍。尤以高桥乡伍家坪村的地花鼓最具特色，在个别地区还表演孝花鼓。地花鼓在兴山县的大山中世代相传，源远流长，在距今140？多年的《兴山县志》？(同治版）中记载有地花鼓在元宵节表演的情景。从地花鼓腔调中保留的"兴山民歌"腔调（经兴山文化局王庆源考证至少有800？多年历史）来看，都显现出兴山地花鼓舞蹈负载着历史的厚重和携带着远古的信息。兴山县是楚民世代繁衍生息的地方，又是巴楚文化交流的重要通道，基于这种特殊的地理环境。兴山地花鼓既有鄂西的共性，又具有兴山的特性。舞蹈中大量吸收了"花鼓戏"的成分。动作名称上与土

南阳镇石门村地花鼓艺人表演"蛤蟆晒肚"

摄影　丁岚

2009年3月，省级优秀民间传人李作权表演地花鼓

摄影　何兴

家跳丧同出一折，两个不同民族的舞蹈动作名称大同小异。因此，从地花鼓表演中可清楚地看见浪漫的楚舞遗风和敦厚粗犷的巴舞水乳交融的兼容性特征。随着社会的变革，老艺人年事已高，兴山地花鼓后继无人。时至今日，地花鼓在历史的长河中从繁荣鼎盛走到了濒临灭绝。

二、田野调查情况

2006年9月2日兴山县文化馆工作人员南阳镇云盘村寻访民间地花鼓艺人

兴山县峰峦叠嶂，沟壑纵横，交通闭塞等地理环境，减缓了地花鼓的演变过程，因而较好的保持了古朴、原始的舞蹈文化形态。地花鼓舞蹈是中国艺术宝库中的魂宝，建国后，全国大规模的调查多次，但经过几十年的流失，兴山地花鼓已濒临灭绝，根据国务院办公厅关于加强我国非物质文化遗产保护工作的意见和文化部办公厅关于开展非物质文化遗产普查工作的通知。2005？年7？月兴山县政府启动了"兴山民歌"申遗工作，在此基础上，2006？年6？月兴山县文化局抽调部分文化专干。从7？月开始对兴山地花鼓本着实事求是的原则进行了系统的调查。

(一) 兴山地花鼓分布情况

地花鼓在建国前后艺人多且分布广，通过近段调查，发现全县8个乡镇，39个村尚存地花鼓，分布比较广，但大多数村组已无法凑齐完整的表演班子。不管到哪个村，反映的都是东山上一个人，西山上一个人，老的搭班艺人存世不多。分布情况呈现的是低山经济较发达地区，经常开展传统节日活动的地方。地花鼓有滋生的土壤。班子相对全一

采访刘廷华、袁裕忠地花鼓艺班

点，而高山交通不便和经济欠发达地区基本消亡。所以，形成了目前这种状况。部分地花鼓舞蹈能存活下来走到今天，主要是依赖于传统的民俗活动。

（二）民间艺人情况

兴山县境内表演地花鼓和演奏地花鼓打击乐的艺人有423人，年龄在50岁以下的艺人60人；占全县花鼓艺人总数的7.05%，50岁以上的艺人有363人，占全县艺人总人数的117%。年龄最大的92岁，其中最具代表性的艺人62人。从这些艺人的艺术生涯中我们可以看出，兴山地花鼓艺人由于区域、环境、习俗、传承谱系的不同，在艺术特长、表演风格等诸多方面既有普遍的共性又有独特的个性。老一辈地花鼓艺人都是"花鼓戏"的传人，同样是其它民间艺术的重要传人。他们集多种民间艺术于一身，以门弟师自居.因为门弟师受到了严格的花鼓技艺训练，算是通过了正式的磕头拜师程序，属民间舞蹈中的专业

南阳镇民间艺人余祖礼（左）、贾代银在"八艺节"宜昌分会场兴山县非物质文化遗产展演日表演兴山地花鼓。

人才。他们固守师傅的表演程式，如旦角练步法时，要求在腔门处夹一个鸡蛋，行走时，不能掉也不能破，经过这样训练后的步伐，行走如浮云流水，端庄秀丽。在表演手法上一脉相承，而有一部分艺人也有师傅，但他们自称是瞟学的，在传统节目活动中观看老艺人的表演，而后在不断的活动中去摸爬滚打。经过实践慢慢领悟而走上了地花鼓表演的道路。这部分艺人在表演上承袭了老艺人传统的表演程式，又具有自己感悟后的创新，吸收了多种表演风格，在不经意中，舞蹈表演有所变化；民间艺人就是这样世世代代在不断发展、创新中传承着舞蹈技艺，丰富着民间舞蹈的内涵。

每一个艺人都是自小热爱地花鼓而投身于这门艺术的。他们执着的追求着艺术的完美，用柔弱的臂膀承载着传承民间舞蹈的重任，用美丽的心灵守护着地花鼓的精神家园。为支撑起地花鼓的一片蓝天而耗尽了毕生心血。2006年9

2007 年 10 月 2 日南阳镇双龙村 94 岁花鼓旦角艺人李学枝生日舞花鼓

2007 年 10 月 2 日南阳镇双龙村 94 岁花鼓艺人李学枝生日舞花鼓

月2日南阳镇营盘村一组的李道雄家添了孙子打喜，请艺人表演地花鼓以示庆贺。调查小组在现场看到艺人的表演无不为之感动.民间艺人李学知是营盘村七组的农民，是兴山地花鼓的重点艺人之一，从艺80个春秋，已92岁的高龄。他饰演的旦角表演细腻、传情，深得乡民的喜爱。为了不错过这个表演的机会，他起了个大早，步行10多里路赶到李道雄家时还不到早上8点钟。那天的天气特别炎热，从安全角度考虑，大家劝他不要穿服装表演。可他坚决不同意。在38摄氏度的高温下，头戴勒子，身穿彩服、外罩黑色金丝绒的背褂，外套撒落裙。将自己里三层、外三层裹得严严实实.在现场忘情地表演着。看他挥汗如雨，所有在场的人都为他担心，多次劝他下来休息一会儿，可他说"这是打花鼓子的规矩。这么多客人，累死也不能歇，要不然得罪了客人怎么给主东家交待。再说，我几十年没打花鼓子哒，让我多过会儿瘾。我都92岁了，只怕今生也只能打这最后一次花鼓子啰。"这发自肺腑的语言让人心酸。在他92岁高龄时还能有机会表演一次地花鼓，我们为他高兴。可地花鼓后继乏人，近百岁的老人还在舞场中晃动着身影，我们又为地花鼓的今天和明天而悲哀。

艺人们在表演地花鼓

云盘地花鼓表演"挖金钱"

古夫镇快马村一组的老艺人袁裕清是一位集多种民间艺术于一身的优秀花鼓艺人。带有众多的徒弟，2006年7月自感病入膏肓将不久于人世。在他弥留之际没有给儿女们什么交待，而是差人叫来了他最得意的徒弟刘庭华，给他交待说"我估计不行了，可还有几个歌没说给你，有几段锣鼓你还没打到堂，花鼓子还有一个段子没交给你。我过细说，你慢慢记，你不把它搞清白，我死也不得闭眼睛。"就这样，他托着重病的身子，将民间艺术的珍宝一件一件的毫不保留地传给了徒弟，直至这位可敬的老人离开人世。

旦角袁裕忠和丑角刘廷华正在表演

著名地花鼓艺人袁裕忠、刘庭华表演"转花鼓"。摄影　王庆沅

(三) 重点艺人情况

袁裕忠1934年出生，古夫镇麦仓村高池人，会木匠、蔑匠手艺，12岁时随父亲袁美明学习地花鼓。专习旦角，期间还请花鼓戏艺人教习花鼓戏旦角。经过四年的正规训练，16岁出师。从艺50多年来，广采众家之长，集"蒋草锣鼓"、"丧鼓"、"花鼓戏"等多种民间艺术于一身，能演唱"兴山民歌400多首、蒋草锣鼓201首、12出花鼓戏。带有李仕清、李成源等徒弟40多人。

他在长期的艺术实践中吸呐姊妹艺术之精华，丰富了地花鼓的表演，身韵讲究手、眼、身、法、步的应用，具有动作规范、舞姿优美等独特的艺术风格。特别是在刻画人物性格、表达角色情感方面具有独到之处，他在艺术上能达到一定造诣，还得益于天生就有一副好嗓子。经过多年潜心钻研，掌握了正确的民间发声方法。演唱的颤声柔美，高音明亮，滚音（即喉震音）清脆。多年来，参加各类比赛频频获奖，1994年参加"宜昌市农行杯文艺调演"获二等奖。1991年参加"宜昌市城建杯调演"获优秀演员奖。1980年参加"兴山县首届妃台山歌会"获优秀演员奖。在演出现场，应上海乐团、北京乐团等地老师的要求，反复多次地在舞台上表演兴山地花鼓。受到专业老师的充分肯定，是一位不可多得的地花鼓传人。

向立国、别兆生等表演地花鼓

艺人田正西等人表演地花鼓

（四）重点乡镇

1. 南阳镇表演地花鼓的艺人（包括打击乐）有110人，重点艺人41人。营盘村是地花鼓的重点村落，总人口1930人，总面积16.22平方公里，有地花鼓艺人15人，这在全县来讲算是艺人所占比例最高的了，该村特点是艺人年龄从92岁到36岁各个年龄段跨度大，传承相对稳定，全县重点民间艺人李学知、余祖礼全身心地投入地花鼓的传承，目前，经常开展活动，地花鼓在本村深入人心。还有一个原因是过去这里有一大批优秀地花鼓传人。如已故的艺人唐朝文、余顺传、余顺崇等他们的技艺颇精，表演在全县是首屈一指的。

2. 古夫镇位于兴山县北部偏西，在香溪河上游，东与黄粮镇、榛子乡交界，南与高阳镇相连，西与南阳镇毗邻，西、北与神农架接壤，镇政府所在地是兴山县移民搬迁后的新县址。共7641户，总人口23093人，国土面积446平方公里，有花鼓艺人（包括打击乐）189人，重点艺人50人，全镇民间艺人分布广，重点村麦仓村有地花鼓艺人（含打击乐）7人。这里的特点是传统舞段保留完整，重点艺人袁裕忠地花鼓的表演技艺超群，是兴山县重点艺人之一。

以上两个乡镇是兴山地花鼓的重点乡镇。地花鼓艺人的表演具有浓郁的地方特色。艺人所占比例较其它地域高一点。但传承与发展还是呈下滑的趋势。艺人越来越少，年龄也越来越大。地花鼓如不下大力气抓，消亡也就是十来年的事了。

第 **6** 章　兴山五句子歌谣

溪韵
香古

第一节 项目概论

五句子歌谣即五句一首的民间歌谣，句式整齐划一，既可单独成篇，也可串联起来叙事。它主要流传于湖北、湖南、河南、安徽、陕南、渝东等地，而以鄂西昭君故里尤为昌盛。五句子歌谣自古有之，《诗经》、《九歌》中都有，唐朝大诗人李白也作有五句子《荆州歌》。五句子歌谣是生产实践中的产物，人们在田间劳作，或打夜工撕包谷叶、掰包谷米，聚到一处，你唱一句，我赶一句，用集体智慧，把作品完成。

五句子歌谣的特征有四个方面：

1. 广泛的群众性。五句子歌谣是人们在生产生活中，你一句我一句给"赶"出来的，通俗、上口，广泛的群众性是其重要特征。

2. 句式整齐，妙在末句。歌谣前面四句，看似把话说完，却又赶上一句，画龙点睛，深化主题，或翻出新意，

我唱你记

蔡德第收藏抄写的五句子歌本

《五句子歌谣选》

使作品更加动人。

3. 手法多样。歌谣采用大量的比兴、拟人手法，意境开阔，寓意巧妙，韵味无穷。

4. 荤素并存。"荤"即男欢女爱方面的内容。劳动疲乏，唱点荤歌调情，激发干劲，有催工解乏之效。

五句子歌谣的突出价值：

1. 歌谣内容广泛，历代诗词歌赋，鼓瑟琴弦，皆从五句子歌谣中吸取营养，对繁荣文艺创作有较高价值。

2. 五句子歌谣从生产生活中来，与社会、历史环境息息相关，对研究、了解鄂西民俗风情有较高的史料价值。

3. 五句子歌谣源于生活，又回到生活当中，激发劳动热情。这种劳逸结合的田野文化，对丰富群众文化生活，促进农业生产，具有广泛的现实意义和文化价值。

五句子歌谣是人们在生产实践中集体智慧的结晶，如今产生五句子歌谣的社会环境、经济条件已发生巨大变化，有日渐消亡之势，抢救保护迫在眉睫。

分布区域：昭君故里五句子歌谣主要分布在兴山县全境。

民间歌谣，是人类历史上产生的最早语言艺术之一，是一个不自觉的艺术创作过程，是在漫长的生产实践中逐步萌发起来并走向自觉的。

鲁迅先生在《门外文谈》中论及民间歌谣时说："我们的祖先的原始人，原是连话也不会说的，为了共同劳作，必须发表意见，才渐渐的练出复杂的声音来，假如那时大家抬木头，都觉得吃力了，却想不到发表，其中一个叫道'抗育杭育'，那

民间艺人蔡德金和高世兰照着歌本唱

申遗专班记录艺人李作全唱五句子歌

么，这就是创作，大家也要佩服应用的，这就等于出版，也是文学家，是'杭育杭育'派。"（《鲁迅全集》（六）第75页。）人类的出现便有了文学家，有了歌谣，而鄂西的五句子歌谣又形成于何年何代呢？我国最早的一部诗歌总集《诗经》中的《郑风》、《唐风》、《召南》里面皆有五句子歌谣的影子，仅举《秦风·无衣》一节为例。

[原文]	[译文]
岂曰无衣？	谁说我们无军衣？
与子同袍。	与你曾披一战袍。
王于兴师，	大王兴师保边疆。
修我戈矛，	修理我戈与我矛，
与子同仇！	同仇敌忾士气高。

当然，这样的歌谣在《诗经》里还能找到不少。无独有偶，从屈原的《九歌·礼魂》中，我们也发现了"五句子"的脉络：

[原文]	[译文]
成礼兮会鼓，	祭礼告成一同敲鼓，
传芭兮代舞，	传递鲜花轮番跳舞，
夸女倡兮容与。	美女唱歌雍容大度。

姚文仙唱五句子歌　　　　　　　　高阳镇蔡家垭民间艺人蔡德义、严传
文演唱薅草锣鼓中的五句子歌

春兰兮秋菊，　　　　春兰馥郁秋菊妍丽，

长无绝兮终古！　　　永不凋零千秋万古！

　　此外，宋玉《九辩·五》也著有五句子歌二首。"清人所编的《古诗笺》中还有春秋战国时期齐国人所作的《雉朝飞操》。秦始皇时，也出现过广为流传的民谣《巴歌谣》。到了汉代、晋代、五句子歌记入诗集的就更多。《乐府》有《灵芝歌》；汉昭帝就作过两首五句子诗《黄鹄歌》和《淋池歌》；桓帝初又流传有五句子歌《小麦童谣》；晋代赵整也作有五句子《琴歌》。可见，当时下至孩童，上至皇帝，从乡间僻野到皇宫庭院，五句子歌是很盛行的。诗仙李白，也曾向巴楚民歌学习，作过五句子《荆州歌》：'白帝城边是风波，瞿塘五月谁敢过？荆州麦熟茧成蛾，缫丝忆君头绪多，布谷飞鸣奈妾何？'宋元明清以来，词、曲、戏剧、小说在文坛上的地位突出起来，五句子歌（诗）的创作和流传受到影响，虽然诗人笔下仍有五句子出现，但其流行范围却日渐缩小，至今只在陕南、渝东、鄂西、湘西等山区流传。"（引自郝明知《兴山文化探源》大众文艺出版社2004年版，第61页）。要说这些五句子歌皆沾文人气，

离普通百姓口头创作的
五句子歌还存在着一定
的距离，无论是创作和
说唱，不是一个层面。
而王昭君的五句子歌
《叹四季》，和我们所接
触到的五句子歌就非常
相近了。请看：

2010年，万会知在民俗博物馆教唱兴山民歌

叹汉帝，无情义/奴
在冷宫受孤凄/到秋来，秋风凉/身坐冷宫好悲伤/何日救我出罗网。（《神农架
民间歌谣集》）

不难看出，长期生活在鄂西山地的兴山人民，很早便有了创作、传唱歌谣
的风气。南郡秭归是屈原的故里，也是汉明妃王昭君的故里（三国吴景帝永安
三年—公元260年，才析秭归北界立兴山县），仅一岭之隔，二人都沿着香溪河
而走向世界。他们留下的歌谣，成为故乡人民的宝贵文化财富；他们对歌谣的
开创，奠定了基础，为故乡歌谣的存在提供了可能，并对歌谣的创作、发展、
传承，皆起到至关重要的作用。

基本内容：马克思曾经说过：劳动不仅创造了一切，而且创造人的本身。
民间歌谣随着人类社会的产生而产生，并且与原始人类的集体劳动有着直接的
联系。它的起源、发展，受到各个历史时期的生产方式、生产能力和地理环境
的制约。鄂西地处大巴山与巫山之间，山势陡峭，沟壑纵横，可供耕种的土地

艺人蔡德金田间劳作唱五句子歌

不仅贫脊，且十分有限；
加上人户寄居分散，在
漫长的自给自足的封建
生产方式桎梏下，人们
要获取温饱，须协同起
来，和自然斗争，创造劳
动果实。

由于生产力的原始、
低下，生产过程中付出
的劳动强度非常大，艰

147

辛苦闷中，人们"随耘随歌，自叶音节谓之薅草歌"；光歌无乐不热闹，于是便由歌而延想到锣鼓。清同治版《兴山县志》记载："垦荒土者，聚众数十人，鸣金、击鼓、唱歌，有催工节逸之效。"人们口头艺术的创作灵感，由劳动过程所激发起来；反过来，歌声又激发着劳动能力的增加。民间歌谣的四句子歌、五句子歌、六句子歌……便纷纷被创作出来。

著名民俗专家钟敬文先生，把五句子歌谣的创作过程称谓"赶五句"（《民间文学概论·民间歌谣》上海文艺出版社1980年版），这正与我们兴山的说法相一致。即创作起来，你唱一句，我赶一句，由许多歌手共同把一个作品完成：

郎在山上挖黄姜/姐在河下洗衣裳/郎挖黄姜望会儿姐/姐洗衣裳望会儿郎/下下槌在石板上。

这样的情歌一定是姐跟郎在"挖黄姜"和"洗衣裳"的劳动中，互相爱慕、互相对歌，我一句你一句地给"赶"出来的。白天，大家在田间"扬歌"赶五句；秋收时节，到了夜晚，大伙聚集一起，在屋里油灯下，或稻场里月光中，撕包谷叶，掰包谷米，嘴里讲文，手里动武，像《五更》：

一更里来天又黑/月亮浑浑走不得/又怕姐在房中等/又怕情哥路上歇/左不得来右不得。

人们触景生情，看到月光便想到情人，于是便你唱我和地赶起五句子歌来，使劳动场面十分热闹动人。

民间歌谣的内容与形式，虽然因生产的发展而发展，但它并不仅仅局限于描绘劳动过程和场面了，随着社会的进步和分工，也会转移渗透到其它领域里去。农事节气，民俗风情，像春节玩灯会，打花鼓子等民间文艺活动，也常有

赶五句子助兴的情形出现。特别是村里死了人，孝家须打丧鼓陪亡人过夜，远近的歌师或请或邀，或闻讯自来，聚集孝堂，一展歌喉。许多《讲狠歌》便由此而生产出来：

歌师唱歌我不怕/

我住天边白云下/金銮宝殿我坐过/皇帝的儿子我打过/走尽天下我怕哪个。

从历史上看，民间歌谣的发展是一个由不自觉到自觉，由"自然流露"到"有意刻画"的漫长创作过程。随着社会的进步，人们认识自然和生活本身的能力增加，歌谣的创作由"杭育派"逐步上升到描写劳动场面，进而将思想情绪融入到歌谣当中，反映自己的主观愿望。兴山山高路陡，运输货物全靠肩挑背驮，把背着货物赶路谓之"背脚"。背脚子上路，少则一二人，多则几十人。爬坡上岭疲乏之极，讲几个"荤"故事，赶几首"五句子"，不知不觉中，眼前的高山让"矮打杵"征服。下面的"五句子"就是人们在背脚路上，苦中作乐暴发出来的呐喊：

翻山越岭又爬坡/汗水浸湿打杵子窝/白天做的牛和马/夜晚滚的麦草稞/哪有钱来扯被窝。

它描绘了旧社会劳动人民的生存状态，诉说人们在生产生活中的感受，给历史画上一个符号，将歌谣的创作推向一个更高的发展阶段。还有许多五句子歌谣，把描述生产过程和反映个人情绪有机结合起来，渗透到生产的各个环节当中。如《十二月采茶》、《种花歌》等，都属于这一类。

相关器具及制品：

田间打锣鼓唱五句子歌谣有鼓、大锣、锣权、槌等器具。

婚丧嫁娶打围鼓有小鼓、帮子、小锣、马锣、镲子、唢呐等器具。

基本特征：据专家考证，五句子歌谣多流传于鄂西、渝东、湘西、陕南等地，尤以鄂西最为昌盛。这里有绵延千里的山地，山大人稀，气候恶劣，交通闭塞。正是这样特殊的地理位置，使许多悠久、厚重的巴楚文化得以积淀、遗存。社会的变革动荡、兵燹祸乱极少殃及到此，积淀下来的优秀传统文化便比较完整地保留在民间，昭君故里五句子歌谣的幸存便是最好的例证。五句子歌谣的艺术特征，大体有下列五个方面。

妙在末句 五句子歌谣唱起来顺口，说起来押韵，自然有它的许多特点。"五句山歌五句奇/上得天来下得地/上天能引嫦娥来/下地能逗龙女喜/神仙听了也入迷。"它道出了五句子一个很重要的特点，即竞奇争巧，刻意求新，产生新鲜活泼、感人至深的魅力，它的特点突出表现在"第五句"上，因此可以说：妙在末句。

唱五句呀赶五句/难就难在第五句/味道就在第五句/谁个说到第五句/把个幺姑娘许给你。

149

田野调查专班采访艺人梁望生。从左至右：万俊、邹学传、梁望生、蔡长明

　　以上不难看出，创作第五句是何种艰难，其重要程度可想而知。试想，赶出一个"第五句"，能够获得一个幺姑娘的重赏，谁个不挖空心思来创作第五句呢？请看下面这首歌谣：

　　高山岭上一树槐/望到望到长起来/娘问女儿望什么/我望槐花几时开/差点说出望郎来。

　　短短的五个句子，写景、叙事、刻画人物溶入一炉，可谓民间文学大手笔！——阳春三月，绿意葱葱的山垭上，一棵槐树犹如华盖，青枝绿叶在微风的吹拂下轻轻摇曳。树后掩映着一间栗褐色的瓦屋，里面生活着母女二人。在花开花谢的岁月里，女儿同槐树一样，一天一天长大了。傍午时分，女儿梳好发辫，穿着自己特别喜欢的花布衣服，到槐树下期盼意中的人儿早些到来。母亲烧火做饭，让女儿到井里挑担水来，转眼看见女儿树下痴痴地呆着，便问她望的什么。女儿正想象着情人爬坡上岭，或跳过一道溪沟，身上带了胭脂水粉……忽听母亲叫喊，正待如实道来，忽然灵机一动，把即将出口的"我在望郎"换成了"我望槐花"。说完之后，娇面羞红，暗暗伸了一下舌头，转身挑水去了。——一个春情萌动，纯朴伶俐的少女形像便跃然纸上，给读者（听众）以丰富遐想。

150　　这首民间歌谣被歌唱家搬上舞台便成了下面这个样子：

高山岭上一树槐/手把槐树望郎来/娘问女儿望什么/我望槐花几时开。

好端端的五句子竟然变成四句子。这样的改法，不仅把形式破坏殆尽，连少女娇羞含蓄、险些失口的惟妙惟肖的心理变化改得荡然无存了，如同一盆鲜汤，失去盐份，味道便淡了许多！华中师范大学文学院教授、著名民间文艺专家刘守华在分析五句歌谣时说："它的头四句似乎已经把话说尽，却又赶上一句，或画龙点睛，深化主题，或翻出新意，锦上添花，这就使作品情浓意深，更加动人了。"（《民间文学概论十讲·中国歌谣的思想与艺术》湖北教育出版社1985年版）。

说相声要抖"包袱"，民间讲笑话，唱五句子歌谣有着异曲同工之妙。兴山流传这样一则故事：两个人合伙煮酒，甲说我出水，你出苞谷。乙说苞谷是我的，酒煮好了怎么分呢？甲说：我这人从来不想占人家的便宜，酒煮好之后，水依然归我，其它的全部归你。看，这末一句把一个嘴上冠冕堂皇，内心实则狡诈的人物原形暴露无遗。

下乡开展非物质文化遗产普查，我们在高桥乡贺家坪村曾收集到这样一首五句子歌谣：嫖不到姐儿使个法/跑到庙里打菩萨/大菩萨打得大喳口/小菩萨打得战战兢/嫖不到姐儿怪我们。歌谣把因嫖不到姐儿的内心活动及行为外表皆描写得活灵活现；当到了第五句时，笔锋一转，主人公突然换位——由人物转至菩萨，令人耳目一新。

紧扣细节 文学即人学，也是情学，民间文学也不例外。五句子歌谣大部分是"郎和姐"的情歌，创作手法和表现形式非常灵活、自由："大众并无旧文学的修养，比起士大夫文学的细致来，或者会显得'低落'的，但也未染旧文学的痼疾，所以它又刚健、清新。"（鲁迅《门外文谈》）特别是在"抓拍"人物，捕捉细节方面，为当今诗歌作出了榜样。例如《郎从高山打伞来》：郎从高山打伞来/姐在屋里

梁望生的部分歌本

绣花鞋/左手接过郎的伞/右手把郎抱在怀/口问情哥哪里来。起头两句，写景叙事，点出特定人物及特定环境，干净利落。情哥哥打着一把油纸伞，嘴里哼着"爱娇娇"的山歌调子，穿过稀稀密密的松林，沿着弯弯的山道往山下走来。情妹妹周正美貌，油光光的头上插着一朵山茶花；身边是针线篮，肩上搭的五彩线，坐在庭院中的矮凳上，正飞针走线地为情人做定情鞋。两个场景一个好比山野水粉画，一个却象庭中《情鞋》图，称得上两幅绝妙佳构。接下来是安排二人拢面，把秀美温柔的女性用近景推到前台："接伞"、"抱郎"、"口问"，情姐的左手动了，右手动了，口也动了，心中自不待说，作者撷取这些细节，层层递进，把个柔情蜜意的多情女子描绘得浑身皆动作起来。他们隔山隔水，日夜思念、牵挂，如今拢身了，如同干柴烈火，一触即发。激动、喜悦、亲昵、爱抚、忙乱……情景交融，妙不可言。

细节是文学作品中描绘人物、事件和环境的最小组成单位。它必须符合生活的真实。真实的细节是形成艺术形象具体可感、鲜明生动的基本因素。它应是独特而奇妙、新颖而深刻的，能给人以认识价值和审美愉悦。五句子歌谣，总共五句，既要写景、叙事，还要刻画人物，难度颇大。所以要善于抓住生活中的细节，以一当十，为刻画人物服务。如《打嫁妆》：姐在屋里打嫁妆/叫声情哥你莫慌/奴家带把铁扫帚/嫁到婆家一扫光/扫光婆家再嫁郎。歌谣叙述的是一个强迫婚姻的故事，歌中始终把焦距对准人物。首先向自己的心上人儿坦露心情——"你莫慌"，接着开始行动——"三扫"、"三烧"，然后实现愿望——"配情郎"、"闺女样"。由于细节抓得准确，把一个同命运抗争，敢作敢为，争取婚姻自主的女子形像，象崖刻一般凸现出来，收到较好的艺术效果。

手法多样　产生于民间的五句子歌谣，和我国古老的《诗经》一样，善于从民间风俗里吸取营养，采用了大量的比兴、拟人手法，使歌谣意境开阔，灵活多变，寓意巧妙，韵味无穷。歌谣中，比喻起着点明和突出喻体和本体相似关系的作用，通过这种修辞手法，使两者联系起来，实现最简单的形象思维。

姐儿门前竹林多/引得凤凰来做窝/去年凤凰来歇翅/今年麻雀来唱歌/麻雀占了凤凰窝。

歌中不提姐呀郎，也不露半个"情"字，用"凤凰"、"麻雀"来比喻男女情场上争风吃醋的心理过程，可谓构思奇特，比喻贴切。比喻在民歌中相沿甚久，运用得十分普遍，因而形成一种浓厚的传统色彩。比如在情歌中常常用各种花朵来比拟姑娘，用蜜蜂或蝴蝶采花来比喻爱情的追求等等。又如：石榴开花叶叶青/郎用真心换姐心/莫学筛子千个眼/要学蜡烛一条心/鸳鸯结伴永相亲。歌中用蜡烛比喻"忠贞不二",用筛子比喻"多心眼儿",希望意中人不要见异思迁,对待爱情要专一,最后才能"芝麻开花开上尖,崖上刻字万万年"相亲相爱,白头到老。这些比兴手法用得恰到好处,百读不厌。

在《送郎》一歌中,无论是刻画人物,或者是应用多样修辞手法,几乎皆达到了炉火纯青的地步。男女偷情,古来有之,这本来就是玩的心跳的事情,不露马脚便好,一旦知晓,麻烦上门。俗话说:野老公进房,家破人亡。这便道出了偷情的险恶。所以当听到《送郎》的歌声,立即就会把你裹入到紧张、惊险、神秘的氛围里去。请看:

送郎送到堂屋中/丁头碰到我叔公/叫声叔公你莫说/做双鞋子你靸脚/你好过来我好过。

唱到这里,使人捏着一把冷汗,叔公看见侄儿媳妇偷人,倘若张扬出去,那将如何了得。出人意料的是,主人公灵活机智,大大方方向叔公许诺一双布鞋,这么便轻而易举地过了关。想不到的是,如同唐僧取经,刚过火焰山,又遇碧波潭:

送郎送到天井角/丁头碰到我公婆/口叫公婆你莫说/你曾当初也送过/羊脑壳莫说狗脑壳。

艺人掰包谷唱五句子歌　　**153**

糟糕！碰到的不是别人，偏偏是公婆，看她如何过关。主人公却一改刚才的温顺，胸脯一挺，脸不变色心不跳，以好汉做事好汉当的气慨，使出以恶治恶的计谋，拿住公婆"你曾当初也送过"这个"软"，用"羊脑壳莫说狗脑壳"比喻"老鸦莫说猪儿黑"，取得公婆的理解与同情，好歹过了第二关。接下来的场景却更趋险恶：

送郎送到黑松林/碰到老巴子（老虎）直在哼/叫声老巴子你莫哼/你偷猪子我偷人/我俩都是一样的人。

至此，听的唱的倒吸凉气，前头二道关，是人与人的交涉，弄得好弄得坏只是麻烦的多和少，而眼前可是老虎，弄得不好，可能掉命。歌谣采用拟人手法，以虎当人，大胆展开对话："你偷猪子我偷人"，我俩命运相近，闪到路旁，饶下性命，让我们过去。三道关口，一道比一道难过，但终于还是闯过来了。后来呢？

送郎送到蓼叶湾/风吹蓼叶往上翻/左一翻来右一翻/翻得人心纷纷乱/好比快刀割心肝。

送郎送到这里，歌谣的主旨仍然落在一个"情"字上面，二人分手比刀割心肝还要难受。该歌情节跌宕起伏，险象环生，由惊到喜，由喜到险，由险到悲，一气呵成，唱起来荡气回肠，给人以极高的艺术享受。

荤素并存 兴山人喜欢把低级趣味的故事或歌谣说成"荤"，把正经一点的称谓"素"。荤素并存也是五句子歌谣的一个显著特点。有些歌谣看上去俗气，但它话丑理正，唱起来也蛮有情趣：如：纸糊的灯儿红鬏鬏/挂在红罗帐里头/郎说一口吹熄了/姐说玩耍顾什么羞/玩个狮子滚绣球。歌谣三言两语，

《昭君故里五句子歌谣选》获奖证书

把一对情人对性爱的不同态度揭示出来，十分逼真。"红灯"跟"滚绣球"相互照应，红罗帐里，灯光柔和，春情浪漫，适合做爱。日本著名右翼作家三岛由纪夫曾这样认为：世界上最美的就是性爱，因为它最能反映人的本质特征。人们田间劳动，多有郁闷，唱点"荤"歌，振奋精神，以达催工之目的，这很正常，不足为怪。在搜集抢救民间文化遗产时，坚持"忠实记录，慎重整理"的原则，最好"原汁原味"，不随意改动，更不必乱扣"黄色"、"黑色"帽子，重在抢救起来，以后再予整理。

韵脚灵活　五句子歌谣打破了一般以两两相对来构建诗篇的格式，按奇数排列诗行，通常以两头两尾押韵，达到全诗韵律的对称和谐。当然，押韵也富于变化，灵活多样。有的一韵到底。如前面提到的"财主有年我无年（nian）/洋芋果和包谷面（mian）/全家围在火笼边（bian）/铁打肝肠也气断（duan）/逼得老子上梁山（shan）"统统an韵到底。

有的两头两尾合同一辙，而第三句另出一韵。如前所举《背脚》的一、二两句"翻山越岭又爬坡（po）/汗水浸湿打杵子窝（wo）"和三、四两句"夜晚滚的麦草稞（ke）/哪有钱来扯被窝（wo）"都属于"梭坡辙"。只有第三句"白天做的牛和马（ma）"是"发花辙"。

有的第一句和第二句不押韵而第三、四、五句为同一辙的。例如，王昭君的五句子歌《叹四季》第一句"叹汉帝，无情义（yi，一七辙）"，第二句"奴才何日出宫门（men，人辰辙）"，第三句"到冬来，冷清清（qing）"，第四句"鹅毛大雪下天庭（ting）"，第五句"何日送我离皇城（cheng）"后面三句都属于"中东辙"。

总而言之，五句子歌谣的韵脚比较灵活，不拘一格。只是有的变化多一些，有的变化少一些罢了。然而，无论如何变化，都不会影响歌谣的传唱和整体功能的发挥，这是毫无疑义的。

文学价值　五句子歌谣内容广泛，题材多样，既有对昭君出塞和亲的思念，劳动场面的颂扬；也有对爱情的表白和对生活的吟唱。音调古朴多变，时而高亢激越，时而婉转素雅，时而哀怨忧伤。历代诗词歌赋、鼓瑟琴弦、小说、散文、戏剧等，皆从中吸收营养，对繁荣各类文艺创作具有重要价值。

史料价值　兴山因环邑皆山，县治兴起于群山之中而得名，土地贫瘠。求得生存，人们一同劳动，一同创作歌谣，无论写景叙事、抒发情感，贴切逼真，纯朴自然。是生活的真实写照，折射出历史的旧影。对研究鄂西民俗风情、了解人们的生存状态，具有形象的史料价值。

文化价值　五句子歌谣来源于生产实践，是劳动人民共同创造的智慧结晶。人们在劳动中获得创作的灵感，"赶"出来的歌谣句式优美，形象生动，易于传唱。反过来，歌声又回到生产实践中去，激发劳动能力，使生产更快进行。这种劳逸结合的艺术形式活跃了人们的田园文化生活，促进了农业生产，具有广泛的现实意义和文化价值。

生存现状及存在的问题：昭君故里五句子歌谣普查小组对全县五句子民间艺人进行了田野调查，对40多位重点艺人进行了采访。结果很令人担忧。

一、自然因素

五句子歌谣唱得最多、最好的艺人，大多是70岁以上的老艺人，但这些艺人逝去的比活着的多。70岁以上能唱五句子歌谣的全县约20多人。但这些艺人由于生活的重负，使记忆力减退，完整的五句子歌谣唱不了几首；再说嗓子沙哑，中气不足，很难一口气把一首歌谣唱结束。

二、社会因素

近几年，随着三峡工程上马，兴山县成为三峡库区移民县，居住在香溪河两岸海拔180米以下的农户都成了移民，按国家政策，有的到上海、江苏，有的到安徽，有的在江汉平原去安家落户，许多艺人因此而背井离乡，给五句子歌谣的传承带来极大困难。对五句子歌谣的传承影响最大的，恐怕还是文化大革命的十年浩劫。唱歌的艺人被批斗，招来扣口粮的厄运，许多民歌的唱本被烧毁。丧鼓不准打，锣鼓不准打，情歌不准唱，一切当"四旧"破除。谈到这些，老艺人记忆犹新，对毁去的歌本感到深深地惋惜。

三、环境因素

60岁以上的五句子歌谣民间艺人全县还有50多人，这是五句子歌谣得以幸存的中坚力量，但他们所记的歌谣不是很多。五句子是在生产劳动中"赶"出来的，如今人们很少在一起干活，很少聚在一起撕包谷，创作五句子歌谣的环境发生巨变。另外，绝大多数年轻人对传统民间文化认识肤浅，嫌土气，不愿学，不愿唱，纷纷奔向城市打工挣钱。如此一来，五句子歌谣的传承便出现了一个很大的空当。

下雨聚一起唱五句子歌

　　昭君故里五句子歌谣是我国民间歌谣中的一颗明珠，濒危状况十分严峻。这么优秀的民间文化不应在我们这代人手里荒芜、失掉。如果不抢救保护起来，就是我们的罪过。我们需要战胜眼前的困难，尽职敬业，尽快用录音、录像及现代化的设备，把它抢救起来，使五句子歌谣这个宝贵的文化遗产，在昭君故里永远传唱下去。

第二节　田野调查

一、工作总结

"兴山五句子歌谣"是我县非物质文化遗产代表作之一，县文化局指定创作室主任蔡长明全权负责。面对时间紧、任务重、要求高、缺人员、缺机械设备、缺资金"三缺"的实际情况下，申遗小组凭借老熟人、老同事、老朋友"三老"的关系，迅速组织专班，开展工作。小组成员：蔡长明、邹学传、陈光立、杨定仁、刘道林和万俊等。没有摄像照相设备，一般设备像数达不到，兴山唯一只有县电视台陈光立的一台摄像机械稍强一些，但是陈光立在电视台是主要骨干，而且上班时间抽不开身。鉴此，只能抽星期六、星期天休息时间工作，任务时间只限一个月，调查要深入到各乡镇村组农户，没有车子，文物管理局局长刘道霖连人带车全力帮助，他亲自开车接送调查组人员，并担任摄

影工作。11月1日，天下着小雨，调查组前往黄粮镇户溪村调查采访，当天中午，采访正入高潮，刘道霖忽然接到县委组织部电话，要他迅速赶到县里商量高阳镇昭君文化园设计方案等事宜，他不走不行，采访不能半途而废，刘道霖驱车赶到县

申遗工作人员记录民间歌谣

里，接受县领导交待任务后，又立即赶到户溪接调查采访组人员。这时阴沉沉的天依然秋雨纷纷，刘道霖疲劳了，大家感动了。没有资金寸步难行，老艺人的补助，车子的油钱都火烧眉毛，领导发话了，先垫。谁来拿钱垫？急

坏了蔡长明，他硬着头皮撑着。为了节约钱，到蔡家垭采访，他把媳妇罗忠梅带上在亲戚家帮忙弄饭；为了节约人力，摄像的陈光立同志把爱人杨定仁带上帮忙搬运设备，协助采访。在户溪采访时，文物管理局万俊的父亲万能光是退休教师，不但主动热情为采访组安排生活，还主动帮采访组招集联系老艺人，采访组走哪儿，哪儿就有万老师的声音。谁知道，这些工作都是在无声中进行的，但大家心知肚明，劳累一天，无一怨言。

在调查中，人手少既有分工又有合作，邹学传负责采访、记录、填表；蔡长明负责访谈、记录、组织艺人、与艺人交流，照相由刘道霖兼做，陈光立负责场面安排、策划、导演和摄像质量，有时人多忙不过来，也可交换使用。总之，以把工作做好为目的，大家心情舒畅，齐心出效率。

我们深知"兴山五句子歌谣"项目调查，是一个复杂系统工程，民间艺人分布面广、居住分散，有些老艺人寿高耄耋，步履艰难，山高坡陡，虽然他们的热情很高，但其安全十分重要，而且只有这些老年人，肚子里才能挖出最珍贵的"货"，调查组决不放弃对一个老年人的调查，那怕爬半天山也是值得的。

我们先后历时半个月，对全县8个乡镇进行了走访调查，对兴山五句子分布的重点乡镇进行了重点调查，每到一处，亲眼见到那些老艺人兴奋而渴望的眼神，我们十分激动、迫不及待地要把这些民间优秀文化记录下来，尽量做到一字不漏，一句不差，一天的劳累也会烟消云散。

采访形式多样、灵活运用。从农家院子里集中撕包谷、田园薅草、农夫耕田、山上放牛放羊等场面，都是唱五句子、赛五句子的现场，我们在户溪村五

组梁望生家堂屋里偶遇老老少少十几人正围着一个大团簸扭苞谷，年龄最大的75岁，年龄最小只有七八岁，边扭边唱五句子，你一个我一个，看谁唱的取笑、有味儿。歌声飞过了屋顶，传遍整个院落。当他们看到我们后，姑娘们笑得合不拢嘴，摄像师陈光立迅速架好机器，把这动人的场面录了下来，画面真实生动活泼，效果很好。梁望生坎下住的余宏明边放牛边唱五句子："姐儿住在墩墩岩/天阴下雨你莫来/打湿露水也要紧/留下脚迹有人猜/无样的说出有样的来。"

我们知道这是一首情歌，感到很好玩儿，然而余宏明却唱得自然自如、优雅动听。有人说，七老八十代，腰躬背驼还在唱情歌，他笑着说："俗话说，不说不笑，阎王不要。散散心，越唱越快活越唱越年轻呢！"

今年年仅14岁的小姑娘，梁涛读初三，梁望生的孙女儿，正好我们去，她星期日在家，从八岁开始跟着爷爷学唱五句子歌，为了参加宜昌市《兴山民歌进校园》演出比赛，她爷爷告诉我们，硬是手把手地教孙女唱了十几天，梁涛学唱的《花名带古人》：菜籽开花蔡白介/竹子开花祝英台/林檎开花林小姐/木籽开花穆桂英/四季花名带古人。

梁望生教孙女梁涛唱五句子歌

这次小梁涛荣获表演铜奖，拿奖后全家人高兴的不得了，梁涛说："我一定要好好学，当好传承人。"

"五句子"源远流长，根深蒂固，调查中追根朔源最早莫于陈常贤老人，十八世纪八十年代，也许还有更早的，或许人类有劳动有生活开始就有五句子产生，传承多少代，我们还不得而知。但一条应该牢记，五句子是伴随着人们的生产生活

梁涛唱五句子歌

流传至今，其生命力可见一斑。山歌手陈家珍为例：她今年已74岁了，从她爷爷、父亲到她，她又传给姑娘、孙儿、外孙就有五辈人了，为了抢救保护兴山五句子的传承发展，她不遗余力，从受批判、受委屈到放开嗓子高唱，历经了60多年，受打击的时

为艺人摄影

候不放弃，改革开放后放下包袱轻装上阵从县里唱到市里省里，北京拿到最高奖——全国群星奖，祖孙三代登台成为推动兴山县文化发展的一张名片。

调查组一行，在这些动人故事的感召下，克服困难，藐视困难，视困难为动力，加倍努力工作。正至下乡进村入户采访的几天，老天不作美，气温急剧下降，天不断地下着小到中雨，路上稀泥滥滑实在难走，脚上腿上的泥巴糊上了膝盖，穿的鞋子没有了"鼻子眼睛"，不时有摔跟头的危险，已退休的邹学传同志，在青华蔡家垭采访，在泥泞的一段长下坡路上，不小心踩着路边一个石头，摔下几米高的坎下，当时垫在下面的右手掌就肿得老高，疼痛难忍，但他仍坚持采访，没叫一声苦，正是大家有这种吃苦的精神，我们的"申遗"工作才得以顺利进行。

二、五句子分布情况

兴山五句子歌遍布全县山山岭岭，只要有人户，就广泛流传着五句子歌，其实物主要就是抄写的原始歌本子，有毛笔写的，也有钢笔写的，有的本子已在褪色。户溪村老艺人梁望生存有8个手抄本，密密麻麻地记录着五句子和山歌，估计有五、六万字，也许这就是梁老大半生的心血，十分珍贵；昭君纪念馆的艺人李作权抄写了10多本五句子歌词，并能唱出十多种调子，唱得如痴如醉；峡口镇李家山村艺人万楚知仅抄写的歌词达10万字之多，他们为五句子歌的传承付出了辛劳汗水和辛勤的劳动。黄粮户溪五组万郊纲能唱200多首五句子，搜集了400多首五句子，自己创作了200多首五句子，曾在《香溪河》刊物

161

香溪河边采访艺人万郊纲

上发表过10多首；艺人陈家珍凭心记得100多首，走到哪儿唱到哪儿；峡口居委会艺人谭成国能唱100多首；峡口镇石家坝村艺人舒德运自抄了5个本子，能唱150多首，曾参加县里山歌演唱比赛获二等奖；水月寺镇小白果村邹良茂搜集五句子百余首，能唱50多首等等。五句子歌不仅兴山有，邻近周边县市也广为流传，夷陵区的刘德芳就是唱五句子歌出身，出了专著《姐呀郎呀》一书，称之为国宝。秭归县、神农架等地都是五句子歌的出产地。不过各地唱法不尽相同。

三、民间艺人情况

"兴山五句子"申遗项目组，分别对黄粮镇、高阳镇、峡口镇、水月寺镇、高桥乡、古夫镇及城区等单位进行详细的田野调查，共走访民间50多人，普查民间艺人380多人，采录重点艺人25人，收集录像资料10个多小时，计6盒，整理文字资料50多万字，拍摄民间艺人照片500余幅，为"申遗"工作提供了佐证资料。我们在走访调查中，访谈了艺人最高年龄80多岁，年龄最小14岁，其中男性占80%，女性占20%；中老年人占90%，年轻人占10%；农民占90%，干职工退休职工占10%，在深度广度上有一定突破。

结束语

　　通过"五句子歌谣"开展田野调查，我们收获很大，真正明白了"申遗"
工作的重要性，了解到"五句子"面临失传的实情，我们"抢"到了部分资
料，抓拍了一些老艺人的身影，为"五句子"的有效传承保护做了一点工作，
但这远远不够，只能是个良好开始，五句子不光是唱唱而已，留给我们后人的
是重要的文化内涵，它是一座非常丰富的民间文学宝库，有待文化人继续挖
掘，各级政府和社会各界不懈努力，制定强有力的保护措施，全面展开"抢
保"工程，使优秀的民间文化传承下来，更加发扬光大。

第六章　兴山五句子歌谣

申遗专班下乡搞田野调查　**163**

民间艺人万常浩（左二）蔡世年（右一）一起唱五句子歌

第 7 章　李来亨传说

溪韵
香古

第一节　项目概论

分布区域：李来亨故事主要分部在香溪河流域以及陕、鄂、渝立项的三峡地区，以兴山县南阳镇、黄粮镇、古夫镇、昭君镇、高桥乡最为集中。

历史渊源：李来亨（？-1664年），陕西清涧人（史籍未载其籍贯，此据现存兴山县百羊寨的"圣帝行宫之碑"，系李自成之侄、李锦养子）。

李自成1645年在湖北通山县九宫山牺牲后，农民起义军余部由侄子李锦率领转战湘、鄂、川、黔，数次重创清军，李锦病死军中，由其养子李来亨率部突围进入三峡、鄂西山区，在清军入关之后，李来亨联明抗清，后因功授总兵官都督同知，又晋爵封为临国公。起义军是以兴山县境"岩壁陡峻，周百里、高三十里"的茅麓山为根据地。这支农民军响亮地提出了"镌虏妪民"的战斗

白羊寨七步半

口号，他们不仅能征善战，还屯田垦荒，耕田自给，百羊寨一带流行的"小李王"、"人吃萝卜马吃菜"的歌谣以及茅麓山区的"萝卜园"、"仓米河"等地名、河名，也可与当年农民军垦荒开发山区的事迹相印证。

在长期的战争艰苦环境里成长起来的李来亨，深知军事斗争的艰险，没有放松警惕，李来亨在兴山县境内的百羊寨、李家店、百城、长坪、三柏垭、双龙观等地立垒筑寨、构筑炮台，架设红炉，铸造武器，操练兵马。李来亨采用了以攻为守的战术，联合各路反清武装，"袭阴阳、下荆州、

耸立在白羊寨的李来亨圣帝行宫之碑

取施州、攻巫山"，于1659年率农民军等十六营水道袭重庆，"楚蜀震动"，掀起了夔东十三家抗清斗争的高潮。

1663年春，清廷命李国英经略鄂西战事，"发陕西、河南、四川、湖广兵十余万合围农民军，并调役夫二十万转粮草。"清军从房县、保康进入兴山境内，气焰十分嚣张，李来亨率万余人坚守谭家寨，以"大刀藤牌护阵"，激战十余日；六月二十七日，李来亨乘大雾，秋雨连绵袭击清营，击毙清营守备李蕴等数名清将，"虏兵大溃，杀伤万计"，清湖广总督张长庚败退四百余里，湖广提督董学礼狼狈逃往当阳，打得清军"楚蜀守将不能御"。

清军将近一年的会剿，无功而返，便任命穆里玛为"靖西将军"，都统图海为"定西将军"，率满汉八旗，绿营官兵二十万再次攻打百羊寨、茅麓山，清军采用围困战术，用大军团团围住起义军，李来亨粮草溃泛，已无援兵，李来亨"势孤"，从七连坪、百羊寨，经黄龙山退至茅麓山绝顶，清军重兵压境，李来亨临危不惧，率将士固守茅麓山主峰，凭险抗击，浴血苦战。清军昼夜环

167

攻，农民军粮尽援绝，寡不敌众，大寨终于失守。1664年8月5日，李来亨全家及身边将领，焚烧营寨，投身烈火，全部壮烈牺牲。

李来亨在兴山百羊寨、七连坪、茅麓山安营扎寨，坚持抗清军事斗争长达13年之久，留下许多可歌可泣的英雄故事。李来亨是大顺军后期一位杰出将领，是明末清初农民军抗击清军最著名的英雄，他忠诚地继承李自成的遗志，在反抗封建统治和民族压迫的斗争中立下了不朽的功勋。

三百多年来，兴山人民一直传颂着"小闯王"李来亨的许多故事，李来亨智勇双全，抗击清兵，杀贪官和污吏，留下许多传奇佳话。李来亨在兴山抗击清军13年的战争生涯中，产生了许多可歌可泣的英雄故事。

有关李来亨的兴山古遗迹现存40余处，在百羊寨有：演武厅、凤武营、跑马场、铁炉沟、碓窝子湾、磨坊岭、城门垭、东门坎、王殿坪、战坑垭、墟场，还有"圣帝行宫之碑"、七步半、天灯坨等众多遗址。许多当地农民在田地中发现了大量铁蛋丸、箭镞、铁钻、铁铧等。"圣帝行宫之碑"被湖北省人民政府1987年确立为"重点保护文物"，并立碑以示纪念。

农民军在七连坪、百羊寨坚持抗清斗争的铁证是"圣帝行宫之碑"和炮台。"圣帝行宫之碑"是以李来亨的名义于永历九年（1655年）建立的，碑文对农民军"联明抗清"做了历史记录。农民军炮台筑在百羊寨东南山左侧，用以封锁上山通道，居高临下，地势十分险要。上世纪七十年代，兴山文化部门对李来亨在百羊寨、七连坪、茅麓山一带从事抗清活动的重要遗迹，采取了保护措施。

康熙版《兴山县志·军事》载："永历7年，李来亨等率众至兴山，盘踞县境。永历九年，负嵎县西百羊寨。"

以上种种史籍、遗址见证了李来亨和农民军传奇而丰富多彩的英雄故事。百羊寨、茅麓山、百城等丰富的遗址是兴山人民思恋"小闯王"李来亨的历史见证。

基本内容：

李来亨在兴山的故事很多，内容很广，归纳起来有五大类：

（一）与李来亨有关的地名故

兴山县——百羊寨、百城遗存许多关于李来亨的地名故事。如王殿坪、锁子沟、天灯坨、凤武营等。因"小闯王"李来亨驻扎在王殿坪发生的故事，因而取名"王殿坪"。锁子沟因李来亨长子违犯军令，被李来亨用铁枷锁锁在此沟以示众而得名。萝卜河是李来亨屯兵于此种军粮、军菜，用智谋将清军一举打败而得名。

（二）与李来亨有关的战争故事

在这类军事斗争的故事中，如《夺粮救灾》、《义军助农种棉花》、《朱庄坡阻击战》、《小闯王智胜清军》、《义军联合打大宁》、《英雄出山购棉衣》等故事，表现的是小闯王李来亨在兴山13年的军事斗争中，智勇双全、勇斗清军，一次次把清兵打得落花流水、溃不成军。这类故事有真实的出处，是当年李来亨在血与火的战斗中的见证，此传说既有神话的色彩，也有真实的战斗场景；既有古战场厮杀的硝烟，也能见到百姓与义军的鱼水情深。

（三）与李来亨有关的兴山著名风景的传说

在奇险幽深的昭君故里兴山县，有许多著名的风景，像高岚风景中八段锦、朝天吼、麂子洞、绣花鞋、信猴石、野猪岭等传说中，在三百多年来，为纪念李来亨这位杰出的领袖，兴山人民把对李来亨的怀念赋予这些奇山秀水之中，这也是兴山百姓对李来亨的、褒奖，让李来亨的传说故事，与兴山的山水永世长存，这也从另一方面，反映李来亨的魅力所在。

（四）以《小闯王》、《小闯王李来亨》、《茅麓山》等文艺作品为代表演绎了李来亨抗清斗争的故事

吴道周撰写的《小闯王李来亨》，较好地再现了那段血与火的悲壮历史，此书从李来亨转战兴山百羊寨、百城，到二十万清兵大军压境，直至李来亨义军弹尽粮绝，兵败茅麓山，小闯王李来亨自焚而亡，13年的战斗场面波澜壮阔。李来亨杀贪官、奔袭万朝山清营、屯田垦荒、军民鱼水情深的生活有所表现。而殷小英执笔撰写的舞台剧《茅麓山》，则从李来亨联明抗清的角度，再现明末清初的复杂历史画卷，从一个侧面印证了中华民族在遭受外族入侵之时的民族大义精神。

相关制品及其作品：湖北省兴山县南阳镇、黄粮镇、古夫镇、高桥乡，有大量李来亨和农民义军留下的遗址：七步半、百城城墙、天灯坨、炮台、圣帝行宫之碑、王殿坪、火药局、凤武营、磨坊岭等等，圣帝行宫之碑，87年由湖北省人民政府立碑作为重点保护文物。

有关李来亨的书籍及剧本有：

《李来亨故事故事》	燕山出版社
《闯王后传》	大众文艺出版社

《民间传说故事》	兴山县文化局编印
《中国民间故事全书·湖北兴山卷》	中国知识产权出版社
《兴山民间故事集成》	陈大炳、汪发凯等编
《小闯王李来亨》	长江文艺出版社
《茅麓山》（剧本）	殷小英编著

主要特征：

"镌虏妪民鸿湖志，浩气长存茅麓山"。李来亨虽然离我们远去了，但有关农民军和李来亨的故事一直在三峡地区民间广为流传，李来亨的故事有它自身的特征，主要表现在以下几个方面：

（一）群众性

李来亨的故事相传三百多年了，因为李来亨在兴山茅麓山一带坚持斗争13年和当地百姓打成一片，所以有广泛的群众基础，李来亨在兴山屯田扎根，杀恶除霸，与普通百姓结下了深厚的情谊。所以有关李来亨的故事妇孺皆知，具有广泛的群众性。

（二）传奇性

李来亨长期战斗在湖北三峡地区兴山县，惨烈的战争和传奇的人生经历使他的故事更具奇特性，李来亨抗击清兵和清兵斗智斗勇，他多次和清兵搏杀于兴山的崇山峻岭之中，其血与火的战斗历程，其生死搏杀的悲壮场面，以及李来亨大义凛然的气节，和视死如归的气概，无不令人感叹。

（三）多样性

李来亨故事众多，内容十分丰富。从李来亨的长篇小说、戏剧、京剧到散文、诗词故事和考古、理论著作较多，呈现一种千姿百态的文化现象。

（四）传承性

李来亨故事大体分为四种类型：与李来亨有关的地名故事；与李来亨有关的战争故事；与李来亨有关的著名风景名胜故事；从与李来亨有关的各种版本故事演绎的文本故事。这些故事相互补充、相互印证、相互渗透，使其更丰富。如地名《米汤沟》、《七步半》、《凤武营》，李来亨在兴山战斗13年，睹景思人，所以李来亨故事具有广泛的传承性。

（五）李来亨的故事具有良好的教育功能

如《月亮石与仙女脚》、《野猪池》、《炮打米汤沟》、《锁子沟》都反映李来亨勇敢、智慧和他高尚的民族气节，特别是清兵入关，面对异族入侵，李来亨临危不惧，宁为玉碎，不为瓦全的义举，是对青少年进行爱国主义教育的光辉典范。

重要价值：

一六五一年，李来亨率农民起义军三万多人，经陕、渝、鄂边界，游击于三峡地区的

蒋方教授到白羊寨农家采访李来亨故事

保康、兴山、房县一带，最后在兴山百羊寨、茅麓山屯田耕地，坚持抗清斗争，特别是清军入关以后，面对强敌、民族入侵，李来亨捐弃前嫌，与南明王朝联手抗击清兵。李来亨带领农民起义军在兴山百羊寨坚持抗击清军13年，最后寡不敌众、全军覆没，其壮举可歌可泣。其传说故事主要体现在以下几个方面：

（一）文学价值

传说作为民间文学的一种形式，口头传承性强，流传广泛，老少皆宜。李来亨传说是有关李来亨各类文艺作品的创作源泉。

从诗词、小说、戏剧、散文、故事、传奇小说、唱词等，到现代的歌舞剧，电视连续剧都从民间传说中吸取大量的素材，塑造出李来亨个性鲜明、血肉丰满的英雄形象，其丰厚的文化内涵成为各种文艺表现形式。

（二）思想价值

李来亨是大顺军后期一位杰出的领袖，是人民抗击清军中最著名的英雄。李来亨的传说是一本教科书，对中华民族的凝聚力，对反对异族入侵，振兴中华民族有强大的思想动力和文化含量。李来亨传说有丰富蕴藏，也是多种文艺作品挖掘的源泉。

（三）人文价值

李来亨故事和兴山丰富的文化遗址，是李来亨抗击清兵最有力的证据，它蕴含了丰富的人文价值，特别是李来亨矢志不渝、坚持抗清斗争达13年之久，在反抗封建统治和民族压迫的斗争中立下了不朽的功勋。是广大青少年爱国主

171

蒋方教授到七连坪采访李来亨故事

义教育的生动的教材。

（四）史学价值

李来亨是民族抗清的英雄，他在百羊寨、茅麓山坚持抗清13年之久，留下许多悲壮的故事，作为一个历史人物，其辉煌灿烂的一生，可以从多角度多视线来研究那一段清初的历史，

也为许多史学家研究这支农民起义军提供历史佐证。作为农民军领袖，李来亨传奇的一生，就是一部波澜壮阔的历史画卷。李来亨的传说对研究明末清初那段历史，研究农民军的兴衰具有更重要的参考价值。

濒危状况：今年初以来，"李来亨的故事"田野调查小组，走访了全县五个乡镇，对近百名艺人进行了调查采访，结果令人十分担忧。会讲李来亨故事的民间艺人，大都已经超过六十岁，七十岁以上的有15位，六十岁以下的人虽说能讲一些片断，但往往东扯西拉，很不系统，李来亨故事在诸种因素的制约下，正逐步式微。

（一）自然因素

李来亨故事的讲述人，很多已先后谢世，活在世上的民间艺人已经不多，仅存的艺人中，百分之七十的老人健康状况令人忧虑，有的晚年生活困难，有的子女不够孝敬，很多老艺人的处境堪忧。

（二）环境因素

时代在更迭，社会在发展，沧海桑田，山乡巨变。南阳镇百羊寨的很多古迹遗址都在不同程度遭到破坏，如"圣帝行宫之碑"石碑，日晒雨淋，很多字迹在逐渐被风雨剥蚀。虽采取了一些防护措施，但仍然不能完全形成保护屏障。如百城古城墙，有些地方已完全坍塌，如不及时保护，将造成无法挽回的损失。

（三）社会因素

社会环境在变化，李来亨故事主要分布在兴山县南阳镇百羊寨村和黄粮的百城村，这几个地方属高寒地区，山大人稀，加上近年来全国各地的打工潮，中年人和很多青年人纷纷外出安家和打工。而老艺人在逐年过世，这给传承李来亨故事带来极大的困难和不便，这也给李来亨故事出现了传承的空当，形势十分严峻。

由于地方财力不济，李来亨故事及其遗址遭受自然及人为的损害越来越严重，如不及时有效地保护，后果将不堪设想。

现代文明的冲击，也对李来亨故事的继承产生很大的影响，现在的青年人在流行文化和音乐的冲击下，不怎么热爱民间文学，特别是面对优秀的民间文化的衰落漠不关心，这也是李来亨故事濒临消亡的一个重要因素。

综上所述，李来亨的故事濒危状况十分严峻，李来亨故事这块民间文学园地的瑰宝，如果在我们这一代人手中消失，那将是这一代人的罪过。现在，要尽可能花大气力，用现代化高档设备，将许多艺人肚子里的"故事"用高档的音、像设备完整地抢救出来，力争将李来亨故事这个宝贵遗产长期保存下去，传承下去。

第二节　田野调查

一、工作总结

"李来亨故事"项目组由简冰、陈光立、陈辉、张祖雄等人组成。动员会结束后，"李来亨故事"项目组召开业务工作会议，讨论工作方案，明确工作任务和完成项目的时间、标准等。面对重重困难，申遗小组借来照相机、摄像机，并邀请《兴发报》编辑张祖雄同志担任记录工作。

原计划分组进行田野调查，但由于人手少。设备缺少，决定把人员、设备集中起来，走村串户对优秀的民间艺人进行直接普查，对李来亨的传说一处一处地搜集。12月18日召开动员大会，20日召开项目组业务工作会，25日联系乡镇文化站及重点艺人，27日把设备凑拢，29日就开始下乡开展田野调查。

2006年1月田野调查工作人员黎刚健（右一）和三峡大学教授刘冰清（右二）记录民间艺人讲述的李来亨传说

调查中，项目组分工明确，简冰采访，张祖雄记录，陈光立摄影，陈辉填艺人调查表，张祖雄负责民间艺人采访谈，摄影由简冰负责，项目组既分工又合作，工作起来相互配合，效率较高。申遗办公室也为申遗做了大量工作。"李来亨故事"

2006 年 1 月县非遗保护工作专班万俊（右一）与三峡大学刘冰清、张伟权二位教授在白羊寨听民间艺人杨君汉（左二）讲述李来亨的故事

项目组对全县八个乡镇都做了调查，对"李来亨故事"分布较多的黄粮镇、南阳镇做了重点调查，田野调查形式多样，在田边地头、屋场院子、村寨、茶园、在艺人家中……不拘形式地对重点艺人进行采访，各位艺人讲述李来亨故事不受框框条条限制，形态自然，讲起来滔滔不绝，而且使成像的画面也生动活泼、效果比较好。

"李来亨故事"项目组一行四人，穿行在兴山的崇山峻岭之中，有车的地方搭车，无车的地方就步行，李来亨遗址及传说之地大多都在偏远的乡村，山路崎岖，山间小路摔跟头是常事，膀臂被荆棘拉的尽是道道，有的把鞋子磨破，打赤脚磨破起了泡。在调查茅麓山李来亨遗址最后的拍摄时，项目组跋山涉水一天走了6个小时，翻越大山13座，步行五十多里羊肠小路，终于拍摄了李来亨抗清时，留下的碾火药重达几吨的石碾。在资金发生困难时，大家先垫资，只为尽快把申遗项目早日完成。

二、李来亨故事分布情况

李来亨故事主要分布在兴山县南阳镇百羊寨村，黄粮镇百城村，这里山大人稀，方圆直径二十余公里，比较广泛地流传着李来亨故事的事迹和传说，有关李来亨的古遗迹也大多在这两个镇上，如天灯垴、圣帝行宫之碑、炮台、凤武营、锁子沟、七步半、碓窝子湾、关帝庙、万人坑、锅坑石、百城长城、帅府、瞭望台等。其它乡镇及神农架也有一些传说，但分布较少。

三、民间艺人情况

李来亨故事项目组对南阳镇、黄粮镇及古夫镇等地区进行了详细田野调查，共走访民间艺人40多位，普查民间艺人200多人，采录重点艺人20多位，收集录像资料20多个小时，10多盒录像带，整理出文字资料20多万字，拍摄民间艺人照片400多幅，为申遗工作奠定了丰厚的资料基础，走访调查中，访谈的艺人最高年龄82岁，最小年龄18岁，其中男性占80%，女性占20%，中老年人占90%，年轻人占10%，农民占90%，干部职工占10%。

四、重点艺人情况

孙德胜：男，1930年11月出生在鄂西深山一个贫困的农民家庭，自幼给地主放牛，解放后进入扫盲班学习，受家庭环境影响，特别聪明好学，青年时代参加了国家的重点工程建设，后回乡当义务山林保护员达20年之久，当过生产队长、大队书记等职。1975年国家对李来亨抗清遗址——圣帝行宫之碑进行维修，孙德顺积极参加到维修工作中，圣帝行宫碑修复后担当守碑人至今已35年，35年来先后接待文化、历史、地质、考古等专家学者和游客上万人。其中接待了原中共中央总书记胡耀邦之子胡德平（考古专家）。会讲李来亨故事故

2006年1月民间艺人孙德胜接受非遗保护工作专班的采访

事上百个，参与了《小闯王李来亨故事》一书的讲述工作，善唱农村丧鼓、五句子、薅草锣鼓等民间山歌。2001年10月在宜昌市委宣传部，市文化局授予"文化中心户"称号。2006年6月，被兴山县文化局授予"兴山县首批十大优秀民间艺人"称号。为传播兴山民间文化，保护历史文物作出了重大贡献。

张耀汉：1940年出生于兴山县南阳镇百羊寨村，毕业于兴山县平邑口师范学校。在南阳镇百羊寨中心小学任教达30年之久，担任校长职务18年，对书法颇有研究，对李来亨的传说故事了解较多，对李来亨故事的传承做出了较大贡献。该同志从事教育事业30年，先后荣获"宜昌市先进教育工作者"、"兴山县模范教师"等多种荣誉称号。他坚持业余创作20多年，作品在《儿童文学》等省市文学刊物上发表上百篇。退休后致力于民间文化研究，善唱山歌，农村丧鼓、薅草锣鼓，会讲王昭君故事。

闵光殿：致力于研究农村的丧鼓、薅草锣鼓、地花鼓等民间艺术，并在原来的基础上进行了改进。其代表作有《闯王下山》参加兴山县民间艺术大赛获得一等奖。参加了《闯王后传》一书的撰写工作。会讲《王昭君传说故事》。一生为宣传兴山，传承李来亨文化做出了重大贡献。曾被宜昌市委宣传部、宜昌市文化局命名为"宜昌市文化中心户"。2006提被县文化局命名为"兴山县首批十大优秀民间艺人"等称号。

五、李来亨故事分类

我们通过走访调查，李来亨故事大致可归纳三大类：

1. 与李来亨有关的地名传说。如：《王殿坪》、《锁子沟》、《天灯垴》、《凤武营》、《七步半》等。

2. 与李来亨有关的战争传说。如《夺粮救灾》、《义军助农种棉花》、《东庄坡阻击战》、《小闯王智胜清军》、《义军联合打大宁》、《英雄出山购棉衣》等。

3. 与李来亨有关的兴山著名风景的传说。如：《八段锦》、《朝天吼》、《麂子洞》、《绣花鞋》、《信猴石》、《野猪池》等等。

以及手抄本及小说《李来亨》演绎的李来亨抗清斗争传说，这方面的传说较少。

结束语

　　通过李来亨故事的申遗工作，开展的田野调查，我们收获很大，真正明白申遗工作的重要性，了解到李来亨故事失传的实情。我们抢到了部分资料，抓拍了一些老艺人的身影，为《李来亨的传说》有效传承、保护做了一点工作，但这还很不够，还只是一个良好的开端，李来亨故事不光是李来亨的战争故事，更多的是李来亨留给我们后人的文化内涵和高尚的人格情操，这是一座非常丰富的民间文学宝库，有待文化人的进一步开发，更有待社会各界的鼎力相助。

第 8 章　文三猴子的故事

香溪古韵

第一节　项目概论

文三猴子故居　蔡长明 摄

"文三猴子"本名文晖，清乾隆甲午年（公元1774年）二月出生在湖北省兴山县峡口镇建阳坪村文家山，卒于道光辛丑年（公元1840年）三月，享年六十七岁。由于他自小身体瘦弱，兄弟排行第三，故人称"文三猴子"。

文三猴子二十四岁考取生员，四十二岁考取贡生。他一生淡泊名利，不为仕途所累，长期生活在乡村，与劳动人民打成一片，感情甚笃。其墓志铭曰："凡乡党有凶吉期会，必亲临微论，士民老幼皆与之谈笑唱歌，尽夜不倦。"

文三猴子性情放达，机智敏捷，口才出众。普通百姓喜爱找他排忧解难，断个公道，他有求必应。文三猴子遇善不欺，遇恶不怕，给老百姓出主意想办法，与社会上的假丑恶斗智斗勇，最后大获全胜，人们无不拍手称快。长此以来，文三猴子的事迹你传我，我传你，逐步传播开来，演变成故事群，形成一道独特的文化风景线。

经过两百多年的口口相传，有关文三猴子的故事近百个，已采录在案的七十多则，皆散落在民间及兴山几部民间故事集的版本之中。文三猴子的故事生活气息浓，具有鲜明的地域特色。故事的倾向性、侠义性、趣味性是其主要特征。

　　文三猴子在民间的记忆，早已从生活原型演变为箭垛式人物，其故事系列具有民间文化创造的典型性、代表性，其条目1991年入选《中国故事传说大辞典》。文三猴子故事内容涉及生活习俗与方言俚语，地域特色鲜明，其中蕴含的是非观、价值观、审美观在兴山民间影响了一代代人。文三猴子的故事突出价值在于：

　　1. 思想价值。故事中蕴含着真善美与假丑恶相互较量的丰富内容，使人们认识到无论在什么环境下，正义总能战胜邪恶，增添人们对生活的信心和力量。

　　2. 审美价值。文三猴子的故事反映了人们的审美情趣和审美愿望。在故事中享受到审美愉悦，在笑声中得到启迪和教育。3、文化价值。讲故事和听故事本身就是一种文化现象，由于它具有大众性的特点，又不受场合限制，是传播、普及历史、人物、习俗、文学、语言等众多文化知识的重要形式之一。使人们从故事中受到启发，提高鉴别真善美的能力，接受文化熏陶，寓教于乐，被人们誉为没有围墙的文化大学。

　　文三猴子故事系列在兴山及秭归部分乡镇世代传承，迄今虽然在多种新型媒体竞争的环境下日渐式微，但传统的口耳相传方式仍然在部分传人中呈现活态。文三猴子是深山里的阿凡提，他的故事滑稽风趣，深受人们喜爱，是民间文化园中不可多得的珍贵资源。

　县非遗保护工作专班翻阅文三猴子后代家中收藏的岁贡执照、地契等　蔡长明 摄

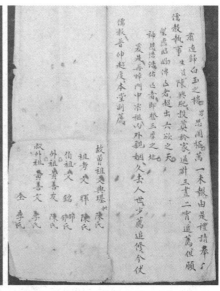

文光熙岁贡执照   文三猴子地契

分布区域：文三猴子的故事主要分布在兴山县峡口镇、水月寺镇、昭君镇、古夫镇，以及秭归县的青滩镇和乐平里村。

历史渊源：文三猴子本名文晖，因自小身体瘦弱，兄弟排行第三，人称诨名"文三猴子"。文三猴子清朝乾隆甲午年（公元1774年）二月出生在湖北省

工作人员正在看文三猴子后代家中收藏的"岁进士匾额" 朱光明 摄

兴山县峡口镇建阳坪村文家山，卒于道光辛丑年（公元1840年）三月，享年六十七岁。文三猴子的先祖文焕然据清同治版《兴山县志·人物》记载，乃明朝末年贡生，敕封修职左郎，授七品服色。文三猴子的父亲文兴瑊清嘉庆庚申年（公元1800年）官至孝感县训导，并授"岁进士"匾额。文三猴子祖辈功名博学，是兴山有名的"德门儒族"。

文三猴子天资聪慧，二十四岁考取生员，四十二岁考取贡生。他一生淡泊名利，不为仕途所累，受兴山历任知县、督学重视。由于长期生活在乡村，与劳动人民打成一片，感情甚笃。其墓志铭曰："凡乡党有凶吉期会，必亲临微论，士民老幼皆与之谈笑唱歌，尽夜不倦。"

文三猴子性情放达，嗜酒，但不乱情。他聪明机智，才思敏捷，口才出众。普通老百姓喜欢找他排忧解难，断个公道。文三猴子有求必应，积极为老百姓出主意，想办法，与社会上的假丑恶斗智斗勇。他不畏强暴，怜济贫弱，每当他用机智战胜愚蠢，正义战胜邪恶的时候，人们无不拍手称快。长此以来，文三猴子成了智慧的化身，他的事迹你传我，我传你，逐步流传开来，经过两百多年的口口相传，演变成故事群，形成一道独特的文化风景线。

基本内容：文三猴子的故事在全县搜集的有一百多个，经过整理成形的有七十多则。文三猴子的故事来源于生活，是普通劳动人民智慧的结晶，是我县民间文化中的瑰宝。文三猴子的故事大致可分为三种类型：1. 惩恶扬善；2. 打抱不平；3. 斗智斗勇。

1. 惩恶扬善。如《张瞪眼推磨》、《一把火纸》、《量体裁衣》、《骂陈阴阳》、《献计》、《改磨》、《成亲》、《大小多少》等都属这一类。《半文钱打官司》说的是建阳坪王家和文家为争田界打官司。王家的自知理亏，便悄悄给县太爷塞了些钱，待到升堂，文家的官司自然输了。文三猴子叹道："可惜我没得钱，假若有半文钱我就能把官司打赢。"县官听了，心想，说文三猴子有板眼儿，我就给你半文钱，看你怎么把官司打赢。便当即喊来差役，将一文钱砍成两半，给文三猴子给了半边钱，文三猴子拿着钱说县太爷无故毁坏国宝，无视王法，要跑到大街上喊冤。县太爷一看，自知触犯王法，上了文三猴子的当，赶忙将争田界的案子又改正过来，并向文三猴子说好话，才把事情了结。还有《成亲》、《献计》讲的是不要以貌取人和孝敬父母的故事，教人行善。

2. 打抱不平。如《整治县太爷》、《要学钱》、《要工钱》、《十六字状》、《巧领过年钱》、《说一不二》等等，均属此类。

《赌博》讲的是一次文三猴子从宜昌府回来，打青滩乱石窖过，在一家粮行门前歇脚。看到收粮食的和卖粮的交易，收粮食的有些强买强卖、短斤少两现象，农民稍有怨言，他们就动粗。休息时那些收粮食的伙计聚一起赌博，文三猴子也参加他们赌。收粮食的伙计自认为在码头上多年，沾些痞气，又见文三猴子瘦小如猴，输了不开钱，一轰地散了。文三猴子找粮行的老板不依。老板说我也没赌博，如何找到我的不是？文三猴子说，他们是给你收购粮食，又在你门前聚赌，船有舵，家有主，我不找你找谁？老板根本没把文三猴子放在眼里，一口回绝，说有本事告我去。文三猴子听了，跟老板要笔墨纸砚，一边说一边从荷包里掏出"顶子"（帽子）戴到脑壳上。粮行的老板一看是官府里的人，吓到哒，忙把赌博的人喊拢来，给文三猴子开钱。文三猴子又拿着赢来的钱要跟卖粮食的农民开赌，农民说没得钱，文三猴子叫他们莫怕，鼓励他们赌。文三猴子掏出明钱，就在石板上开，明钱一停，他使双手蒙着，故意把指头开一些缝隙，叫那些农民"诈"钱。农民从指缝里看到了明钱上的单、双，争着往上"诈"。待大伙"诈"完了，松开手一看，文三猴子输了。输了就得开钱，文三猴子把从收粮食的那帮人手里赢来的钱全部开给了卖粮的农民。

3. 斗智斗勇。如《一气张瞪眼》、《一羞张瞪眼》、《一难张瞪眼》、《一治张瞪眼》、《一笑张瞪眼》、《一打张瞪眼》等，除了这个故事群，还有《教训书生》、《黄表纸》、《实在没得法》、《吃酒》等，都属此类。《老字没得一点》说的是文三猴子有几年走整脚运，拉钱负债，闹得过年就吃不上个好的。文三猴子该舒财主一点账，舒财主蛮小气，晓得他会赶到腊月三十上门来要账。文三猴子脑壳一转，想个主意，写副对联贴门上。三十的早晨，舒财主果然要账来了，见门上贴着红闹闹的对子，心中欢喜，文三猴子贴得起对子，说明他今年闹得还不错，要账有希望。便立住脚照着对子念起来：一年到头两手空，财主吃肉我喝风。再看横联，一下楞住：老字没得一点。舒财主自语道："说'老'字吧，又没得一点，说'考'字吧又没转过弯来，看来还是老字没得一点。"话毕，文三猴子从屋里出来，冲舒财主说："你既然晓得老子没得一点，何必又上门逼我的账呢？"原来文三猴子写对联时，故意把老字少写了一点。舒财主不仅没要到账，还被文三猴子当面称了一回"老子"，真是又气又恼。

另有一些笑话，如《扯白》，说文三猴子有一次下河办事，碰到二三十人在田里薅包谷草，有人喊着文三猴子说："文三爷，听说你会扯白，您今天当

"文三猴子的故事"相关作品　刘兴路 摄

着这么些人的面，扯个白我们听会儿。"文三猴子说："对不起，今儿天没得时间扯白，河里有人下药闹鱼，满河漂，让我捡几条鱼回来再跟你们扯白。"文三猴子说完故意走得很急。薅草的人听说满河里漂鱼，都想捡几条，拔腿就跟起文三猴子跑。跑到河边，一条鱼也没看见，大伙都埋怨文三猴子骗人。文三猴子笑道：你们不是要我扯个白吗？我只好顺口扯一个啰，偏偏你们又相信。

　　类似这样的笑话很多，不能一一列举，文三猴子的故事内容丰富，是劳动人民田间劳作、茶余饭后的谈资，增添生活的欢乐。

　　相关制品及作品：

　　有关文三猴子的故事的制品方面：

　　文三猴子父亲文兴璠"岁进士"匾一块，长2米、宽0.5米。

　　文三猴子的田契、山林界契若干份。

　　文三猴子的季男文光熙的岁贡执照一份。

　　文家族谱一部。

　　有关文三猴子的故事的书目如下：

　　《中国故事传说大辞典》中国社科院文学研究所祈年休等编，中国文联出版公司1991.7一版

　　《湖北民间故事传说集》民间文艺研究会、省群艺馆编，1980年

《三峡传说》宜昌地区群艺馆编，1980年

《杜老幺》省民间文艺家协会编，长江文艺出版社1982年

《兴山民间故事集成》兴山县文化馆编，内部出版1983年

《兴山民间传说故事集》周世安、吴兰生编，内部出版1983年

《兴山文史资料·第五辑》兴山县政协文史委员会编，内部出版1986年

《冯家故事集》冯绪旋、李永朝编，内部出版1988年

《中国民间故事全书·兴山卷》蔡长明编，中国书籍出版社，2006年一版

《兴山百家姓寻根》郝明知、韩兴浒编，大众文艺出版社2004年

《兴山古今碑刻选》郝明知、韩兴浒编，珠海出版社2010年

《香溪河》杂志1998年第一期　县文联

《香溪河》杂志2004年第二期　县文联

《香溪河》杂志2006年第二期　县文联

　　主要特征：文三猴子是兴山有名的机智人物，被人们誉为深山里的阿凡堤。文三猴子虽说已经去世（1840年）一百多年了，但他的故事在民间一直流传至今。文三猴子的故事归纳起来，具备以下几个特征。

2012年10月县非遗保护工作专班在田头听民间艺人文道礼（左二）饶立鼎（右三）讲述文三猴子的故事　朱光明 摄

1. 倾向性。文三猴子的故事大都短小精悍，线条单一，寥寥几笔就能描绘出人物形象，但他的故事的立场、观点、思想感情都是倾向劳动人民的，他长期居住乡村，跟劳动人民打成一片，了解民间疾苦，善恶观念非常强，怜济弱小，处处为老百姓说话，他的故事流传不衰，与文三猴子的民间立场分不开。

2. 侠义性。文三猴子经常与老百姓在一起谈笑唱歌，昼夜不倦。老百姓有什么难处都喜欢找他排忧解难，讨公道。文三猴子有求必应。他不畏强暴，跟地方上的假丑恶现象进行斗智斗勇，不计得失，就是县官他也不怕，因为他不愿做官，人不求人一般高，所以帮老百姓讨工钱、打官司、做媒，尽心尽力，帮人帮到底，有如梁山好汉，使故事充满侠义性。

3. 趣味性。文三猴子机智聪慧，口才出众。俗话说人丑故事多，文三猴子眼睛一眨就是个主意，脑壳一转又是个故事，又通文墨。在帮助老百姓讨公道，与社会邪恶斗智斗勇时，方式多样，有讲口才对对子的，有用契约中断章读句的，有拆字嵌字的，利用谐音的等等，使故事曲折多变，幽默神奇，饱含着无限的趣味性。

4. 地方性。文三猴子的故事中，涉猎广泛，如风俗民情、地理环境、人物语言、生产方式、农田作物等等，无不体现出鄂西山区的地域特色。譬如耙水田、薅包谷（生产）、背子打杵、石磙、腰磨（农具），日白、扯白、摆人（语言），从农活、农具、语言等等，处处都打上了兴山地方特色烙印，给人们留下印象。

重要价值：文三猴子在民间的记忆，早已从生活原型演变为箭垛式人物，其故事系列具有民间文化创造的典型性、代表性，其条目1991年入选《中国故事传说大辞典》。文三猴子故事内容涉及生活习俗与方言俚语，地域特色鲜明，其中蕴含的是非观、价值观、审美观在兴山民间影响了一代代人。文三猴子的故事朴实、生动、幽默风趣、好听易记，是兴山民间文化的珍贵资源，它的突出价值表现在以下几个方面：

1. 思想价值。文三猴子的故事中蕴含着真善美与假丑恶相互较量的丰富内容，人们在听故事的时候，受到潜移默化的影响，在生活中无论遇到什么困难，要坚信光明总会战胜黑暗，正义一定能够战胜邪恶，树立起生活的信心。当今社会中贫富悬殊，贫穷的被暂时的困难吓倒，跳楼、轻生；富裕的逐步走向堕落。但公平总是存在，在奋斗中改变人生，堕落的会受到制裁，正义一定能战胜邪恶。文三猴子的故事不仅有其思想价值，还有不可忽略的现实意义。

2. 审美价值。文三猴子的故事反映了人们的审美理想和愿望。听故事的人们，会自觉不自觉的将自己的审美意识倾向美好的事物一边。比如故事有人忤逆老人，以强欺弱，克扣工钱等现象，总希望邪恶受到惩罚。文三猴子慢慢出主意，想办法，经过几个回合，美的终于战胜丑的，使人们在笑声中明白善恶观念，受到教育，提了审美情趣。

3. 文化价值。讲故事和听故事本身就是一种文化现象，由于它具有大众性的特点，又不受场合限制，是传播、普及历史、人物、习俗、文学、语言等众多文化知识的重要形式之一。使人们从故事中受到启发，提高鉴别真善美的能力，接受文化熏陶，寓教于乐，被人们誉为没有围墙的文化大学。

1980年初夏，湖北省首届民间文学骨干培训在兴山举办，文三猴子的故事得以引起民间文学界的注意。同年夏秋，文三猴子的系列故事先后入选《湖北民间故事传说集》（1980.8中国民研会湖北分会、省群艺馆合编）和《三峡传说》（1980.10宜昌地区文化局编）。文三猴子故事3条目1991年入选《中国故事传说大辞典》（中国科学院文学研究所祈年休等编，中国文联出版公司1991年7月一版），其故事编入《杜老幺》（省民间文艺家协会编，长江文艺出版社1982年版）。

生存现状及存在的问题：2012年8至9月，"文三猴子的故事"申遗小组走访了全县四个乡镇，采访了五十多个民间艺人，六十岁以上的老人二十五人，六十岁以下的三十多人。田野调查中，情形令人担忧。文三猴子的故事在多种因素制约下，逐步走向衰亡。

1. 自然因素。文三猴子的故事传承人，很多已先后过世，活着的不多，大都成了留守老人。他们的健康状况也令人担忧。文家山老艺人文道全，今年八十七

文三猴子墓碑 黄妮丽 摄

稻田边围坐一起听故事　朱光明　摄

岁，上顿下顿吃老南瓜，生活十分困难。下人都外出打工，老人们还要承担耕种土地、看家守门的重任。请老艺人讲"文三猴子的故事"，多数记忆力衰退，口齿不甚明朗，讲起来非常吃力。文三猴子的直系后孙文中来，是讲故事的好手，遗憾的是2001年就去世了。文化抢救工作严重滞后。

2. 环境因素。文三猴子的家庭从清朝中期到民国年间，是兴山有名的"德门儒族"，共计十三个天井屋，出门是八抬大轿，瓜锤月斧开道，声振四方。现在十三个天井屋荡然无存，仅剩最后一个天井屋的靠后的三间瓦屋，看上去也成了危房。沧海桑田，山乡巨变。文三猴子的墓碑以及其先人墓碑日腐月食，字迹模糊，难以考证。

3. 社会因素。"文三猴子的故事"衰微原因，主要是年轻人不热爱民间传统文化，对现代的快餐文化十分痴迷。他们纷纷外出打工，走出家门，到城市落户，连根拔起。民间文化的传承主体离家别乡，给文三猴子的故事的传承造成一个空档，问题非常严峻。

综上所述，"文三猴子的故事"这个宝贵的文化遗产不及时抢救，会走向衰亡。我们不愿做历史的罪人，要花大气力，尽快用现代化的设备，把老艺人肚子里的故事挖掘出来，整理出来，传承传播。

190

第二节　田野调查

　　"文三猴子的故事"是兴山民间文化中的瑰宝，是珍贵的文化资源，计二百多历史。"故事"幽默滑稽，机智风趣，深受老百姓喜爱。它分布在兴山、秭归两县，又以兴山县为主要流传地。

一、工作总结

　　"文三猴子的故事"是我县非物质文化遗产代表作之一。2012年8月，兴山县文化馆、兴山县非物质文化遗产保护中心组织了一套专班，启动了"文三猴子的故事"这个非物质文化遗产项目的申报工作。8月份主要是搜集资料阶段。工作人员拟订工作计划，对"文三猴子的故事"进行有步骤、有目的去搜索。

工作人员采访、填表、记录，分工有序　朱光明 摄

蔡长明正在为传承人余祖琼（右）填写登记表　黄妮丽 摄

在全县搜集到"文三猴子的故事"版本共计15种，计30多万字。9月份开始田野调查。

田野调查的人员有朱光明、黄妮丽、蔡长明、刘兴路、邹学传、陈登卫等人。任务重，时间紧，人手少。调查中我们既分工又合作。黄妮丽组织全面工作，填写民间艺人调查表、民间艺人环境调查表、民间艺人普查表，还兼起摄影摄像工作。蔡长明主要是采访民间艺人，记录民间艺人讲述内容。邹学传主要采访民间艺人，记录、整理民间艺人访谈录。刘兴路负责场地安排、策划、导演拍摄场景和艺人讲述的摄像工作。朱光明、陈登卫既开车也兼拍摄照片。总之，以工作为大局，尽量做到保质保量，把民间优秀文化抢救起来。

首先我们对"文三猴子的故事"的发源地———文三猴子的家乡进行了深入细致地调查。文三猴子本名文晖，生于清朝乾隆甲午年（公元1774年）二月，家住湖北兴山县峡口镇建阳坪村文家山，卒于道光辛丑年（1840年）三月，享年六十七岁。据《兴山县志.人物》记载，文三猴子的先祖文焕然乃明末贡生，敕封修职左郎，授七品服色。文三猴子的父亲文兴瑭在清朝嘉庆庚申年（公元1800年）任湖北孝感县的训导，并授"岁进士"匾额。文三猴子祖辈功名博学，是兴山有名的"德门儒族"。

文三猴子的祖传下来的房屋是十三个天井的大户人家，沧海桑田，时过境迁，以往的大户人家的气势已荡然无存，十三个天井只有个破败的场地了，仅剩下三间瓦屋，墙体裂缝，随时有倾圮的危险。旧屋是住的一户姓向的老人，叫向德安，是秭归填房过来的。向德安向我们讲述了三个文三猴子的故事，他的故事是从文中来那里听来的。文中来是文三猴子的嫡亲，重孙辈，会讲他祖辈的故事，遗憾的是，文中来于2001年去世。我们采访了文中来的儿子儿媳。文中来的儿媳向我们讲述了她祖辈的四个故事，在工作人员的耐心说服下，他们把文家的族谱、田契、追悼祖先的文章找出来展示给大家看。并把文兴瑭的岁进士匾额也搬出来我们拍照，还有文三猴子的儿子文光熙的岁贡毕业证，使我们收集不少的珍贵文献资料。

我们还采访了文三猴子的宗亲文道全。文道全今年八十八岁，是位留守老人，我们去时，老人正以南瓜度日，日程过得十分艰难，文化馆给他五十元钱，以资买米急用。文道全向我们讲述了文家的发财史和衰败史，并讲述了不少的"文三猴子的故事。"

我们还对文家山的一些中青人做了些调查，年轻人都不会说"文三猴子的故事"，倘若在我们的引导下，说到故事的开头，他们便一知半解地插得几句，讲不出一个完整的"文三猴子的故事。"

除搜集故事，我们深入田间，找到文三猴子和他祖先的墓碑，使抹布抹尽蛛网吊尘，挨个地拍摄下来，取得第一手资料。

经调查，文姓一支迁徙到水月寺镇野竹池村的老家山。只要哪里有文三猴子的故事，我们就往哪里奔，不管路途遥远，没有车路，我们就步行。到水月寺野竹池村，我们又爬上白家崖，采访民间艺人文道贵、文道理以及故事大王饶立鼎老人。我们又搜集到《钱莫落老子的手》、《整痞子》、《买得不值用得值》、《做媒》、《卖茄秧》、《亲嘴》、《扯白》等十多个文三猴子的故事。

9月中旬，我们又奔赴昭君镇青华村、古夫镇古洞口村，找到退休干部舒和进行了采访。舒和讲述了文家的历史和"文三猴子的故事"，许多文家的发家史都是我们第一次采访到。县文联干部龚勇，由于他是建阳坪村的人，听老人讲述一些文三猴子的故事，也向我们讲述了四五个故事。

负责摄影的工作人员刘兴路，为拍好文家山的外景和周围的环境，下午太阳才照到文家山，刘兴路单独骑摩

2012年10月县非遗保护工作专班黄妮丽（右二）听传承人文道礼（左二）饶立鼎（右一）讲述文三猴子的故事　朱光明　摄

托，奔四十多公里路程，前去采景，抢拍抓拍一些实地景物。

经过一个多月的田野调查、采访，搜集到"文三猴子的故事"六十多个，与原来整理、形成文字的故事重复的有四十多个，新故事接近二十个，记录的资料计二十多万字。拍摄的实物有三十多件。采访的民间艺人近百人，重点艺人十二人。六十岁以上的老人占全部艺人的90%，年轻艺人仅占10%。

二、文三猴子的故事分布情况

文三猴子的故事分布在兴山和秭归两县。秭归和兴山界连界，山连山，田连田。文家山靠后的山岭上有个地名叫"界线垭"，三国吴景帝永安三年（公元260年）"析秭归北界立兴山县"，由此，兴山从秭归分出已有一千七百多年的历史。界线垭南是秭归乐平里村，界线垭北是兴山的建阳坪文家山。文三猴子的故事就跟屈原的传说一样，分布在秭归、兴山两县。文三猴子的故事秭归县有，又以乐平里为集中；兴山县又以峡口镇、水月寺镇、昭君镇、古夫镇较为集中。峡口镇的重点民间艺人有文道全、向德安、文道仁、文道品、余祖琼、舒化策等。水月寺镇的重点民间艺人有文道贵、饶立鼎、文道礼、向凤英、王正直等。昭君镇的重点艺人文道行。古夫镇的重点艺人龚勇、舒和、王进等。

三、重点民间艺人及传承谱系

文道全，生于1926年3月，8岁时母亲去世，读过三年私塾。抗日战争时期，父亲为躲背米出门未归，家境窘迫。从小跟姑爹学裁缝，养家糊口。生有三个儿子一个女儿，现在一个人独自生活。

家住峡口镇建阳坪文家山，其祖父与文三猴子同宗，因此对文三猴子的家世和故事比较熟悉。讲述的文三猴子的故事符合故事发展脉络，看不出移花接木现象，是地道的文三猴子

邹学传在为传承人文道全（左一）填写普查表　黄妮丽 摄

故事。

其代表作有《文叟和文运远的洋房子》、《文三猴子的老屋》、《哭丧》等。

文道理，生于1936年3月29日，读了三年私塾。与文三猴子同祠堂，其老辈子文中焕过继到野竹池邹家，因此落户在野竹池白家岩。水月寺镇流传的文三猴子的故事，多由他家传播。文道理善讲故事，农村过红白喜事，他是个热闹人，到场说书讲古，是当地有名的故事家。

其代表作有《做双媒》、《卖猪娃儿》、《赶考路上》等。

饶立鼎，生于1931年9月24日，1947年兴山中学毕业。20岁当教师，反右时被打成右派，回家务农18年，平反后恢复工作。他性情乐观，爱好民间文化，2005年搜集整理出版了《卧佛山笑话》一书，书中收集有18个文三猴子的故事。饶老师家住水月寺镇野竹池村，文家有一房落户野竹池，文三猴子的故事便在当地传播开来。《卧佛山笑话》中他整理的故事由此而来。

其代表作有《钱莫落老子的手》、《巧骂陈阴阳》、《买得不值用得"直"》等。

向德安，生于1935年11月16日，读一年半私塾，原住秭归县乐平里三闾乡板仓村，跑兴山文家山五十多里路。1964年到陈大玉家入赘，一直在家务农。有关文三猴子的故事主要听邻居文中来讲的，知道一些文家的情况，但不详细，

蔡长明采访艺人向德安（右）　黄妮丽 摄

文三猴子的故事能讲述五至六个。其代表作主要有《赌博》《亲嘴》《扯白》（又叫"日白"）《打石磉》等。

舒化策，生于1932年3月19日，读七年私塾，家住峡口镇建阳坪村文家山脚下。镇退休干部，善讲故事，吟诗作对，搜集整理的对联及对联故事近20万字，预备结集出版。对文家的兴衰史较了解，能讲文三猴子的故事，其代表作有《赶工》《讽刺郑道士》《文焕然重建红山寺》《卖犁弓子杠香藤》《巧戏绣花女》等。

余祖琼，生于1962年二月初三，女，初中文化，其丈夫叫文道品，务农。家住建阳坪文家山，公爹文中来是文三猴子的嫡亲。讲述的"文三猴子的故事"主要是从公爹那儿听来的。她家收藏有文兴瑺"岁进士"匾额，文家的山界田契、悼念祖先的祭文，还有清朝时税务登记证及高祖文光熙岁贡的文凭。讲述文三猴子故事的代表作有《做媒》《三个杯子四个客》《扯谎》等。

黄妮丽采访传承人文道仁（右） 蔡长明 摄

文道仁，生于1955年2月，1962年至1968年就读于建阳坪小学；1968年至1971年就读于建阳坪中学；1971年至今在家务农，1989年担任村组长至今。1978年与建阳坪黄家河村陈之菊结婚，生有一子一女，儿子文绍尉在宜昌成家；女儿文绍莲在江西南昌已成家。

因与文三猴子同宗，自小听祖父和父亲讲过不少关于文三猴子的故事，其代表作有《卖猪仔》、《整石匠》、《卖茄秧》等。

结束语

通过我们对"文三猴子的故事"的田野调查和采访，收获很大，认识到"申遗"工作的重要性和紧迫性。针对优秀民间文化式微的情形，我们抢救了许多有价值的故事和资料，用摄像机记录下了许多老艺人的身影，取得第一手的口碑材料，十分难得，弥足珍贵。"文三猴子的故事"是民间文化宝库中的珍品，我们还将继续挖掘、整理，在各级政府的关怀下，制定出有力的保护措施，把优秀的民间文化保护起来，传承下去。

第 9 章　兴山踩堂戏

香溪古韵

第一节　名录概论

兴山踩堂戏，又称堂戏、花鼓戏，是由花鼓子、八岔戏演变发展而成的地方戏曲。初为民间歌舞"跳花鼓子"中的丑、旦两角，后逐步成为吸纳戏曲表演技艺、由旦丑饰演各种人物、有剧目本头的戏曲形式，在兴山历经了约300年岁月。

"跳花鼓子"通常出现在民俗庙会和年节玩灯场合，最早见于文字有清乾隆《兴山县志·风土》：元旦礼神贺节，上元兴龙灯。同治四年（1865）《兴山县志·民俗》已有花鼓戏记载："上九日夙兴祀神，一如元旦，十三至十五日并演蟠龙跳狮花鼓诸杂剧。"清中期以来，踩堂戏在兴山广为流布，各地戏班兴盛，纷纷出台竞演。清末至民国年间，兴山民间已有多种版式踩堂戏手抄本。其声腔、表演诸方面不同程度受到川东"梁山调"影响，代表人物有黄粮人氏金光堂。

踩堂戏剧本可分两大类：一是"正本头"，即表演历史人物事件、有史书记载、有完整故事情节的正戏。二是杂戏，如生活戏、闹戏（喜剧）。生活戏多反映婚姻家庭、摊贩店主等平民百姓的恩恩怨怨、悲欢离合、平冤昭雪和因果报应故事，褒扬忠孝节义传统美德；闹戏逗笑，娱乐身心，兼收赞颂真善美之效。

1982 年，踩堂戏《顶圆团》荣获宜昌地区专业汇演二等奖　吴佑忠　摄

踩堂戏唱腔（音乐）主要由三方面组合成套。一是沿用兴山地花鼓（跳花鼓子）中原有山歌、民歌小调，如《全十字歌》《闹五更》《采茶调》《浪荡子调》《讨亲调》等；二是四川"梁山调"，即黄粮金家岭皮影戏班主金光堂从梁山学回的成套曲、腔、调，如《开场锣》《赶马调》《探郎歌》《粗腔》《窄腔》《大锣腔》《小锣腔》等；三是本土传承人在当地山民歌、戏曲音乐基础上改编创作。

1983 年，踩堂戏《张快活卖油》获宜昌市地区农村业余调演一等奖　吴佑忠　摄

民俗现场是踩堂戏的生存空间，又是民俗元素的集中展现。每遇灯会、堂会或老人做寿、儿女完婚、喜得贵子等喜庆之

事，便有主户请戏班到家，在厅堂里搭台唱戏。少则一个通宵，多则出进三天。无不呈现出一幅幅充满生活气息的民俗场景，反映出踩堂戏与地域民俗文化相依存的显著特征。与此同时，其内容贴近生活，短小精悍；唱腔丰富多样，

观 众

曲调精美；表演生动幽默，灵活多变；戏剧风格诙谐风趣，活泼轻快；经传承中广采博取，具有独特艺术感染力和生命力。

踩堂戏经过一代代艺人口传心授，形成了自成一体的程式和约定俗成的套路，尤其是其声腔在吸收外来音乐"梁山调"基础上，又融入本土特性音乐元素，成为鄂西地区小戏声腔系统不可或缺的重要组成部分，对完善中国戏剧理论和发展史，研究其与鄂西地区乃至湖北省内外其他地区花鼓戏流布、演变、异同比较等等，都具有不可替代的学术价值。

踩堂戏的演变和发展，客观记录了兴山戏剧戏曲史从原生态雏形到流变成熟的过程，是兴山历史人文、传统文化、民间艺术和民风民俗的真实记录和历史缩影，具有珍贵的文史价值；其寓教于乐的艺术手法，具有启示和教化之功用；丰厚的艺术土壤和宝贵的文献资源，是存活于民间的艺术宝库，取之不尽、用之不竭的创作源泉，经传承保护、推陈出新，可以极大地丰富地方戏剧戏曲舞台艺术；还可合理用于与文化旅游、剧目生产、交流演出、文化创意产业等相关文化产业的紧密结合，具有社会利用价值。

随着社会急骤变革和市场经济冲击，农村年轻人大多外出打工谋生，农村演出阵地萎缩，演戏者、学戏者越来越少。各乡镇原有的戏班知名的、有一定造诣的民间艺人相继离世，踩堂戏传承出现青黄不接的窘境。目前尚有40多个踩堂戏文本（手抄本）失散于民间，可能人亡书失；不多的尚健在的丑旦角都是高龄，迫切需要加以抢救保护。

分布区域：兴山踩堂戏主要分布于兴山县古夫镇、高阳镇（今昭君镇）城关、南阳镇（阳泉、营盘村）、黄粮镇（店子垭、金家坝村）、榛子乡（和平

201

村）。兴盛时期曾传播至保康歇马河、马粮坪、宜昌界岭、秭归官庄坪、三闾乡、神农架红花、木鱼坪和巴东接界溪丘湾乡村。

历史渊源：兴山系楚国王封后裔建立的夔国重地，与巴巫相邻，受楚文化影响，先民大多能歌善舞，数千年来，生于斯长于斯的兴

《丁癞子讨亲》剧照

山先民乐与本土的山、河、林、田共存，长期在此繁衍生息，改造自然，不仅创造出丰富的物质文明，更创造出独具兴山特色的传统艺术。兴山踩堂戏就是从花鼓戏、八岔戏演化发展而形成的地方传统戏曲。

历史上，踩堂戏与花灯戏、灯戏、采茶戏同宗，均渊源于民间歌舞。踩堂戏起源于还愿敬神和吉庆贺喜的民间舞蹈"跳花鼓子"。在元宵节玩花灯的场合，"跳花鼓子"通常与玩狮子、龙灯、采莲船、蚌壳精、高跷、莲花闹、九子鞭等交融。踩堂戏从"跳花鼓子"演变而来，初为丑与旦两种角色，表演中长于以即兴夹白插科打诨、逗笑取乐、营造和渲染氛围。由于它本来有"唱、舞、说、做"一应齐全的基础，后经逐步演变发展，成为吸纳戏曲表演技艺、

老艺人袁裕忠展示踩堂戏《绣荷包》部分唱段

由旦丑而饰演各种人物、并有剧目本头的戏曲形式，在兴山历经了300年左右。

有关兴山年节时的玩灯习俗，最早见于文字记载的是清乾隆《兴山县志·风土》：元旦礼神贺节，上元兴龙灯。清同治四年（1865）《兴山县志·民俗》已有关于花鼓戏的记载："上九日夙兴祀神，一如元旦，十三至十五日并演蟠龙跳狮花鼓诸杂剧。"咸丰二年（1852）《长乐县志》、同治三年（1864）《宜昌府志》等地方志书，也均有花鼓戏的相关记述。光绪八年（1892）《兴山县志》则更为确切地记载了至迟于光绪初年在县城、古夫等地影响大的花鼓戏班子，"兴山县城有张燮卿为首的花鼓戏班，邹家岭（今古夫镇）有鲁家戏班"。至民国年间，戏班有更进一步发展，如古夫北斗坪唐洪裕戏班，屈洞乡（今峡口镇）钟家兴戏班，月溪乡（今水月寺镇）李国明戏班等，纷纷出台竞演。

每遇灯会、堂会或老人做寿、儿女完婚、喜得贵子、学生中考等喜庆之事，便会有主户专门请花鼓班子到家，在厅堂里搭台唱戏。少则一个通宵，多则出进三天，一来留客过夜，二来显示家景红火、人际旺象。由于受到厅堂空间的限制、观众拥挤、舞台狭小，演员表演只能"踩碎步子"（台步），久而久之，"踩堂戏"之称便通行于民间。

清代中期以来，在鄂西一带，兴山与秭归、宜昌、远安、枝江、五峰、长阳等县均为踩堂戏繁衍之地。踩堂戏在兴山城乡的流布面广，除了19世纪中期已载之于县志，清末至民国年间，兴山民间已有多种版式的踩堂戏剧本手抄本。

踩堂戏《丁癞子讨亲》在2015年元宵灯会非遗展演中演出 摄影 刘兴路 **203**

兴山县和整个鄂西区域的民间戏曲（含皮影戏），自清朝后期至民国初年期间，不同程度地受到了川东梁山调的影响。清光绪三十二年（1906），已读私

2009年袁裕忠（前一）、刘廷华参加宜昌市第四个文化遗产日专场晚会

塾多年、18岁的金光堂参加乡试，未料落榜；他心情沮丧，当年到邻县秭归拜师操习皮影，重操父业。3年后，即宣统三年（1911）年初，他卖掉父亲留下的7寸皮影戏行头和部分水田，凑足盘缠，邀约秭归的师兄等一起沿长江三峡西进四川，沿途演游，历时一年多；其间同时博采众长，在梁山、重庆观摩当地演艺，吸纳梁山调，采集剧本，购置成套皮影戏影身、影头，并买回一批新乐器。返回兴山后，金光堂不仅丰富了皮影戏剧目、唱腔出新了表演技艺，扩大了皮影戏的影响力，而且使本地的花鼓戏班子一新耳目，促进了花鼓戏部分艺人不再满足于"吃祖宗饭"，民间自发地借鉴、使用梁山调的声腔系统，丰富了表演曲牌，扩大了受众面。1916年，金光堂又为本乡的兰氏花鼓戏班改编传统剧目《秦雪梅吊孝》。其后至抗战前夕，随着间或应红白事之家的邀约四处演出，他同秭归、宜昌、远安、巴东、神农架、保康、竹溪、竹山等地的皮影戏班、花鼓戏班广泛交往，在切磋技艺中互相取长补短，推进了梁山调在相涉各县皮影戏、花鼓戏（踩堂戏）中的普及，在竹溪县演出《薛刚大闹花灯》、《七国借兵》、《定北》等戏，被当地著名的金师傅赞扬为"书力过人的好艺人"。梁山调的声腔系统中的大锣腔、小锣腔、窄声、粗声等成批调式，后经踩堂戏、皮影戏艺人一代代袭用，至今不绝。

兴山踩堂戏从年节习俗中的花灯歌舞花鼓子、花鼓戏、八岔戏逐步演化发展，历经了300年岁月沧桑。其间，经兴山本土历代艺人接茬传承，不断丰富完善，加之常与远安花鼓戏班、秭归建东花鼓戏班、保康豫剧戏班等戏曲交流，还大胆引进四川梁山调和皮影戏表现手法，直至形成兴山唯一的地方剧

种。新中国成立后，据兴山县文化馆1956年不完全统计，当时全县尚有踩堂戏10余班、55人。1956年以来，兴山历届农村文艺汇演都以踩堂戏为"当家戏"，先后改编、创作踩堂戏30多种，使兴山踩堂戏这一古老而喜闻乐见的地方剧种得以存活至今。

基本内容：

1. 踩堂戏的剧本与剧目

兴山踩堂戏剧本按剧情可分两大类：一是"正本头"，即表演历史人物事件、有史书记载、有完整故事情节的正戏。二是杂戏，如生活戏、闹戏（喜剧）。生活戏的内容多为反映婚姻家庭、摊贩店主等平民百姓的恩恩怨怨、悲欢离合、平冤昭雪和因果报应的故事或片段，褒扬忠孝节义、传统美德；闹戏逗笑，娱乐身心，兼收赞颂真善美之效。

据不完全统计，已知有名目的兴山踩堂戏传统剧目有70多个，现已整理出版发行了拥有35个文本的《兴山踩堂戏》（长江出版社三峡图书中心，2011年11月版）。主要为反映伦理道德的《目莲求经》、《何氏劝姑》、《小清官》、《失印》、《卖饺子》、《鸿雁传书》、《芦林会》等；爱情题材的《送友》、《绣荷包》、《卖胭脂》、《槐荫会》、《董永卖身》、《游春》等；以及反映勤劳生活《补缸》、《排竹笋》、《讨学钱》等等。

2. 踩堂戏的行当与建制

兴山踩堂戏传统行当仅旦、生两角，后逐步将旦角分为花旦、老旦；在后期发展中将生角分为文生、武生；还增设了花脸丑角。主要根据剧情需要确定角色行当。踩堂戏的建制一般5人即可演出，兴盛时期发展为6—8人，演员一人多角，乐手一专多能，可应付折子戏的演出，即使一场演出三个小戏（对子戏），总人数也不会超过10人。

2015年6月，在兴山县古夫镇庆"七一"农村文艺汇演中李成刚（右）、黄裕娇（左）表演踩堂戏《苕二哥》

2016 年踩堂戏《苕二哥》剧照，左起：李成刚（饰苕二哥）、王丽娟（饰小娘子）

3. 踩堂戏的唱腔（音乐）

主要由三方面组合成套。一是沿用兴山地花鼓（跳花鼓子）中原有的山歌、民歌小调，如《全十字歌》《闹五更》《采茶调》《浪荡子调》《讨亲调》等；二是四川梁山调，即黄粮金家岭皮影戏班主金光堂从梁山学回的成套曲、腔、调，如《开场锣》《赶马调》《探郎歌》《粗腔》《窄腔》《打锣腔》《小锣腔》等。三是本土传承人，包括新中国成立后几十年来兴山的戏剧、音乐工作者长期搜集整理，在研究兴山民歌、山歌、戏曲音乐基础上，吸取地花鼓、踩堂戏（梁山调）之精华，发展创新，为新编或改编踩堂戏所做的专剧配曲。主要有兴山文化馆、文工团整理改编或新编的踩堂戏《顶蒲团》《苕二哥》《赶工》《盲人忙》《张快活卖油》《金喇》、《苏二妹定亲》等剧的作曲配谱，为踩堂戏及其音乐唱腔注入了新的活力。

4. 踩堂戏的音乐伴奏

"花鼓子"的伴奏原本很简单，主要依靠打击乐，有钹、钗、锣和马锣四大件，兴山俗称"火爆家业"。随着"梁山调"的传入，踩堂戏的乐器和打击乐均得到充实和发展。乐器由最早的清唱加唢呐，新增了二胡、京胡、笛子等；打击乐则引进了云板、梆子、勾锣子、堂鼓等。堂鼓主要用于武戏中，借以烘托千军万马激战沙场的恢宏气氛，文戏则多用于击鼓升堂；勾锣子主要用在单点子上，因为起先的打击乐分起板儿、短板儿、长板儿，后从京剧等其他地方戏曲中吸取单点子，如：—打 台—或—打 打 打打—台 0—，这些在戏曲节奏、情绪转换、性格塑造、气氛烘托以及手、眼、身、法、步定位、人物造型等方面都发挥了烘托作用。

5. 踩堂戏的服饰与道具

原有角色只分旦、丑两种，旦角多穿排场点的嫁妆服，按剧情分红、蓝、白、花各色，下着滚边长裤；头戴"勒子"，上面点缀艳丽花朵和簪子；手里除特定道具外，大多拿一块挑花或绣花手帕，供拂尘、揩泪、掩面之用；丑角身穿"二马裾"大襟短褂，腰扎布袋或草绳，夏秋时干脆赤膊上阵，配向左转的白布大腰长、短裤，头戴三角形黑色尖尖帽或破草帽，也可扎红布头巾，脚蹬带红线抛花的草鞋或布鞋，配白布山袜；手里多数拿一把破蒲扇，无蒲扇可用草帽代替。在其后的发展中，踩堂戏的服饰、道具在"花鼓子"基础上补充、演变，后经与周边县各剧种交流演出学习，逐步改进。如旦角穿素色花衣、罗裙，着绣花鞋等；生角穿圆领褂或无袖褂；道具也增加了折扇、龙头杖、文刷、云帚、抹布、鸡毛弹子等。伴随皮影戏的发展，花鼓戏班艺人便从皮影戏、梁山戏和京戏中引进了不少先进服饰和道具式样，如蟒袍玉带、裙裤、霞帔、凤冠、王帽、靴袜、朝靴等服饰；道具如刀枪剑戟、弓箭等多种兵器和战旗、军令旗等，很大程度上改进了踩堂戏的服饰道具，令观众耳目一新。

相关制品及作品：

1. 相关制品

服饰：主要有满襟彩服、滚边长裤、罗裙、圆领褂或无袖褂、绣花鞋、布鞋等；头饰有男旦用的勒子、花朵、簪子，男丑用的尖帽、草帽等；

道具：挑花或绣花手帕、蒲扇、折扇、龙头杖、文刷、云帚、鸡毛弹子等；

乐器：传统踩堂戏用大锣、大帽钹、马锣子，其他乐器有唢呐、竹笛、二胡、板胡或京胡、扬琴等。

2. 相关作品

流传于民间的踩堂戏手抄本；

整理后的踩堂戏手稿；

原生态花鼓子戏、踩堂戏表演剧照；

现代踩堂戏表演剧照；

2011年11月出版《兴山踩堂戏》专集（含19首踩堂戏曲谱）。

207

主要特征：

1. 与民俗文化相依存

兴山踩堂戏起源于还愿敬神的庙会和民间吉庆贺喜的"跳花鼓子"，在元宵节玩花灯的场合，"跳花鼓子"通常与玩狮子、龙灯、采莲船、蚌壳精、高跷、莲花闹、九子鞭等相交融。踩堂戏从本地"玩灯"时的跳花鼓子、花鼓戏、八岔戏脱胎演变而来，民俗场合是兴山踩堂戏的构成元素，又是地域民俗文化的集中表现。有如清同治四年（1865）《兴山县志·民俗》所云："上九日凤兴祀神，一如元旦，十三至十五日并演蟠龙跳狮花鼓诸杂剧。"每遇灯会、堂会或老人做寿、儿女完婚、喜得贵子、学生中考等喜庆之事，便会有主户专门请花鼓班子到家，在厅堂里搭台唱戏。少则一个通宵，多则出进三天。无不呈现出一幅幅充满生活气息的民俗场景。同时，在民俗活动中至今还保留着一些禁忌，如"孝

2005 年 1 月踩堂戏《丁癫子讨亲》干妈扮演者田质林

2005 年 1 月踩堂戏《丁癫子讨亲》剧照，左起王正虎（饰傻哥）、田志林（饰干妈）、杨梅孝（饰二妹）

2005 年 1 月踩堂戏《丁癫子讨亲》剧照 左起 王正虎（饰傻哥）杨同贵（饰才哥）杨梅孝（饰二妹）钟学诚（饰癫哥）田志林（饰干妈）

花鼓"只能在室外表演，喜花鼓在堂屋内表演不能"背圣"等，都反映出与民俗文化相依存的显著特征。

2. 内容贴近生活，短小精悍

兴山踩堂戏剧目中含有大量生活小戏，多为旦、丑对戏，三五人即可，角色精炼。无论是一男一女还是3个人物以上，都以旦、丑为主演。内容简短，有如小品，情节有头有尾，讳忌啰嗦，以小见大，寓教于乐。且行头轻便，服饰、道具一包袱打齐，招之即来，来之能演。

踩堂戏的编演者过去多是亦农亦艺，既种庄稼又演戏的农民，贴近生活底层，善于编演自己熟悉的山乡风情、田园牧歌、家庭趣事、民间轶闻等民众题材。剧目大多取材于劳动人民尤其是农民的生活，用朴素的道德和是非标准演绎人间善恶美丑，喜怒哀乐。剧中人物多是农夫农妇、樵夫渔婆、村童村姑、帮工侍从、小手艺人以及懒汉浪子、和尚乞丐等地地道道的小人物。普遍具有俚俗的民间色彩、泼辣的山野风味、清新的泥土芳香和浓郁的生活气息，地方特色鲜明。

3. 唱腔丰富多样，曲调精美

兴山踩堂戏的唱腔大部分取自本土山民歌、小调，如《全十字歌》《闹五更》《采茶调》《浪荡子调》《讨亲调》等，人声清唱，锣鼓伴奏，地域特色

2005 年 1 月踩堂戏《丁癞子讨亲》武场师傅，左起金太清、金开亮（省级传承人）、田正西（市级传承人）

2005年1月踩堂戏《丁癫子讨亲》武场师傅，左起：金太清、金开亮（省级传承人）、田正西（市级传承人）、王万星（市级传承人）

浓郁，颇具楚文化遗风。后从川东或皮影戏中吸纳"梁山调"，使踩堂戏耳目一新。"梁山调"的声腔系统中的大锣腔、小锣腔、窄声、粗声等成批调式，经兴山踩堂戏、皮影戏艺人一代代袭用，又融入兴山特性音阶风格，声腔更加精美别致。一些剧目采用兴山小调，使曲调本土化，如《卖饺子》明显融入了在兴山广泛流传的民歌调式，其中"比丈夫"的唱段，自20世纪90年代后期开始被车溪民俗风景区等景区相继定为保留节日，令省内外游人耳熟能详。

4. 表演生动幽默，灵活多变

兴山踩堂戏的语言为土语乡音，说白、唱词通俗易懂，语意贴近生活，人物形象鲜活，如传统剧目《游春》，用媒婆插科打诨，使该剧谐趣横生；《卖线子》描画赌博佬的搪塞狡辩甚为细致精妙；《芦林会》表现夫妻真情，意趣生动。由于传统剧目多是口授心记的"腹本"，踩堂戏的表演在套路和程式之外，可随机应变，即兴发挥，家长里短，取乐东家，逗趣观众，赢得剧场效果，因此使得表演灵活多变。表演男欢女爱时，插白打情骂俏，雅俗共存。都要求演员具有高超的表演技能和应就能力。

5. 风格诙谐风趣，活泼轻快

兴山踩堂戏多以喜剧、闹剧见长，具有较强的娱乐性特征和诙谐风趣的传统风格。无论是传统戏还是新编剧目，不乏活泼轻快甚至嬉闹性质的生活小品，皆能以夸张的喜剧手法，或插科打诨，逗笑取乐，使得剧中人物、故事情节诙谐风趣，活灵活现呈现给观众。表演中还继承和发扬了民间歌舞灯的特点，常常载歌载舞，其娇娆多姿的身段、步法，大都来自人们的劳动生活或熟悉的动物体态等，表演起来情趣盎然，活泼轻快。

6. 传承广采博取，生命力强

兴山踩堂戏从"玩灯"时的民间歌舞逐步演变发展，后经与周边诸剧种交流借鉴、相互仿学，不仅使踩堂戏的行当渐增、戏文（本头儿）增多，还在唱腔上丰富了曲牌乐器，服饰道具方面也重视了许多讲究。在近300年的历史长河中，广泛吸收包括"梁山调"在内的姊妹艺术精华，以及对木偶、皮影、猴戏、剪纸等民间艺术的模仿、借鉴，为我所用，形成了自己的风格特征。成为普通百姓喜闻乐见的一种传统戏剧艺术形式。戏中所演的是百姓身边的人和事，表达的是百姓的喜怒哀乐和内心情感；演唱的是百姓熟悉的音律，观众易于接受，易于流传，为普通民众所喜闻乐见，因而具有顽强的生命力。

重要价值：

1. 艺术价值

踩堂戏是兴山人民世代相承，与群众生活密切相关的传统艺术形式，蕴含了兴山人民特有的艺术想象力、精神品质、思维方式和文化意识，是兴山人民智慧与文明的结晶。踩堂戏从孕育、发展到今天，已有近300年历史，在漫长的历史河流中，逐步形成了鲜明的艺术特征。

兴山踩堂戏至今仍保留着起板、长板、短板的打击乐模式，在手、眼、身、法、步等戏剧表演方面有约定俗成的规范套路，不同的区域、不同的师傅或班主，又形成各自不同的流派风格，其丰富的声腔、音乐以及舞蹈的呈现，皆因其具有较高的观赏价值而深受民众追捧喜爱。如流布较早的《小解带》《小清官》等剧目，艺术地展现了民间伸张正义的诉求，震撼人心；《失印》情节起伏，环环相扣，一波三叠；《何氏劝姑》叙兄妹夫妻姑嫂关系，其中处于弱势的小姑妹为讨要嫁妆得理不让人、维护自身权益的意愿发人深省，人物形象鲜活生动；还有一大批传统剧目如《掐菜苔》《丁癞子讨亲》《排竹笋》《葛麻》等，无不精彩纷呈，具有优良的艺术价值。

2. 学术价值

兴山踩堂戏虽然只是一个地方小剧种，但经过上百年的时间锤炼，艺术上形成了自成一体的程式，尤其是其声腔在吸收外来音乐"梁山调"的基础上，又融入本土特性音乐元素，在兴山及其周边地区的巴东、秭归、远安、夷陵区等地广为流传，相互交流，又相互影响，最终落地生根。其声腔的音乐调式、音列、音域形成、骨干音程的排列组合、旋法走向等，成为研究鄂西地区小戏声腔系统不可或缺的内容和重要组成部分。抢救保护兴山踩堂戏，对完善中国戏剧理论和发展史，研究其与鄂西地区乃至湖北省内外其他地区广为传播的花鼓戏流布、演变、异同比较等等，都具有不可替代的学术价值。

3. 文史价值

踩堂戏作为地方戏曲，其渊源、演变和发展过程，客观记录了兴山戏剧史从原生态雏形到流变成熟的过程，是兴山历史人文、传统文化、民间艺术和民风民俗的真实记录和历史缩影。

约一百年前的1916年，兴山著名艺人金光堂为本乡金家坝兰氏戏班改编的《秦雪梅吊孝》曾轰动一时，享誉一方。民国年间以来，兴山戏班发展迅猛，各戏班班主纷纷粉墨竞演，交流活跃。

中华人民共和国成立后，兴山县各区、社（乡镇）都有了文艺宣传队和业余创作人员，踩堂戏表演和剧本创作得以空前繁荣。60多年来，在兴山县农村业余戏剧观摩演出（1957年1月）、兴山县地方戏曲调演（1982年2月）和历届农村文艺汇演、文艺晚会中都能见到兴山踩堂戏的精彩呈现。先后改编、新编的《打柴劝弟》《补背褡》《双撇笋》《补皮鞋》《拜先生》《观音戏目连》《春姑拾斧》《吴德教子》《何队长帮工》《帮工》《苕二哥》《杨二翻》《看姨妈》《苏二妹定亲》等20余部踩堂戏，分别在县、市汇演中荣获一、二、三等奖或创作奖、优秀剧目奖。20世纪70年代初，兴山县里成立"戏剧创作室"，先后改编、新编的《顶蒲团》《麻将风波》《盲人忙》《借风点火》《金喇叭》《一差二错》《娶新娘》等10余部踩堂戏，皆荣获县、市业余或专业汇演不同奖项，使兴山踩堂戏这一古老而为群众喜闻乐见的地方戏曲幸得存活至今。这一发展历程对认识、研究包括兴山戏剧戏曲在内的民间传统文艺现象，具有不可多得的文史参考价值。

4. 社会价值

兴山踩堂戏具有娱乐性、审美性，亦具有教化意义。无论是《山伯送友》《站花墙》《楠桥戏水》等传统正本的折子戏，还是改编、新编的《张快活卖油》《苕二哥》《何队长帮工》等，诸剧中蕴含的传统价值观、伦理观、是非观和审美观都耐人寻味，彰显了中国传统文化的优秀特质和精华，寓教于乐，对传播真、善、美，弘扬正能量，促进社会和谐与健康发展，都具有启示和教化作用。

5. 传承价值

踩堂戏是兴山人民在长期生产生活实践中创造发展的艺术瑰宝，内含深厚的楚文化艺术底蕴。且与当地人民生活密切相关，深受大众喜爱，具有良好的传承土壤。在当前复兴传统文化的背景下，抢救保护兴山踩堂戏，使之活态传承下，意义重大。

6. 利用价值

踩堂戏是存活在民间的艺术宝库，其丰厚的艺术土壤和宝贵的文献资源，是广大文艺工作者取之不尽、用之不竭的创作源泉，经传承保护、推陈出新，可以极大地丰富地方戏剧舞台艺术。与此同时，也可以合理用于与文化旅游、剧目生产、交流演出、文化创意产业等相关文化产业的紧密结合，具有合理利用的价值。

生存现状及存在的问题：

随着社会急骤变革和市场经济冲击，农村年轻人大多外出打工谋生，农村演出阵地萎缩，演戏者、学戏者越来越少。各乡镇原有的踩堂戏戏班知名的、有一定造诣的民间艺人相继离世，兴山踩堂戏传承出现青黄不接的窘境。目前仅有黄粮镇田正西（民协会长）、峡口镇邹学传（民协会长）尚能组织中青年演员偶而演出踩堂戏。

兴山现有的专业艺术团基本由歌舞、小品占据舞台，地方戏曲几乎无人问津。同时，原从事兴山踩堂戏创作、研究的老同志也相继退休和去世，剧团存在无编剧、无导演、无作曲、无传人等问题。

尚有40多个踩堂戏文本（手抄本）失散于民间，一因人亡书失，二因经费不足而难以收集，唱腔难于录制，不多的尚健在的丑旦角都是高龄，记忆衰退，唱上句忘下句，抢救性记录、整理仍是当前举步维艰、亟待进行的重要任务。

兴山踩堂戏演出目前尚无专业的文艺表演团体，兴山文化馆力图组织各乡镇和街办社区民间团体复兴踩堂戏，目前存在后继乏人，难以为继，剧目危机日益凸出的现象，一度繁荣的局面日渐凋零，后果比较严重，迫切需要加以抢救保护。

第二节　田野调查

兴山踩堂戏，是流行在鄂西长江北岸兴山县的地方戏曲。自2006年起，先后进入兴山县、宜昌市非物质文化遗产名录，受到县、市人民政府的扶持和保护。本文通过笔者近40年对兴山踩堂戏演员（含作者）的接触和了解，加之近些年来深入实地调查，详实记录了兴山踩堂戏的传承与发展状况。

一、地理环境

兴山自三国吴景帝三年建县，迄今已有1750余年县史。兴山是汉明妃王昭君故里，亦为李自成义孙李来亨坚持抗清十三年之久根据地。兴山境内交通受大山阻隔，主要由县南长江香溪口进峡口至原县城高阳镇，县东北上黄粮坪至

2014年对踩堂戏进行抢救性记录　摄影　朱光明

榛子岭、板庙进入保康官斗坪，"兴保驿道"境内全长77.5公里，自古以来为兵、商（粮、油、茶、棉、烟、药）必经之道。

兴山踩堂戏是由花鼓子、八岔戏演变、发展而形成的一种地方戏曲。

关于兴山的地方戏曲，最早见于文字记载的是清乾隆《兴山县志·风土》：元旦礼神贺节，上元兴龙灯（花鼓在"龙灯"系列节目中必不可少）。又如清同治《兴山县志·民俗》中记载："上九日夙兴祀神，一如元旦，十三至十五日并演蟠龙跳狮花鼓诸杂剧。"到《清·光绪县志》就有了更明确的记述："光绪八年（1882年），兴山县城有张燮卿为首的花鼓戏班，邹家岭（今古夫镇）有鲁家戏班"。如此看来，兴山的戏曲也就有了一个半世纪的历史。清末民初，戏班有更进一步发展，如古夫北斗坪唐洪裕戏班，屈洞乡（今峡口镇）钟家兴戏班，月溪乡（今水月寺镇）李国明戏班等，纷纷出台竞演。

据兴山文化馆1956年《兴山踩堂戏艺人登记表》不完全统计，是年全县尚有踩堂戏艺人10余班、40余人。（见附表）

兴山踩堂戏繁衍重镇的高阳城是全县政治文化中心，南阳是兴山的西大门，向西南通巴东接川东湾陵，是"梁山调"传入兴山的途径重镇，古夫镇系兴山古高阳城，黄粮坪、榛子乡属兴保古驿道南北要冲，兵家必驻防、商贾必下塌，文化历代繁荣。封闭的地理环境，是兴山踩堂戏赖以生存的重要条件。

二、居住环境

兴山踩堂戏的演奏人员，全部属兴山土著乡人，他们的分布全县八大乡镇几乎没有空白。在一个班子内演（奏）员的居住距离远近不等，近几十米，也就一袋烟功夫跑到，远几里、十几里。班主召集人，过去全靠带甩信（捎口信），上世纪六下年代后期各村有了电话，可电话通知到村，90年代后有了呼机，跨世纪后大家都有了手机，联络十分方便。在过去，踩堂戏（花鼓戏、八岔戏）演奏人员的居住环境大都很是糟糕，基本都有苦中求乐的乐观主义精神。艺人们居住条件都不宽敞，以有千打垒（土木结构）的"大三间"房子居住就算不错。所谓"大三间"是对房屋结构而言的，既同脊三间平房，中间堂屋，供待客、开席之用，喜事称"中堂"，白事称"孝堂"，在偏房一分为二，前（檐）间为火炉屋（烤火烧开水）后檐间为"里头屋"（主人主卧室），右偏房一分为二，前檐间或为客房或灶屋（厨房），后檐间一般为次卧室或为"灶屋"。人口众多之家大都需要在檐墙外起偏水（屋）做厨房或火炉屋。房屋

215

开间（宽）、进深（长）、山尖（高）的尺数都要带八字，平房山尖高一般为"丈四八"，楼房高一般为"丈九八"，十分讲究，不得破例。猪栏、牛栏可左可右，但既不得起在大门对面，忌讳"出门见难（栏）"，亦不能同时起在左右两边，忌讳"左难（栏）右难（栏）"，茅斯（厕所）一般都起在栏圈隐侧处或屋后山檐下。南阳镇传承人余祖礼至今仍住在此类结构的房屋。如下图：

次卧	神楼	主卧	偏水屋	厕
	堂			
客房		火炉		栏

新中国成立之后，特别是改革开放以来，随着经济建设发展，踩堂戏艺人们的居住环境大都得以称心改善，住上了钢筋水泥结构的小洋楼。这些艺人各有主业经营，虽说居住分散，但一旦有了演出任务（有人召集），大家都能召之即来，集中排练，直至演出结束。如今常有艺人远在千里之外打工，一旦接到通知，居然有人撒谎请病假日夜兼程赶回村里参加踩堂戏演出。

三、人文环境

被调查班子现状。在兴山全县8大乡镇及县直单位中，近几年有演出活动的踩堂戏团队尚存5班计43人。他们是：

黄粮镇金家坝村民间艺术协会踩堂戏班，有成员王从国（创作）、田正西（乐）、金开亮（丑）、金太清（乐）、钟学诚（乐）、杨梅孝（旦）、王正虎（生）、杨同贵（生）、田质林（老）等9人。

峡口镇民间艺术协会踩堂戏班，有成员邹学传（创作）、万忠和（丑）、李福堂（乐）、李荣（旦）、万慧知（旦）、舒化慈（乐）、舒晓琳（旦）、余志琼（旦）等8人。

古夫镇民间艺术协会踩堂戏班，有成员马超（主）、万国知（乐）、李成刚（丑）、王丽娟（旦）、黄裕娇（旦）、李传芬、余长春、万杰知等9人。

县昭君艺术团踩堂戏戏班，有演职员余长坤（生）、李晓娇（旦）、姚文仙（旦）、李可（丑）、向启雄（丑）、邵琼娥（旦）、杨华（旦）、刘苗苗（丫）等10人。

南阳镇文化广播站踩堂戏班，有成员王育赞（主）、余祖礼（丑）、王祖培（乐）、尹能红（乐）、贾代银（旦）、尹刚华（乐）、李德宪（乐）等7人。

四、被调查重点传承人简介

兴山踩堂戏传承人大多是一门绝技、多才多艺之人。有的先会花鼓戏，后学踩堂戏；有的先会皮影戏，又会八岔戏；有的既会唱花鼓戏又会薅草锣鼓，还有的既会唱丧歌、又兼踩堂戏器乐演奏等，九佬十八匠中也不乏踩堂戏演奏人员或踩堂戏创作人员（教书匠），诸如：

袁裕忠，男，1934年生，古夫镇麦仓村人。12岁随父彭美名学花鼓戏、踩堂戏（旦角），16岁出师，从艺50多年，兼会薅草锣鼓、丧鼓、木匠、篾匠等手艺，1980年以来，曾多次在县、市调演和汇演中荣获表演二等奖和优秀演员奖，曾主演踩堂戏《山伯访友》等多部传统折子戏，曾授徒15人。2006年被评为市级重点传承人，每年享受800元生活补贴。（调查时间：2010.10、2014.3）

余祖礼，男，1953年生，南阳镇云盘村人，23岁师从唐朝文学戏（生、丑角）从艺35年，兼会薅草锣鼓、丧鼓等艺，多次荣获市、县级农村文艺汇演、调演优秀演员奖，他主演的踩堂戏《苕二哥》是他的代表作，授徒4人。2006年被评为市级重点传承人，每年享受800元生活补贴。（调查时间：2010.9）

李作权，男，1952年生，古夫镇龙池村人，现为昭君村旅游景点民俗风情表演队负责。17岁师从祖父李永久学演花鼓戏、踩堂戏（丑角），从艺46年，参加市、县各种演出近百场，获奖数十次，授徒7人。2009年被评为省级传承人，每年享受5000元生活补贴。（调查时间：2010.6、2014.11）

金开亮，男，1937年生，黄粮金家坝村农民。从上世纪70年代师从其父金能尧学踩堂（花鼓）戏丑角、乐器，兼会薅草锣鼓、丧鼓，从艺40余年，授徒6人。2008年被评为省级重要传承人，每年享受5000元生活补贴。（调查时间：2011.1、2015.1）

田正西，男，1947年生，黄粮镇金家坝村退休教师，从事踩堂戏编剧、打击乐演奏30年，系踩堂戏传承与发展活动的组织者，2014年被评为全县"道德模范"，授徒6人。（调查时间：2011.1、2015.1）

刘廷华，男，1938年生，古夫镇后河小区人，31岁师从袁代发学戏，扮演生角兼打击乐，从艺44年，授徒14人。2012年被评为省级重要传承人，每年享受5000元生活补贴。（调查时间：2010.4、2014.5）

邹学传，男，1943年生，峡口镇文化站退休干部（高岚晒谷坪人），70年代后期进入文化站，长期从事踩堂戏手抄本收集，创作文本10余部和组织踩堂戏演出活动。（调查时间：2010.8、2014.11）

钟学诚，男，1956年生，黄粮镇界牌垭村人，24岁跟随吴光烈、张代久学演踩堂戏（生、丑角），从艺35年，主演踩堂戏6部，多次在县、市农村文艺演出活动中获一、二等奖，踩堂戏《张快活卖油》、传统戏《丁癫子讨亲》是他的代表作，授徒3人。（调查时间：2010.11、2015.1）（见剧照1）

五、踩堂戏的表演空间

所谓堂戏，即堂会上演的戏。所谓堂？词典上释为正屋，和专为某种活动用的屋：厅堂、客堂、祠堂等。堂戏，就是在厅堂、祠堂及场院里演的戏剧。兴山把堂戏俗称"踩堂戏"。由于受堂屋空间的限制，观众拥挤，戏台狭小，演员表演只能"踩碎步子"（台步），久而久之，"踩堂戏"之称便流行于民间，此是民间将"演堂戏"称为"踩堂戏"的缘故。

也有人叫"彩唐戏"。说它起源于唐朝，唐太子李显被武则天贬至房州（今房县）与薛刚密谋反唐，太子戴面具扮丑角与将士操武演兵，旦角画彩妆扮之，故传名"彩唐戏"。以上二说并存于兴山境内，其中以持前说者为多见。

现仍健在的踩堂戏传人袁裕忠（78岁，旦角，古夫镇麦仓村）、金开亮（75岁，丑角，黄粮镇金家坝村）等艺人回忆，踩堂戏的原身，就是兴山的"花鼓子"戏。演员只有旦（男扮女装）丑两角，服装道具极为简单。人员自由组合，平时种田做手艺，闲时（有时定期）相聚排练剧目。根据他们的讲述，笔者综而叙之。

1. 踩堂戏的演出

踩堂戏的演出大致分三个阶段。起初的演出，只有叫"接灯"（花灯）的，没有叫"接戏"的。可称为'随灯演出阶段'。因为戏班子是随"还灯愿"玩花灯的龙灯、彩莲船、狮子、滚灯舞、蚌壳舞、莲湘舞等节目一道，按出灯路线沿门拜户在大门外场坝里依次表演的。演唱内容主要是送恭喜、道吉祥。演唱班子抵达殷实热情或德高望重的东家时，主人便会出门放鞭装烟，恭请戏班子进入中堂表演。进入中堂的表演和在大门外的"大实话"、"过场戏"大不一样，除了恭喜、感谢东家外，至少要加演一至两个诸如《山伯送友》、《站花墙》、《楠桥戏水》等像样儿的"折子戏"，即兴山人说的唱"正本"。这

2009年采访南阳镇云盘村踩堂戏艺人余祖礼（左一）等　摄影　朱光明

么一来，东家自然高兴，连忙奉"封子"（红包）。收灯之后，这种形式的表演自会引发村里村外的观众评头论足，"今年的花鼓戏在某家演的最好"、"好看"等等。每年的如此评说，不知不觉地引起高门大户、殷实人家之间，乡、保、甲、村之间的相互攀比，致使踩堂戏逐渐步入红火景气。这才有了接戏班子应邀演出阶段，诸如每遇灯会、堂会或某家老人做寿、儿女完婚、喜得贵子、学生中榜等喜庆之事，便会有主户专门请戏班子到家按天气好坏而定，在院坝或堂屋里搭台唱戏。少则一个通宵，多则出进三天，一来留客过夜，二来显示亲族红火，人气旺象。第三个阶段是"汇演、参赛阶段"。从新中国成立之后，广大农村随着群众文化的活跃丰富，各地各乡镇均有自己的戏班子，或自发组织参演、或上级安排调演汇演，各个班子大都会踊跃报名参演参赛。如黄粮镇的《张快活卖油》、南阳镇的《苕二哥》、文工团的《一差二错》、《顶蒲团》等踩堂戏都在宜昌市文艺汇演中荣获过一、二等奖。（见剧照2）

　　2. 踩堂戏的剧本

　　剧本剧本，一剧之本。无"本头儿"的随意演唱，只能叫"夸口子经"，花鼓戏行话叫"日白"。如"说日白/就日白/日一个白来了不得"；/"丑角来得忙/一步跳过墙/捡一砣干狗屎/我当成高粱糖"等等。兴山县位于湖北省西部，长江西陵峡北侧。东与宜昌县（今夷陵区）接界，南同秭归县毗邻，西与巴东县接址，北连神农架原始森林，东北和保康县相交，东西纵距66公里，南北横距54公里，总国土地面积仅2327公里（349万亩）。"光绪八年（1882年），兴山全县城乡土著、流寓仅有9713户，43003人"。（《兴山县志》（1997年版）载）。在如此山大人稀，交通闭塞，文化落后的深山小县里，踩堂戏班所需求的剧本从何而来呢？

历史上，兴山踩堂戏的剧本来自三条渠道：一是来自艺人与邻县艺人之间的交流。清末民初年间，远安花鼓等不同名称的戏班子常来兴山与踩堂戏班同台演出，相互交流剧目和演技，如《掐菜苔》、《丁癞子讨亲》、《排竹笋》、《何氏劝姑》、《葛麻》等。二是从皮影戏脚本改编。皮影戏传入兴山较早，《兴山县文史资料》（第五集）载：1906年10月，出生于黄粮金家岭杨子坑富户人家的金光堂（光绪十五年1889.10—1959.2，享年74岁），当年（18岁）因辍学失意，背景离乡，"犯逃子"（离家出走）到秭归干溪拜乔姓师傅学皮影戏，经四年勤学苦练，从打杂、副手到主角，熟练掌握了做打念唱、提影子等全套技艺。1911年初，金光堂回乡卖掉年产八石稻谷的水田和父亲金前绅（道光十六年1836—光绪十八年1892，享年56岁）留下的7寸皮影戏"行头"，凑八百吊铜钱，邀约秭归师兄等一班人，沿江演游上四川梁山、重庆等地谋求精良皮影和高超演技，次年9月返乡。金光堂这次进川，不仅购置了1.2尺长的牛皮制影身120把，影头500多个和牛王戏的六幅模型，推动了兴山皮影戏的发展，更重要的是他还学回来《薛仁贵征东》、《薛刚反唐》、《穆桂英挂帅》等10多部历史名著戏本子和"梁山调"及乐器，拓宽了皮影戏的受众面，扩大了皮影戏的影响。不少踩堂戏班除了将他的皮影戏脚本改编上演外，还从他那里学到梁山调、花鼓调等唱腔，不断地丰富了踩堂戏剧目和曲调。三是来自本土戏班班主自编或踩堂戏爱好者（如私塾先生）·等业余创作。1916后9月，金光堂就亲自为本乡金家坝兰氏戏班改编过《秦雪梅吊孝》。中华人民共和国成立以后，全县各区、社（乡镇）都有了文艺宣传队和业余创作人员，踩堂戏表演和剧本创作得以空前繁荣。如黄粮镇店子垭村余德润（71岁）、高岚晒谷坪村邹良茂（67岁）、水月寺四方顶村赵崇和（68岁）、南阳云盘村王祖培（66岁）、峡口文化站邹学传（65岁）、黄粮文化站王从国（56岁）、榛子古家淌村王祖成（68岁）、古夫文化站万国知（56岁）等业余作者，自1957年1月至2007年1月，曾在"县农村业余戏剧观摩演出"（1957年1月）、"兴山县地方戏曲调演"（1982年2月）和"县第九届农村文艺汇演暨迎春晚会"（2007年1月）期间，先后改编、新编《何队长帮工》、《打柴劝弟》、《补背褂》、《双撇笋》、《补皮鞋》、《拜先生》、《观音戏目连》、《春姑拾斧》、《吴德教子》、《帮工》、《苕二哥》、《杨二翻》、《看姨妈》、《苏二妹定亲》等20余部踩堂戏，分别在县、市汇演中荣获一、二、三等奖或创作奖、优秀剧目奖。20世纪70年代初，县里成立"戏剧创作室"，吴兰生、刘永志、吴道周、陈大炳、吴光烈、张代久、蔡长明等专业文艺作者也曾先后改编或新编《顶蒲团》、《麻将风波》、《盲人忙》、《借风点火》、《金喇叭》、《一差二错》、《娶新娘》等10余部踩堂戏（均获县、市业余或专业汇演不同奖项），使兴山踩堂戏这一古老而为群众喜闻乐见的地方戏曲幸得存活至今。

踩堂戏的剧本，按剧情可分两大类：一是"正本头"，即表演历史人物事件、有史书记载、有完整故事情节的正戏；二是杂戏。如生活戏、闹戏（喜剧）；生活戏的内容多为反映婚姻家庭、摊贩店主等平民百姓的恩恩怨怨、悲欢离合、平冤昭雪和因果报应等故事或片段，褒扬忠孝节义、传统美德。杂戏逗笑，娱乐身心，兼收赞颂真、善、美之效。

3. 踩堂戏的唱腔与伴奏

踩堂戏的唱腔（音乐）主要由三方面组合成套。一方面是沿用兴山地花鼓中原有的山歌、民歌小调，如《全十字歌》、《闹五更》、《采茶调》、《浪荡子调》、《讨亲调》等；二方面是吸纳川东梁山调。如前所叙，黄粮金家岭皮影戏班主金光堂从梁山学回成套正宗曲、腔、调，如《开场锣》、《赶马调》、《探郎歌》、《粗腔》、《窄腔》、《打锣腔》、《小锣腔》等。梁山调的引进使踩堂戏的音乐唱腔反客为主，规范为正板，原有花鼓杂调自然降居为副板。三方面是本土业余音乐爱好者和专业音乐工作者，长期搜集整理、研究兴山民歌、山歌、戏曲音乐，吸取地花鼓、踩堂戏（梁山调）之精华，在其主旋律的基础上发展创新，为新编或改编踩堂戏做专剧配曲。如县文工团王庆沅、郭其炳、陈景杰、龚道守、刘志红、县文化馆吴光烈、陈大炳、黄粮界牌垭村马卫兵等都为整理改编或新编踩堂戏《顶蒲团》、《苕二哥》、《赶工》、《盲人忙》、《顶蒲团》、《张快活卖油》、《金喇叭》、《苏二妹定亲》等剧作曲配谱，为踩堂戏及其音乐唱腔注入了新的活力。

踩堂戏的音乐伴奏原本很简单。原"花鼓子"的伴奏，主要依靠打击乐器有钹或钗、锣、唢呐、马锣四大件，兴山俗称"火爆家业"。

随着'梁山调'的传入，踩堂戏的乐器和打击乐均得到充实和发展。乐

器，由最早的清唱加唢呐，新增了二胡、京胡等；打击乐则引进了云板、板鼓或梆子、勾锣子、堂鼓等。堂鼓主要用于武戏中，借以烘托千军万马激战沙场的恢宏气氛，文戏则多用于击鼓升堂；勾锣子主要用在单点子或程式化表演上，因为起先的打击乐分闹台（演出前）唢呐前奏'过街调（原板）'坐台板分、起板儿、短板儿、长板儿，九腔十八板（分唱腔、剧情选奏）。后从京剧等其他地方戏曲中吸取单点子如| 打 台 | 或 | 打 ·打 打打 | 台 0|，这些在戏曲节奏、情绪转换、性格塑造、强化气氛以及手、眼、身、法、步定位、人物造型等方面都发挥了烘托作用。有时或因为人手不够，或因有意减少演奏人员，增加个人收入，往往由一人兼三门击乐，在自制的木架上面放梆子或木鱼及钗（钹）旁边挂大锣，演奏员（乐手）两手并用，随时更换乐器，均可奏出打打、仓 0|、打、台 | 等剧情所需的各种单点子（如图）：

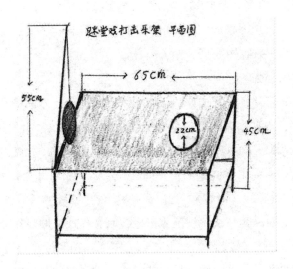

踩堂戏打击乐架 平面图

65cm
55cm
22cm
45cm

4. 踩堂戏的服饰道具

踩堂戏的服饰、道具都是在"花鼓子"基础上逐步演变补充起来的。原有角色只分旦、丑两种，旦角多穿排场点的嫁妆服，按剧情分红、蓝、白、花各色，下着滚边长裤，手里除特定道具外，大多拿一块挑花或绣花手帕（花鼓戏中称之为"挥线帕子"），供拂尘、揩泪、掩面之用；丑角身穿"二马裾"大襟短褂，腰扎布袋或草绳，夏秋时干脆赤膊上阵，配向左转的白布大腰长（短）裤，头戴三角形黑色尖尖帽或破草帽，生角扎红布头巾，脚蹬带红线抛花的草鞋或布鞋，配白布山袜；手里多数拿一把破蒲扇，无蒲扇可用草帽代替。后经与周边县各剧种交流演出学习，渐有改进。如旦角穿素色花衣、罗裙，着绣花鞋等；生角穿圆领褡或无袖背褡；道具也增加了折扇、龙头杖、文刷、云帚、抹布、鸡毛弹子等。伴随皮影戏的发展，花鼓戏班艺人便从皮影戏、梁山戏和京戏中引进了不少先进服饰和道具式样，如蟒袍玉带、裙裤、霞帔、凤冠、王帽、靴袜、朝靴等服饰；道具如刀枪剑戟、弓箭等多种兵器和战旗、军令旗等，很大程度上改进了踩堂戏的服饰道具，令观众耳目一新。

5. 踩堂戏的传承方式

踩堂戏的传承有四种方式：一种是出自家传，俗称"门第师"。或父教子、或爷教孙，晚辈自幼习艺。如古夫袁裕忠师从其父袁美名、黄粮金开亮师从其父金能尧等。这种传承方式的特点是施教者言传身教、不留绝活儿，师徒关系稳定，习艺者一般无需重复投资。二种是"拜师学艺"。习艺者或在本地拜师、或外出跟师。相对而言，这种师徒关系不够稳定，容易师出多门，且习艺者不易学到真艺，甚至半途而废，但也有博采众长的益处。三种是"自学成才"。有少数聪颖者，悟性强，从喜欢看戏到瞟学，掌握一些表演程序、戏文、唱腔或伴奏基本功之后，再待机登场亮艺，展示才华。四种是"培训和文献传承"。近些年来，国家对非物质文化遗产越来越重视，县文化部门每逢大型文化活动，均要求有班子的乡镇必须有踩堂戏参演、让他们在参赛中互相交流、切磋技艺；二是县文化馆派专业人员下乡辅导排练踩堂戏，要求演员们的表演、伴奏尽可能做到规范化，以提高他们的演唱、演奏能力。三是在学校建立兴山民歌传承基地，其中山歌曲调含踩堂戏曲调。四是收集编著出版了《兴山踩堂戏》专著，还有县办文艺季刊《香溪河》上选登经过整理后的传统踩堂戏《南桥戏水》、《卖饺子》等剧本，增加了文献传承。至此，兴山踩堂戏的传承方式现已形成业余传承与专业传承并存的格局。

由于踩堂戏的演员大多为村民、小商贩，识文断字的不多，教艺传技主要是师傅口传身教，手把手示范。徒弟靠心领神会，登场后，除程式化的动作外，在台白、串词、日白方面，全靠自己即兴表演和临场发挥。这种传承方式优点是能给演员很大的再创作空间，使剧情逼真，人物形象生动，让观众有亲近感；缺点是传承上难于形成规范的表演套路和程式，更难于形成完整和固定的文本和标准唱腔，致使同一出戏的版本各异，变异性大，尤其曲调很难统一，给踩堂戏的传承工作带来了许多难以定论的困难。

六、踩堂戏的抢救与发展

综而言之，笔者通过近两年的实地田野调查，详实记录了当代兴山踩堂戏的生存现状，与上世纪80年代前的踩堂戏相比，无论是剧本、唱腔、乐器、服饰，还是演出场地和传承方式，都有不同程度的演化变迁。尤其是演员由旦丑两角增加3-5角，乐队由打击乐伴奏增加了民乐，剧本注入许多现代化新元素，曲调发展为专剧配曲，演出场地从堂屋里走出院坝、操场，登上了舞台乃至剧院。传承方式由传统的口传身教发展到文献、课堂传承。

在变迁和进化的同时，笔者从踩堂戏的生存现状中，也意识到兴山踩堂戏的传承和发展不尽乐观的因素。例如曾经红火过一百多年的兴山踩堂戏，由兴盛到日渐势微，与社会政治、经济、时代变革息息相关。"文革"期间"破四旧"的冲击，使踩堂戏原有班底支离破碎，加之高龄艺人一个个病殁，到21世纪初，国家启动非物质文化遗产抢救保护工程之时，对踩堂戏的挖掘整理工作已是举步维艰。尚能找到的踩堂戏艺人已寥寥无几，且大都是七老八十，隔天远、离土近的人，记忆减退，说东忘西，丢三落四，唱了上句忘了下句，有的甚至张冠李戴。能收集到的资料其系统性、完整性、严重缺失。若再不抢救，

2014年艺人李成刚（左一）、李作权（右一）表演踩堂戏《看花》 摄影 何兴

这批人千古之日，可能就是踩堂戏失传之时。因为这些传承人，对兴山踩堂戏的生存发展起着关键作用，往往会因为某个人的去世而导致一方无戏班人的遗憾。这类生存状况应当引起相关部门的高度重视，因为从更大意义上讲，地方戏曲应作为一种地方特色文化，期盼着地方政府和文化主管部门在国家出台的非物质文化遗产保护政策下，从经济、政策上强化传承扶持，加大保护力度，加快发展步伐。

第九章　兴山踩堂戏

香溪古韵

第10章 兴山全益伤科

溪韵香古

第一节　项目概论

　　项目简介：兴山县地处鄂西高山、半高山地区，山岚重叠，四季分明，气候环境适宜中草药生长，特殊的地理环境和自然资源为我县中医药事业的发展提供了良好的平台，五六十年代我县的卫生技术人员主要来自民间，以传统跟师学艺的方式将各自绝技代代相传。加上交通极其闭塞，人们在耕耘狩猎所受跌扑、虫兽所伤，只能靠地方民间"草医"总结和传承的"土方土法"治疗，这为兴山民间"中医药"事业的继承和发展奠定良好的基础。

兴山县人民医院中医门诊部精兵简政临别留影　　**229**

兴山县中医医院位于兴山县昭君镇，自2010年8月恢复重建以来，坚持"承古纳新"为发展理念，建院伊始，投巨资筹建"三堂一室"，将我县知名传统中医药名医、名家请进"名医堂"，继续发挥余热，并对特有技术专长的中医药名家配备一至二名徒弟，按传统举行拜师仪式，使他们的技艺能够进一步得到传承和发扬光大。

"兴山全益伤科"的创始人——朱全益老先生是兴山县中医医院有幸邀请到的"伤科名家"，朱全益师从于上世纪六十年代伤科名家——张开锦先生，上世纪六十年代，张开锦老先生治疗伤科特色技艺享誉鄂西片区，凡痈疽疮疡、跌扑损伤、虫蛇猛兽，刀斧利器所伤、水火烫伤无所不治，尤其在治疗骨伤方面，颇有建树。朱全益二十四岁跟随师父学习伤科二十二年，直至师父离世，深得师父真传，"兴山全益伤科"是朱全益在传承基础上加上自己的五十余年的临床经验汇聚而成，形成以疗骨伤为特色，其他伤科并存的新的治疗

朱全益的师傅张开锦登记照

体系，骨伤特色突出在：应用特殊的正骨手法复位后，分阶段敷"消瘀镇痛膏"和"四大天王"，外用杉树皮夹板固定，隔日换药治疗闭合性骨折。

"兴山全益伤科"具有"轻、活、速、廉"等特点，复位手法轻松灵活，因势利导，不使用麻醉剂、镇痛剂，患者无痛苦；中草药就地取材，配方灵活多样；加上外敷特殊的给药方式，直达病所，疗效迅速，减少内服药对脏腑器官的损害；药物均来源于本县大山中，采购方便，价格低廉，百姓能够接受。

"兴山全益伤科"成熟于无"X"线时代，凡是经过治疗的病人，无

　全国知名中医专家张正浩

畸形，功能完好如初，现仍然彰显神威，如今经过朱全益拓展，对于腰椎病、膝关节炎也有明显的疗效。

张开锦先生已于1981年6月去世，朱全益也八十二岁，每年依然要亲自上山采药，朱老来我院之前，收一徒（张永国）每天陪朱全益坐诊，上山采药，已跟师十七年，已有六十七岁。2011年6月兴山县中医医院为了挖掘和抢救这一面临失传的绝技，安排王爱明跟师学徒，力争将"兴山全益伤科"传承下来，并流于后世，造福于民。

传统治疗优势明显，但如今大多数运用开放性手术，采用金属器材内固定方法治疗的越来越多，而逐步淡化了民间传统治法。"兴山全益伤科"正在淡出人们视线，逐步走向全盘消亡的危险，故保护在即。

分布区域："兴山全益伤科"门诊，开设在兴山县中医医院"名医堂"内，为中医医院的特色专科。医院地址：昭君镇凤凰街一号，"兴山全益伤科"诊疗特色在鄂西地区患者中有口皆碑，接诊对象为面向全国慕名而来的患者。

张开锦的行医笔记和藏书　何兴　摄

历史渊源："兴山全益伤科"的起源，于清朝年间，由一位四川的"走方郎中"将伤科技艺传给了我县榛子乡张开锦。现查阅资料《术传十余代 名播巴楚蜀》一文考证："桑氏正骨的外传是从第五世桑天植开始的，……从此桑氏正骨术便在族内外代代相传，其门徒遍及当时的开邑、云邑、万邑及川北的达州湖北的宜昌、东湖等省市县"，由此可以看出"兴山全益伤科"起源于四川桑氏正骨流派，根据正骨手法和外敷、内服的药方的相似程度，可以推断兴山"兴山全益伤科"同四川桑氏伤科为一脉相传。

基本内容：

学术思想：伤科皆要内外双修、主张内补气血，外散淤肿；正骨技法与小夹板外固定同中草药互为支配、康复主张药物熏洗和功能锻炼相结合

诊疗特色：辨证论治、随症加减、灵活自如，内外兼治为特点

诊疗项目：闭合性骨折、软组织损伤；虫蛇猛兽咬伤；刀斧利器所伤；以及皮肤斑疹疮疡等。

特色方剂：皮伤：见血飞散；止血散；肉伤：二味拔毒散、生肌散；筋伤：舒筋汤洗剂；骨伤：消瘀镇痛膏；"四大天王"接骨膏；疮疡：祛风去疹膏、炉甘石擦剂等。

治疗功效：以外敷为药物主，初期外敷消瘀镇痛膏—消瘀散结活血止痛；中期外敷"四大天王"接骨膏—祛瘀接骨生新；末期内服补气养血，滋养肝肾药物促进骨折早日愈合，对比西医的石膏固定、内置钢板等方法病程缩短一半。

基本特征："兴山全益伤科"是以疗骨伤为主，多种伤科并举的治疗体系，对于伤科疾病，治疗面广，凡跌扑损伤、虫兽咬伤、刀斧利器所伤，无所不治；二是无论新伤、痼疾疗效非常，每遇伤科疾病，用之无不得心应手。

"兴山全益伤科"最具特色是骨伤，在吸取祖国传统医学精华的基础上，独成一体，自创骨伤治疗歌诀："一看二摸知伤情，三拔四捏巧对位，消瘀接骨外敷药，树皮夹板板外固定"。

"兴山全益伤科"治疗骨伤，具有"轻、活、速、

刘兴路整理全益的的资料

廉"等特点，复位手法轻松灵活，因势利导，不用麻醉剂，患者无痛苦；中草药就地取材，配方灵活多样；加上外敷特殊的给药方式，直达病所，疗效迅速，减少内服药对脏腑器官的损害；药物均来源于本县大山中，采购方便，价格低廉，百姓能够接受。

"兴山全益伤科"的药物具有活血化瘀、消肿止痛、祛瘀生新，收敛生肌等功效，其中：消瘀镇痛膏主治跌扑损伤初期，红肿热痛以及软组织损伤等疾病；"四大天王"接骨膏适用于骨折中期，促进骨痂形成，加速愈合；药物配制遵循辨证论治的原则，药量随证变化、灵活加减，变通应用。药物来源均为本地自产质优，自采自制，炮制与加工亲自把握火候。

重要价值："兴山全益伤科"的骨伤整个治疗过程体现了"动静结合"，"无痛"、"快"贯穿始终。静——骨折局部夹板固定使骨折不移位，促进骨痂生长；动——骨折以外的部位、关节活动不受限，保证骨折部位足够的血液循环，促使早日愈合，而且减少了石膏固定后关节强直的功能恢复训练。

"兴山全益伤科"通过实践将伤科药物制剂分为六大类：即消肿止痛药、促进骨痂生长药物、解毒药物、风湿药物、解虫蛇咬伤药物以及烫伤药物。祛风湿制剂以铁丝透骨草为主要药物，治虫蛇咬伤以七叶一枝花、江边一碗水等药物蘸唾液磨成浆液涂擦患处，对于烫伤善用韭菜田的蚯蚓粪配合药物涂抹，伤科所用药物均为朱全益上山优选本地质优鲜草，通过晾干、切片、碾碎、醋锻蜜炙、童便浸润等炮制加工，亲自把握火候，以确保药物疗效药物。制剂遵循辨证论治的原则，药量随证变化、灵活加减，变通应用。

野生灵芝菌　　三佰棒　　江边一碗水　　落得打　　红五加皮

野生灵芝菌　　海螺七　　四大天王　　马蹄还阳　　红五加皮

相关制品及作品：

1. 代表方：消瘀镇痛膏、四大天王接骨膏、祛风去疹膏、二味拔毒散、见血飞散、止血散等。

2. 器具：野外采集药物装备：紧身衣裤，土布缝制加厚袜子，军用解放鞋；水壶、草帽、雨伞。

采集药物器具：药锄、刮皮刀、药物背篓。

碎药类器具：切药铡刀、研钵、药碾子、细筛、研钵。

炮制类器具：锅、炉灶、锅铲。

盛药器皿类：密闭瓷瓶。

存续状况：中医这些简便廉验的疗法在民间广为流传，为中华民族的健康做出了巨大的贡献，并不断传承发展。其中有些有文献记载，多数只能靠民间口耳相传得以延续。然而，由于受经济利益的驱使，不少医院、甚至中医院已基本放弃了这一疗法。中医伤科疗法的传承陷入困境，举步维艰，"兴山全益伤科"也陷入同样困境，朱全益自1995年退休以后，"兴山全益伤科"也逐渐淡出人们视线，从台前走到了幕后，朱全益靠救死扶伤的精神默默支撑着，幸亏兴山县中医医院于2011年及时发现并将"兴山全益伤科"引入名医堂，才使这一民间绝技得以幸存，并积极采取保护措施使之延续和发扬。"兴山全益伤科"技艺和药物无书籍记载，单靠口头相传和野外现场识别和采集，目前朱全益已迈入日暮之年，其徒张永国也年过六旬，已不能继续上山采药，故面临失传的危险。

第二节　田野调查

兴山县中医医院院委会2017年3月1日，在征询兴山县卫计局意见后，召开全院"申遗"动员大会。经研究决定，申报宜昌市及湖北省申报一个传统医药类非物质文化遗产保护："兴山全益伤科"技艺项目。

一、工作总结

"兴山全益伤科"项目组由兴山县文化馆（非遗保护中心）何兴、黄妮丽、王春花等以及兴山县中医医院张健、邹远锦、李方涛等人员组成。动员会结束后，项目组召开第一次工作会议，制定和讨论工作方案，明确工作任务和完成时间，以及达到效果等。会上县文化馆、县中医医院领导表示：在人员、设备、技术上将提供大量支持。

朱全益（中）与徒弟合影　刘兴路　摄

会议拟定项目组于3月9日开始田野调查工作，期间由何兴总策划、张健总协调、黄妮丽总监，何兴并负责采访、摄影，王春花负责填普查表，刘兴路负责摄像、后期制作，王爱明负责撰写《项目申

专家论证

报书》和《田野调查报告》，钟思杰负责录音，袁书宝、曹再烈、李忠溪负责后勤，各个成员既有分工，又有协作，工作起来效益非常高。

项目组一行先后奔赴、武汉、宜昌、神农架、榛子乡、水月寺、昭君镇等地进行实地调查，共走访了知情人30多位，普查了传承人20多位，采录治疗对象20余人，收集录像资料15小时，整理出文字资料10余万字，拍摄图片资料100余幅，为伤科"申遗"工作提供了丰富的佐证材料，调查采访过程中，访谈年龄最高的传承人83高龄，最小的24岁；采访接受治疗患者最大年龄60岁，最小年龄7岁，都充分肯定了伤科的疗效。在田野调查中我们还有幸拍摄到朱全益先生清明节祭奠师傅张开锦的情景，朱全益虽八十高龄，每年仍不忘拜祭自己的先师，令工作小组人员十分敬佩和感动。项目组还远赴武汉、宜昌等地调查采访了伤科的知情和见证的专家教授，宜昌市中医院副院长段砚方也对伤科作了充分的肯定和高度赞扬；湖北中医药大学的张正浩，曾经在朱全益工作过的兴山县人民医院做过院长多年，见证了伤科治疗特色和疗效；其中湖北中医药大学的张正浩教授对伤科有如此评价：他的骨伤诊断、治疗在省内居领先水平。

项目小组为了拍摄到深山采药的场景，穿行于大山丛林之中药源采集地进行跟踪调查拍摄，车不能去的地方自己扛着机器步行于山间羊肠小道，由于山路崎岖，时常摔跟头，但人摔倒了还拼命护着机器，生怕采集的资料有所闪失，身体被树枝拉出道道口子，脚上磨起了水泡，从没一个人叫苦叫累，大家只有一个信念，就是早日将在我县流传百年"兴山全益伤科"展现在世人面前。

经过两个多月的辛苦劳作，一个深藏多年的伤科治疗技艺，终于揭开神秘的面纱，以完整的形态展现在世人面前，令所有项目组成员惊奇感叹，中华传统医药疗效之神奇。

二、"兴山全益伤科"的源流

关于全镒伤科的起源，一直以来流传着这样一个说法：由于我县地处高山、半高山地区，四季分明，自然气候条件良好，适合中药材生长，故境内蕴藏着丰富的中药材资源，吸引了全国各地的名间中医药、中草药名家纷纷前来山间寻宝，据"兴山全益伤科"的传人朱全益老人口述，他师父的师父是民国初年从四川来我县榛子一带采药的叫花子（旧时称采药人为药叫花子），姓氏不详，该人来我县后将伤科技艺传授给我县榛子乡的张开锦，死后葬于榛子乡

和平村郭家店（旧时称革新村，）现在榛子乡仍以"叫花子坟"为小地名，后经查阅资料（重庆三峡医药高等专科学校的陈代斌撰写的《术传十余代、名播巴蜀楚》一文中指出，"桑氏伤科其门徒遍及当时的开邑、云邑、万邑、及川北的达州、湖北的宜昌、东湖等省市县"）与四川开县的桑氏正骨年代相吻合，而且在遣方用药、正骨手法等依稀还留存着"桑氏伤科"的痕

朱全益（右）同徒弟一起整理药材　何兴　摄

朱全益（左）给徒弟讲解药性　何兴　摄

237

第十章　兴山全益伤科

迹。留传中的"叫花子"疑为"桑氏伤科"的传人。

张开锦，男（1892—1980）生于生意世家，祖辈在榛子岭开栈房（客栈），因榛子乡有"四十五里侯家坪"、古有"背脚子不打杵、货郎子不摇鼓"来形容路途遥远、人烟稀少。榛子乡又为出入保康、房县交通要道，跑运输的骡马队、货郎均要在此歇脚住店，四川采药人每年都要采药，前来栈房投宿，一来二往与张氏家庭形同家人，张开锦先生16岁那年腿部骨折，四川采药人当即手法复位，立刻痛止，于次日采药外敷，月余痊愈如初，张开锦家人十分感激，自此，采药人再来住宿不收分文，采药人为了回报张氏夫妇的知遇之恩，决定将记忆传授给张开锦，为此张开锦学得手法复位、中草药外敷真传。伤科技艺正式落户于我县。

三、"兴山全益伤科"的传承

"兴山全益伤科"在我县的传承主要是以师徒口头相传的方式，完全靠口头传授和现场采集药物，并无专科书籍代代相传，在张开锦这一代仅将技艺传给张开锦一人，由于无书籍记载，加之文化知识有限，仍然只是以这种方式传教，并未将此技艺归纳总结成专著，只是在传承方式上打破以往"传男不传女，传内不传外"惯例，将伤科技艺全面推广。

1. 伤科传承路径

张开锦一生带徒调查统计约70人，传承路径主要有2种：一是家族传承，主要是局限在家族内部，其传承路线为：

药叫花子——张开锦孙（张运清）——曾孙（张国斌）；

另一种是跟师学徒，传承路径为：

药叫花子→张开锦→朱全益→张永国、王爱明→王涛、李守卫、许振南。

2. 传承人分布情况

由于张开锦为榛子本地人，受地理条件所限，以及当时社会条件所限（当时大力提倡抓农业生产，生产队禁止劳动力外流），故跟张开锦学伤科记忆的大多为榛子本土人。直至1959年张开锦被安排到兴山县人民医院后，国家挖掘名族医药，倡导跟师带徒，传承谱系才进一步扩大。直至1962年精兵简政回到榛子，其传承人仍以榛子乡周围为主。

3. 第一代重点传承人情况

药叫花子、男、四川人，多次往返来我县榛子乡采药，伤科技艺传播者，由四川将伤科技艺传入我县，使伤科技艺进一步发扬光大，为我县的百姓造福。

第二代张开锦（1894—1981）、男、兴山县榛子乡人，伤科技艺第二代传承人，张开锦师承于四川叫花子学得技艺后，一直在榛子一带边生产边行医，当时在当地及周边已有小有名气，张开锦不安现状，后又随当地名医甘明书学习伤科治疗经验，使伤科更具特色，后又结合自己临床经验总结，已初步形成以疗骨伤科为主，涵盖虫蛇猛兽、刀斧利器等其它所伤的综合治疗派系，在五十年代末本土及周边区域已享誉盛名，加上医德高尚，求医者络绎不绝。

第三代朱全益　男，1935年出生，汉族，"兴山全益伤科"第三代传人，家住兴山县古夫镇桂园小区，兴山县人民医院主治医师退休，在职期间，多次被省市县评为"中医药先进工作者"，于1959年3月在兴山县人民医院拜于张开锦门下为徒，1962年出师，出师后张开锦先生因精兵简政回榛子老家继续行医，朱全益每年抽2月时间随师傅上山采药，师傅每遇疑难病症则召集徒弟上山讨论、交流，由于榛子气候凉爽，朱全益则将烧伤病人转至榛子乡治疗，师徒伤科交流一直持续到师父离世，朱全益跟师二十余年，深得先师真传，又独立实践探索二十余年，领悟伤科之精髓，创立"兴山全益伤科"这一技艺得以幸存和发扬，得以朱全益的不但坚持。同时朱全益又为伤科传承中核心人物，张开锦晚年不能上山采药，许多徒弟都跟随朱全益上山采药。

刘少平，男、籍贯不详，湖北医学院毕业生，1965年，省下派医疗队来我县榛子乡，曾拜张开锦学习伤科，有合影照片和张开锦日记记录为证。

牛朝会、女、83岁、榛子乡人，全益伤科唯一的女传承人，1959年跟师于张开锦，稍晚于朱全益，早年张开锦和朱全益师徒上山采药的时候，牛朝会在医院接待患者，给患者上药，1976年朱全益外出学习期间，曾陪同张开锦赴神农架采过药，此人是伤科流传中，张开锦打破民间传承"传男不传女"成规的最好见证。

第四代传承人张运青　男，张开锦长孙，

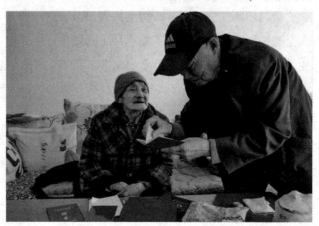

师兄妹在一起寻找当年的记忆　刘兴路　摄

教导徒弟给病人开药方

1951年出生，汉族，第一代家族传承人，家住兴山县榛子乡和平村，务农，自幼随祖父学习伤科，1964年落实政策跟随祖父进入榛子乡卫生院学习伤科，此人为家族传承第一人，开辟家族传承的先河。

张永国，男，1953年出生，汉族，"兴山全益伤科"第四代传承人，家住兴山县昭君镇原水电宿舍，初中文化程度，原兴山县水电开发公司内退职工。1998年内退后跟师学艺，跟师十八年，每年陪伴师傅上山采药，识得中草药无数，平时随师父一起出诊，救治病人千万，自己技艺也日益见长，此人对"兴山全益伤科"起着承上启下的作用，时值朱师年寿已高，又恐技艺失传，随产生带徒的念头，朱师倾传所学，此人正好使"兴山全益伤科"得以继续延续。

张国斌，男，张开锦之曾孙，汉族，家族传承第四代传承人，家住兴山县古夫镇，大专文化程度，毕业于十堰市卫生学校骨伤专业，现任榛子乡卫生院院长，自幼接受曾祖父医学熏陶，长大后跟随朱全益学习伤科和采药，卫校毕业后在县人民医院外科进修2年，为第二代家族传承人，目前主要从事医院管里工作，以及西医骨伤科治疗领域。

王爱明，男，1972年生，汉族，"兴山全益伤科"第四代传承人，家住兴山县古夫镇梅园小区，大专文化程度，兴山县中医医院中医师。2016年7月跟师于朱全益，每日随朱师坐诊，时至今日国家大力发展中医药事业，兴山县中医医院领导班子高度重视中医药事业的发展，广泛挖掘和抢救民间医术，为使"兴山全益伤科"重出江湖，造福百姓，先将朱师师徒请进"名医堂"，使淡出人们视线二十余年的民间绝技，从幕后重新走到了台前。随后安排中医后备力量拜师学习，逐步使这一技艺能够近一步流传和推广。

第五代传承人王涛　男，1991年出生，汉族，大专文化程度，中医学专业，兴山县中医医院医师，全镒伤科第五代传承人，现跟师于王爱明，目前从事伤科药物的临床使用推广工作。

许振南，男，1990年生、汉族、大专文化程度，药学专业，全镒伤科第五代传承人，现师从于王爱明，目前从事伤科药物的识别、采集、收储、炮制工作。

结束语

通过"兴山全益伤科"的申遗工作，开展的田野调查，我们感触很深，收获也很大，中华名族还有很多瑰宝，尚处于未发掘状态，我们中医院，作为祖国传统医药传承机构，要加快传承的步伐，收集和挖掘散落在民间的传统中医药治疗技艺珍宝，整理成书籍，以便传承和方便后辈学习，让传统民间技艺再现辉煌，服务于人民，也为子孙后辈留下宝贵的财富。县文化馆工作人员，也表示：通过"兴山全益伤科"申遗工作的全程参与，倍感责任重大，或许还有很多的类似"兴山全益伤科"的好东西遗留在民间，需要我们文化部门积极地去发现，抢救，也许我们耽误一天，就有一件"非遗"消亡，那我们将成为历史上的"罪人"，文化馆的工作人员也决定以后要主动走访民间，挖掘线索，不坐等申报，将中华名族历史上最美好的时光东西，重新展现在人们眼前，让曾经辉煌的东西再现辉煌。

香溪古韵

第11章　专题片解说词

第一节　兴山民歌

[字幕：

"兴山民歌"古怪、古老。

北宋时苏东坡首先提出了一件民间音乐史上的悬案。

现代著名音乐家吕骥主张解开其中之秘。

那么，"兴山民歌"能有助解开这桩悬案吗？！

[片名：兴山古歌

["长声号子"响起——（彭泗德演唱）

"兴山古歌"，俗称山歌，锣鼓歌。如今荡漾在汉明妃王昭君的故乡：兴山县及其周边县市区。兴山县位于鄂西山区，大巴山余脉。境内大小山脉3580座。最高山峰海拔2400多米。总面积2327平方公里，总人口18.5万。在这个山大人稀、交通闭塞的偏辟之地，居然存留着自古以来就认为唱不准的一种山歌，或者说"跑调"的锣鼓歌，令人好不奇怪。

北宋苏东坡说："余来黄州，闻黄人二三月，皆群聚讴歌，其词固不可解，而其音亦不中律吕。"

"不中律吕"之音当然包含着"唱不准"。900多年来，在荆楚其它地方几无踪迹，唯在兴山县及其周边区域传响不绝，余音袅袅。

[老艺人彭泗德演唱："号子"

这位老艺人唱的山歌有许多处是音不准的。但听起来却是高亢悦耳。是有点怪异。其它老艺人的演唱也是这样的吗？

[陈家珍演唱：《送郎》

看来，这两位老人演唱起来，都一样地"跑调"。也一样地自然而流畅，宛如一股股山风习习吹送。这真叫人赏之如饴又匪夷所思。那么，一人喊唱如此，群聚合唱的山歌呢？

[薅草锣鼓：接"扬歌"

薅草锣鼓是农耕文明时代的产物，是劳动与娱乐融合的艺术创新。"锣鼓伴山歌，一人领来众人合。"在其中的花锣鼓中，还有锣鼓艺人与薅草人对歌，分阴歌、阳歌、摇歌和赞歌四种。你问我答，好不热闹。从早到晚，日出唱到日落。薅草锣鼓歌腔太丰富了，不少艺人能演唱300多首曲调，是个庞杂的套曲。扬歌是其中的佼佼者，套曲中的大套曲，能起动其它歌腔的演唱，扬歌带赞歌、再带汉族民间史诗《黑暗传》的演唱。阴、阳、摇、赞四大套曲无不包纳。一山之花烂漫，山风都漂着香气。但又的确如苏东坡所言："其词固不可解，而其音亦不中律吕。但宛转其声往返高下如鸡唱尔。"兴山人唱扬歌和号子的方法，和苏东坡的"鸡鸣歌"一脉相承。只是"不中律吕"的兴山山歌到底是什么怪音怪调呢？

40多年扎根在兴山的音乐家王庆沅先生对此不断地拷问，更不断地深入老林调查，发现这不但不能视之为不中律吕跑调，也不能是一种孤立而偶然的事象。不然，这种山歌怎么那么深受山民们的喜爱。72岁的彭泗德，已是家族传承的第五代。曾祖父是乾隆时期的山歌手，以后代代相传，从未间断，到他更是歌声高亮，如果不是打心里的喜爱，岂能二百多年而不衰竭啊。71岁的老人陈家珍，属第四代山歌传人。文化大革命中批判她、辱骂她，也没有斗掉她对兴山山歌的一片衷情。相反，一旦改革开放，她就将山歌传给了自己的儿女们，后又带出了孙子万勇。祖孙三代合家一喊，震动山寨乡邻。

[陈家珍一家的演唱。

也许，山歌成了陈家珍的生命一部分。而且，当她生命受到摧残之时，她用心灵保护着山歌的灵魂。王庆沅先生不知到陈家珍家多少次。不但受到她精神的感动，也更加看到山歌与劳动生产的紧密联系，而且红白喜事、习俗、节庆甚或日常生活中，山民们也会忍不住引颈高歌，彻夜不眠。

[坐丧中的唱曲。

[饭桌上的演唱。

[跳丧歌舞乐（6/8节拍）……

演唱得朴实无华，声情并茂，甚至乐得手之舞之，足之蹈之。他们感动了自己也触动了乡亲们。兴山山歌被兴山山民们应用到越来越多的生活范围之中。几乎须臾不可离。而且离了情郎情姐不成歌，又是一种男女性情的渲泄，情理相融。

245

这一切使熟知它们的、热爱它们的王庆沅先生再也不能等闲视之了。在经过一番认真的整理研究之后，于1984年他发表第一篇论文。认为所谓唱不准正是兴山山歌奇特的音程。主要在于音乐结构中含有一个介于大三度和小三度之间的音程。在王庆沅立论之前，他受到了湖北省韵家杨匡民教授的深切关注，并将这种山歌的录音带寄送给全国著名音乐家吕骥鉴定。吕骥先生听后立即指意：这是一种奇怪的音乐，是中国音乐之秘，要尽快地研究它。

1987年，在音乐家黄翔鹏先生亲自指导下，经中国艺术研究院音乐研究所声乐实验实测定：音程值多集中在345音分左右，游移幅度为350±15音分。被专家们命名为"兴山三度音程"。这种民歌也被称为"兴山三度民歌"。微升do也就被戏称为"钢琴缝里的音"。其中仅有的三声腔就构成了独特的兴山三度民歌音调的"核腔"，五声音就建立在它们之上。

现在，"兴山民歌"的不中律吕的怪异，已经明白无误了。但是说它古老，古从何来？

[黄翔鹏录音讲话（1988年11月4日）

"兴山县三度音系的民歌，是有很高的研究价值的。一是对于民族音乐方面的研究，是具有独特的一种特性，再一就是对于我国古代民歌的音调，现在已经有确定的证据，它有很古的渊源，所以它的价值是很高的。"

由文化馆带队参加"北京传统音乐节"的合影

中国艺术研究院音乐研究所所长乔建中采访陈家珍

　　黄翔鹏先生所指的"很古的渊源"，证据是什么呢？

　　一、黄先生曾对曾侯乙编钟的音律作过权威性的鉴定，兴山民歌的三度定律竟与它惊人地相似。这种距今2400年的战国时代之音，就呈现在兴山古歌之中。

　　二、本地区长阳县出土的西周青铜猪形雷纹磬，一磬三音，也与兴山三度民歌相吻合，迄今已经三千多年的历史了。

　　三千多年，兴山民歌也够古老的了。它饱经沧桑，几度沉浮。多亏山大人稀、交通闭塞，多亏兴山及周边区域的代代山民们生命般的传承，虽然其中已渗杂有现近的语言和情感表达，但始终坚挺不变的是古老的音阶，古音体系栩栩如生。此情既可成追忆，古音古韵不惘然。

　　中国民间音乐史上的一个悬案结案了，云飞山现。"兴山民歌"的顽强生命力，使中华民族的本土音乐有了一个鲜活的见证。难道我们不应该更好地保护她吗？遗憾的是，随着落后的生产方式的逐渐改变，作为"兴山民歌"主要载体的薅草锣鼓将面临消亡，那么古歌怎么传承下去？这引起了宜昌市人民政府高度重视，兴山县政府下发了五年保护计划，我们相信随着"兴山民歌"的传承发扬，祖先的声音会别开生面，将成为未来多元文化交响乐章中璀灿的篇章。

第二节　王昭君传说

群山万壑赴荆门　生长明妃尚有村

——杜甫

　　湖北省兴山县昭君村，是汉明妃王昭君的故里。这里沟壑纵横，群峰耸翠，一条美丽的香溪河流淌其间，物华天宝，地灵人杰。

　　王昭君名嫱字昭君，汉元帝时以"良家子"选入掖庭，竟宁元年——公元前33年春，匈奴首领呼韩邪单于来到长安，"愿婿汉氏以自亲"。为使民族和好，免于战乱，王昭君"乃请掖庭令求行"，主动出塞和亲。自此，汉、匈两族边境出现了"边城晏闭，牛马布野"、"三世无犬吠之警，黎庶无干戈之役"的升平景象。

　　"妍姿化已久，但有村名存。"两千多年来，昭君娘娘和北番的传说在民间传为历史佳话。王昭君出生"良家子"，成长在山清水秀的香溪河畔，十六岁进宫，三年后出塞和亲。曲折而不平凡的一生，使王昭君传说充满了原生性和传奇性，并带有鲜明的地域特征。

　　王昭君传说的杰出价值在于：

　　一、文学价值。从古到今，诗词、歌赋、戏剧、小说、散文、影视等众多文艺作品，大都取材于民间传说，从中吸收营养。王昭君传说是多种文艺式样的创作源泉，对繁荣文艺创作有重要意义。

汉昭君王嫱故里

大清光绪十二年正月吉日立

湖北兴发集团举办昭君文化高层论坛　　　　　　　　蒙古族姑娘

二、史学价值。王昭君传说是一首民族团结的颂歌，也是西汉和亲政策的一个缩影，对认识西汉文化，研究汉史都具有重要的史学价值。

三、思想价值。昭君文化即和谐文化。社会和谐，民族和睦，世界和平，符合人类共同发展的主题。王昭君传说蕴含的丰富内容，不仅给人们带来了审美愉悦，同时也给人以启迪教益，对创造和谐社会具有重要的现实意义。

四、人文价值。中国古代四大美人之一的王昭君，她的人生是曲折而又传奇的，也是凄婉的。王昭君传说中折射出来的人文价值，是对广大公民进行爱国主义教育的极好教材。2006年，兴山县昭君纪念馆已被国家民委命名为"全国民族团结进步教育基地"。

王昭君是美的化身，和平的使者，民族团结的象征。王昭君传说所表现出来的民族大义、大德以及王昭君勤劳、智慧、美丽、善良的优秀品质，是中华文化中一笔不可多得的优秀民间文化遗产，理应

湖北大学蒋方教授与知名画家宁平先生说昭君　　　**249**

民间艺人王清菊沉醉在王昭君传说里　张文兆　摄

得到继承和弘扬，申报非物质文化遗产名录十分必要。

　　王昭君传说这颗民间文艺瑰宝，随着时代的变迁，和其它优秀民间文化遗产一样，面临失传的危险。一些老艺人先后谢世；兴山属三峡工程库区县，生活在香溪河两岸的人们很多成为外迁移民，流向四面八方；年轻人外出打工，纷纷涌向城市，给王昭君传说的抢救保护工作带来了前所未有的困难；许多有关王昭君的遗址遗迹，由于兴修水利、公路等，已遭到不同程度的毁坏；一条溪水尽香的香溪河，将随着三峡大坝蓄水而没入库底，成为历史。

王作章庭院里讲昭君传说

内蒙昭君博物院

台湾联合大学陈俊光（右）赠送昭君画像。左为台湾新莲寺主委余文秀先生

第三节　兴山围鼓

兴山县位于鄂西山区，西陵峡北侧，神农架南麓。这里绽放着一朵民间音乐的奇葩。

兴山围鼓分布于除高桥乡以外的全县各乡镇。广泛应用于红白喜事、春节灯会、集会游行等各种民俗活动，深受人们喜爱，颇具影响。七十年代初，被宜昌地区列为民间艺术"七鼓一曲"之首，多次前往北京、武汉等地演出，还数次为电影、电视所采用。

兴山"民风醇朴"、"尚淫祀"。缘于兴山善男信女结队朝武当山敬香的需要，约在清咸丰年间，流传于武当山周边及鄂、豫、陕交界地区的"打火炮"传入了兴山。150年来，与兴山民间艺术相结合，形成了具有本土特色的"兴山围鼓"。它既保留有北方吹打乐粗犷的气质，又具有南方吹打乐委婉的风格，更不同于鄂、川等地的"围鼓"而独树一帜。

兴山围鼓乐器有：鼓一架，发音焦脆；大锣一面，发音苏旷；叶子一付；马锣一个和唢呐一到两支。焦鼓苏锣的音调，乐而不荒，广而不宣。使人久听不累。

兴山围鼓有传统曲牌近200首，可分为三类：一是"玩曲类"，皆来自各地的民歌；二是"戏曲类"，是演化各地花鼓戏的唱腔；三是"武曲子类"，是来自道乐的"耍曲"，只能在喜事、丧事等特定的场合演奏。

《吹吹打打闹起来》围鼓艺班正在表演省级非遗保护名录"兴山围鼓"　何兴　摄

兴山围鼓的演奏颇具特色，好的打鼓者演奏时双手舞动，包含有手音和手势两种动作，极具表演性。击鼓的手法有"正手"、"阴手"和"阳手"三种，鼓槌可握于各个手指之间。在丧事中绕棺演奏时，要走"跷（音qiáo）步"。

王庆沅（左二）和艺人交流

兴山围鼓的文化学术价值在于：

1. 兴山围鼓历史较久，文化涵盖面广，信息含量大，具有一定的历史、文化研究价值；

2. 兴山围鼓与武当山道乐有着密切的联系，对研究武当山道乐与民间音乐，提供了活资料。

兴山围鼓的现实价值在于：

1. 兴山围鼓已成为兴山的重要文化品牌，有助于繁荣文化、发展旅游事业，促进兴山经济的可持续发展；

2. 极具民俗功能和娱乐价值；

3. 与鄂、豫、陕接壤地区的民间音乐具有文化认同价值，对于弘扬我国传统文化，促进社会主义精神文明建设，构建社会主义和谐社会起到不可忽视的作用。

现在，兴山围鼓班子已由90个已剧减到不足40个了，消亡趋势已经严重凸现。其原因：

1. 后继无人；

2. 围鼓老艺人相继谢世，同时造成围鼓的许多绝技、曲牌难以传承；

3. 兴山围鼓存在着传统艺术全盘现代化的危险！

若不采取有力的保护、抢救措施，势必消踪绝迹。

如何将兴山围鼓的传统艺术传承下去。引起了兴山县人民政府的高度重视，制定了保护计划。

随着保护计划的落实，我们坚信，兴山围鼓将开创前所未有的繁荣新局面。

第四节　兴山地花鼓

　　兴山地花鼓，俗称花鼓子，似一朵山野的小花，绽放在鄂西的崇山峻岭之中。除分布于兴山各乡镇外，还流传于秭归、神农架林区、宜昌市的夷陵区等地。

　　兴山地花鼓历史较久，南阳镇云盘村第五代艺人余祖礼的祖师爷万能召出生于1883年，他十几岁学艺，距今有百把年了。据清同治版《兴山县志》记载："元旦十三至十五日并演蟠龙、跳狮、花鼓诸杂剧。"据此可知，地花鼓于140多年前就在兴山流传了。

　　兴山地花鼓的应用场合各地不同，在兴山绝大部分地区如古夫、南阳、高桥等地，广泛应用于春节灯会、红白喜事、寿诞庆典、生儿打喜、砌屋上梁等场合，与人民的生活息息相关，深受人们的喜爱，构成了人们生活不可或缺的组成部分。兴山北部地区的榛子乡是个例外，只在春节玩灯时才打地花鼓，其它任何时节、场合是不表演的。表演场地室内、室外皆可，在室内表演时，要面对中堂香案上菩萨、祖先的神位，调度上不能背对香案，称之为不"背圣"。惟白事中只能在门外表演，称为"孝花鼓"。

为艺人袁显华填写表格

　　兴山地花鼓通常由两个角色表演，，一旦一丑扮作夫妻，旦角男扮女装。表演时丑角先出场，视周围环境和人物身份即兴表演，插科打诨，称为"搭白"，"搭白"的语言生动夸张，动作诙谐幽默，逗得人们忍俊不禁。也有两旦一丑三人表演的，称为"穿花鼓"。

兴山地花鼓载歌载舞，动作优美，刚中有柔，柔中见刚，表演细腻，风格性很强。曾被湖北省歌舞剧院著名舞蹈编导杨凤仙誉为湖北省最有特点的民间舞种之一，《湖北省民间舞蹈集成》副主编熊干锄等，1988年来兴山考察时也给予了较高的评价。

非遗工作人员向艺人学艺

兴山地花鼓丑角的表演诙谐、活泼，"翘翘步"是其显著特点，发力点在腰部，中腰带动身体前俯后仰，双膝下沉颤动，双手平举前伸，边走边交替扯袖，尽显活泼风趣。

"拦娇娥"的动作也很有特点，首先保持蹲裆步姿态，伴以左右晃身，双手挽扇花；尔后左脚踏地顿足，并在上方晃手、挥扇、拎身转半圈，舞姿刚劲奔放。

旦角的表演特点娇柔秀丽，表情含蓄，笑不露齿，双眼传情。"绞绞步"是其显著特点，表演时中腰微微左右摆动，双膝放松，夹而不紧，走动时如行云流水，尽显娇柔之美。这种舞步，贯穿于各个舞段之间。南阳镇云盘村92岁的老艺人李学知，将"三寸金莲"女性的行走表现得惟妙惟肖。

兴山地花鼓的舞蹈中，有许多动作呈现出性文化的符号，如"鲤鱼跳龙门"、"观音倒坐莲"、"凤凰扇翅"、"团鱼瞅蛋"等，丑旦二人表演时要碰胯、靠腿以及抚摸等动作，特别是"鲤鱼跳龙门"，旦角单腿跪于丑角大腿上，丑角双手从下方去摸旦角的胸部，旦角急忙推开、耸肩，露出又惊又喜的神色，将男女调情、交媾情状表现得淋漓尽致。

兴山地花鼓的道具，有两把花折扇和一方丝巾。表演时扇花上下飞舞，成了地花鼓的一大亮点，丑角扇花的特点是火爆泼辣，旦角扇花的特点是腰活、肘活、手腕活，高桥乡伍家坪村的艺人高邴森在绕扇的同时转腰、抬肩、提肘、拎腕，娇柔缠绵，没有丝毫的修饰与雕琢。道具的巧妙应用极大的增强了兴山地花鼓的表现力。

申遗工作专班与艺人合影

　　兴山地花鼓的服饰，旦角头戴勒子或是"大花"，身穿满搭襟便衣，外罩黑背心，下着撒罗裙，脚穿绣花鞋。丑角头戴"白帕子"（大白毛巾两端打结）或是小丑便帽，身穿白色对襟大袖便衣、外着黑背心，下穿大脚、大腰裤，脚穿草鞋。

　　兴山地花鼓的曲牌不多，一般有30多首，可分为戏腔和民歌小调两类，戏腔是吸收的当地"彩堂戏"，即花鼓戏的唱腔，如《四平腔》、《拉呱腔》、《八岔子腔》等。值得一提的，是唱腔中存在有"兴山特性音调"。

　　兴山地花鼓的乐队称为"云台师傅"或"坐台"，位于表演场地的左后方。乐器只有大锣、大帽钹及马锣三件，却没有鼓。"花鼓无鼓"倒成了趣谈。只有榛子乡的地花鼓用兴山围鼓伴奏，别有一番情趣。

　　兴山地花鼓的价值在于：原始质朴，含有古代舞蹈的信息，具有一定的研究价值。兴山地花鼓表演风趣幽默，动作优美奔放，语言生动活泼，具有很高的欣赏价值和娱乐价值。

　　兴山地花鼓还具有发展旅游经济的实用价值，并对提高群众文化素质，促进社会主义精神文明建设，构建和谐社会起到不可忽视的作用。

　　但是，兴山地花鼓的现状令人担忧。由于社会的发展，人们观念的改变，加上现代文明的强烈冲击，兴山地花鼓老艺人相继过世，青年人又不愿学，已明显的突现了后继无人的现象。现今在一个村里很难找到一个完整的班子（一旦一丑），更是缺少丑角，只有异地匹配以及旦角改丑角，才能勉强演出，呈现出极度濒危状况，如不采取得力保护措施，不过数年，必将消亡殆尽！

如何将兴山地花鼓传承下去。引起了兴山县人民政府的高度重视，制定了保护计划。随着保护计划的落实，我们坚信踏着传统走来的兴山地花鼓历史的迷雾与尘埃必将散开。这一优秀的民间舞蹈一定会再放异彩，开创一个崭新的时代。

第五节　五句子歌谣

过客怀三户，村童唱九歌。

　　　　　　　——过屈家铺原宅题　清·吴锦章

　　鄂西地区，巫山脚下，群山环抱，河谷幽深，一条美丽的香溪蜿蜒流淌。古代四大美人之一、汉明妃王昭君的故里——兴山县就坐落在这儿。兴山历史悠久，民歌资源十分丰富。这里传唱着一种五句子歌谣，是民歌皇冠上的一颗璀璨明珠。"它主要流传于湖北、湖南、河南、安徽等地，而以鄂西最为昌盛。"（华师大博士生导师刘守华语）《兴山县志》载："春时村邻易工相助，垦荒土者聚众数十人，鸣金、击鼓、唱歌。有催工节逸之效。"著名民俗专家钟敬文先生称：五句子歌谣是"赶"出来的，它与人们的生产、生活紧密相连。薅草挖田、打夜工撕包谷（叶）、掰包谷（米）聚在一处，你一句，我一句，用集体智慧，不知不觉中，一首五句子歌谣便"赶"了出来。

　　五句子歌谣具有鲜明的艺术特征：句式整齐，妙在末句。歌谣的头四句似乎把话说尽，却又赶上一句，或画龙点睛，深化主题，或翻出新意，锦上添花，这就使作品情浓意深，更加动人。

　　民歌是扎根在人民心上的花朵，是真情的流露，是生活的形象抒写。由集体共同创作，使歌谣具有广泛的群众

　《做斋》艺人彭洪才等　何兴　摄

性，唱起来通俗上口，意趣清新。

手法多样。歌谣采用大量的比兴、拟人手法，使歌谣意境开阔，寓意巧妙，韵味无穷。

荤素并存。人们在劳动中疲劳闷倦，唱点儿调情的俚歌，振刺精神，以达催工悦身之目的，呈现出歌谣原生态的朴素美。

五句子歌谣有其杰出价值。

文学价值　五句子歌谣内容广泛，题材多样，既有对昭君出塞和亲的思念、劳动场面的颂扬；也有对爱情的表白和对生活的吟唱。音调古朴多变，时而高亢激越，时而婉转素雅，时而哀怨忧伤。历代诗词歌赋、鼓瑟琴弦、小说、散文、戏剧，都从中吸收营养，对繁荣文艺创作具有重要价值。

史料价值　歌谣与生产、生活结合紧密。人们一同劳动，一同创作歌谣，无论写景叙事，抒发感情，贴切逼真，纯朴自然。是生活的真实写照，折射出历史的旧影，对研究鄂西民情风俗，了解人们的生存状态，具有形象的史料价值。

文化价值　人们在劳动中获得创作的灵感，创作的歌谣又回到生产中去，又激发劳动能力的增加，使生产更快进行。这种劳逸结合的田野文化，对丰富活跃人们的文化生活，促进农业生产，具有广泛的现实意义和文化价值。

五句子歌谣来自生产实践，是劳动人民共同的智慧结晶。句式优美，形象生动，易于传唱，如此宝贵的文化遗产，理应得到传承和发扬，申报非物质文化遗产保护名录十分必要。

五句子歌谣这颗民间文艺明珠，随着时代的变迁，跟其它文化遗产一样，面临失传的危险。许多老艺人先后谢世；兴山属三峡库区移民县，生活在香溪两岸的人们大都成为移民，搬迁到全国各地；年轻人对传统民间文化认识肤浅，态度冷漠，外出打工，纷纷涌向城市，给歌谣的传承和保护带来了前所未有的困难，情形堪忧。

针对以上情况，目前，兴山县委、县人民政府及文化部门，正在加大力度，对歌谣进行抢救和保护。

第六节　李来亨传说

　　李来亨故事主要流传于湖北省兴山县，这里崇山峻岭、沟壑纵横，是"小闯王"李来亨坚持抗清斗争达13年之久的最后根据地，其史实散见于《清史录》、《兴山县志》等史籍。

　　三百多年来，李来亨故事一直被世人传颂，成为一个重要的文化现象。

　　李来亨故事显著特征有四个方面：

　　群众性：李来亨继承李自成的遗志，在兴山县百羊寨、茅麓山屯兵自给，抗击清兵、骁勇善战，有关"小闯王"李来亨的故事妇孺皆知，具有广泛的群众基础。

　　传奇性：李来亨带领农民起义军余部，转战川、陕、渝、鄂，在茅麓山建立根据地长达13年之久，具有战争的传奇性。

　　多样性：李来亨故事不仅存在民间口头文学，还存在于各种文艺作品中。

　　传承性：在兴山县百羊寨有关李来亨的遗址特别众多，有关故事传说渗透在乡风民俗之中，许多地名也与李来亨故事相关，具有广泛的传承性。

　　李来亨故事的价值在于：

　　文学价值：传说作为民间文学的一种形式，口头传承性强，

采访当地艺人

流传广泛，老少皆宜。李来亨传说是有关李来亨各类文艺作品的创作源泉。

从诗词、小说、戏剧、散文、故事、传奇、唱词等，到现代的歌舞剧，电视连续剧都从民间传说中吸取大量的素材，塑造出李来亨个性鲜明、血肉丰满的英雄形象，其丰厚的文化内涵成为各种文艺表现题材。

思想价值：李来亨是大顺军后期一位杰出的领袖，是人民抗击清军中最著名的英雄。李来亨的故事是一本教科书，对中华民族的凝聚力，对反对异族入侵，振兴中华民族有强大的思想动力和文化含量。

人文价值：李来亨故事和现存的众多遗址，是李来亨抗击清兵最有力的证据，它蕴含了丰富的人文价值，特别是李来亨矢志不渝、坚持抗清斗争达13年之久，在反抗封建统治和民族压迫的斗争中立下了不朽的功勋。是广大青少年爱国主义教育的生动的教材。

史学价值：李来亨是民族抗清的英雄，他在百羊寨、茅麓山坚持抗清13年之久，留下许多悲壮的故事，作为一个历史人物，其辉煌灿烂的一生，可以从多角度多视线来研究那一段清初的历史，也为许多史学家研究这支农民起义军提供历史佐证。作为农民军领袖，李来亨传奇的一生，就是一部波澜壮阔的历史画卷。李来亨的故事对研究明末清初那段历史，研究农民军的兴衰具有更重要的参考价值。

"李来亨故事"田野调查小组走访了全县五个乡镇，对近百名艺人进行了调查走访，结果令人十分担忧，会讲李来亨故事的民间艺人，大都已经超过六十岁。李来亨故事的讲述人已先后谢世，仅存的艺人中，百分之七十的老人健康状况令人忧虑，处境堪忧。南阳镇百羊寨的很多古迹遗址都在不同程度遭到破坏，遗址防护措施薄弱，如不再进行保护，将造成无法挽回的损失。李来亨故事主要分布在南阳镇百羊寨和黄粮百城村，山大人稀、自然条件恶劣，许多青年人纷纷外出打工，社会环境的变化，这也给李来亨故事出现传承的空当，现代文明的冲击，使青年人在流行文化和音乐的冲击下，不热爱民间文学，特别是面对优秀的民间文化的衰落漠不关心，这也是李来亨故事濒临消亡的重要因素。

第七节　文三猴子的故事

[出字幕]：

(申报第四批宜昌市非物质文化遗产名录电视专题片文三猴子的故事申报代码Ⅰ)

[解说词] 兴山县位于鄂西山区，西陵峡北侧，神农架南麓。这里民风醇朴，有利于民间技艺的传承。"文三猴子的故事"就是兴山民间文学艺苑的一朵奇葩，它主要流布于峡口、水月寺、昭君、古夫等地，临近的秭归县也有散布。

"文三猴子"，姓文，名晖，字君，号象山，兴山县建阳坪文家山人氏。生于清乾隆15年（1774年2月），卒于清道光21年（1840年3月），享年67岁。

申遗工作人员与文家后人交谈

"文三猴子"的曾祖父文焕然是明末贡生，敕封修职左郎，授七品服色；父亲文兴璠于清嘉庆5年（公元1800年）任湖北孝感县训导，并授"岁进士"匾额。"文三猴子"的祖辈功名博学，是兴山有名的"德门儒族"。

文三猴子故居遗址

[同期声]（民间艺人饶立鼎）：文三猴子他有一个习惯，冬天烤火呢……

在民间流的"文三猴子的故事"有"帮工"、"告状"、"卖茄秧"、"卖猪仔"、"戏弄县太爷"等70多个，大致可分为三种类型：惩恶扬善、打抱不平、斗智斗勇。这些故事以鲜活生动的言语，再现了"文三猴子"的机智聪慧、滑稽幽默，以及他不畏强暴、怜济弱小、仗义豪放、不拘礼数的人物性格，深受老百姓的喜爱。

1980年5月，在兴山举办了"湖北省第一届民间文学骨干培训班"。"文三猴子的故事"首次引起民间文学界的重视，同年夏秋，"文三猴子的故事"就入选了《湖北民间故事传说集》和《三峡传说》。后来文三猴子的故事影响扩大。先后被收入《汉族机智人物故事选》，《中国机智人物故事大观》，《中国传说故事大辞典》等一系列图书。

[同期声]（蔡长明　国家二级作家，中国民间文艺家协会会员）

文三猴子的故事，他的主要价值体现在以下几个方面：

首先是他的思想价值。当人们在生活当中，遇到什么困难的时候，一定要坚信正义一定能战胜邪恶，增强生活的勇气和信心。其次，是他的文化价值。高尔基说：民间文学是一切文学的母亲，各类文学的样式，都会不同程度地从民间文学当中吸取营养，它是民众接收文学教育的最广阔的学校。再说是审美价值。就是在这个故事中，充满了真善美和假丑恶的较量，（他用）机智给生活带来欢乐，使人们得到审美的愉悦。

文三猴子的故事是我们蓄藏在深山里的非常珍贵的文化资源，需要我们保

护、传承、弘扬！

[同期声]：（王作栋　国务院特贴专家，中国地域文化研究会副主任）

文三猴子的故事，特指由机智人物文三猴子贯穿的故事群。这个故事群，多侧面、多角度地表现了机智人物乐观开朗的性格和不畏强暴的斗争精神，是劳动群众集体智慧的结晶。

这个故事群，它值得引人注目的是他的生活原形，确有其人，本名文晖，兴山县建阳坪文家山人，清代廪生，碑文尚存，后裔健在。这个故事群集中反映了民众的是非观、价值观。做为非物质文化遗产它有特殊的意义，研究它产生的乡土背景和近当代发生流变的具体形态是有待深入。

随着时代发展，"文三猴子的故事"将同其它优秀民间文化一样，面临失传。目前，会讲"文三猴子的故事"的人不多了，主要是一些老年人，中年人只有文三猴子的几个本家后人。[采访余祖琼、文道仁]

由于一些老艺人相继谢世，年轻人又外出打工，特别是受到当今影视文化的冲击，给"文三猴子的故事"的传承和保护带来前所未有的困难。

希望在各级政府的大力支持下，在各位艺人和工作人员共同努力下，全民行动，齐心协力，使"文三猴子的故事"后继有人，发扬光大！

县文联组织作家到文运远洋房子采风

第八节　兴山踩堂戏

过去，由于山高壑深，交通闭塞，当地民众的文娱活动，主要是观赏本土艺人的表演，兴山踩堂戏深受当地民众的欢迎。每遇灯会、老人做寿、儿女完婚、喜得贵子等喜庆之事，便有户主请戏班到家，在厅堂里搭台唱戏。

"踩堂戏，又称堂戏、花鼓戏、花鼓子戏。它吸纳戏曲表演技艺，由旦、丑而饰演各种人物、并有剧目本头的戏曲形式，在兴山历经了300年左右。"同治四年（1865）《兴山县志.民俗》已有花鼓戏记载："十三至十五日并演蟠龙跳狮花鼓诸杂剧。"

[同期声] 张代久：它的曲子来自三部分，一部分来自梁山调和借用皮影戏中的一些曲调；二部分来自原来兴山花鼓戏的调子、八岔戏的调子；第三部分来自兴山民歌中的小调，比如说五句子中间的《十想》、《十摸》、《梁山伯送祝英台》、《掐菜台》等。

[画面]《丁籁子讨亲》（只要苏二妹嫁给我）

踩堂戏剧本可分两大类：一是"正本头"，二是杂戏。其内容贴近生活，唱腔丰富多样，表演生动幽默，戏剧风格诙谐风趣。《张快活卖油》、《顶蒲团》等一些剧目分别在八十年代初参加宜昌地区文艺调演中获一等奖和二等奖。

杰出价值：

兴山踩堂戏经过一代代艺人口传心授，形

成了自成一体的程式和约定俗成的套路，是存活于民间艺术宝库的重要资源，是兴山历史人文、传统文化、民间艺术和民风民俗的真实记录和历史缩影，具有珍贵的文史价值。

（采访钟学诚画面）

濒危状况：

我们采访到的这位艺人叫钟学诚，曾是当地小有名气的丑角演员，《张快活卖油》就是他的代表剧目。如今随着社会急骤变革和市场经济冲击，他和其他人一样外出打工，使得演戏者、学戏者越来越少。各乡镇原有的知名艺人相继离世，健在的艺人年事已高，踩堂戏传承出现青黄不接的窘境。目前尚有40多个文本失散于民间，可能人亡书失，迫切需要加以抢救保护。

兴山非遗名录围鼓在景区演出，图为艺人们正在候场

第九节　兴山全益伤科

[兴山县境内风光画面]

兴山县地处鄂西山区，是中国古代四大美人之一王昭君的故里。这里山峦叠嶂，沟深谷幽，云雾缭绕，良好的自然环境孕育了多种疗效奇特的中草药，吸引着众多的走方郎中和采药人慕名而来。他们高超的技艺和济世良方，也在这里落地生根，开花结果。

相传在清朝末年，有一位四川万县的走方郎中，来到兴山县，将"全益伤科"的技艺传给了张开锦先生，距今已有一百多年的历史了。

[兴山县中医医院远景、朱医生治疗伤的画面等]

"兴山全益伤科"是以治疗骨伤为主，多种伤科并举的治疗体系。治疗骨伤，运用"摸、接、端、提、按、摩、推、拿"等传统的中医手法，外用杉树皮固定，配以兴山本地的中草药，外敷、内服，加速骨折的愈合，有奇特疗效。

[甲骨文图片、书籍图片画面]

中医骨伤科学，历史悠久，源远流长。最早见于甲骨文对骨折的描述，《黄帝内经》和《神农本草经》，奠定了骨伤科的理论与用药基础。《医宗金鉴·正骨心法要旨》，总结了前人的正骨经验，其理论基础一直为"兴山全益伤科"所推崇。

[市中医院副院长、主任医师段砚方同期声]

段砚方："兴山全益伤科"，经过张开锦、朱全益、张永国、王爱明传承至今，已经经历了五代的传承，成活态。

267

[采访朱全谥画面，同期声、榛乡风景、给张开锦扫墓画面]

朱全益：我的师傅是张开锦，是榛子岭的人，跟他学艺的.我的师傅的师傅呢是四川下来的走江湖的游医，我师傅的师傅呢名字我找不到，我师傅讲给我听的，他后来死哒埋在榛子岭郭家店"蚂蚁子坟"。

[张开锦照片、孙儿媳妇的讲述]

张开锦，1894年生于兴山县榛子乡和平村，是"兴山全益伤科"第二代传人。他16岁拜师学艺，深得师傅真传，后又遍访名医宿儒，搜寻民间治骨疗伤验方，成为一代名医。他的徒弟有朱全益、张运清、李永昶、牛朝会等。

[湖北中医药大学教授张正浩同期声]

张正浩：朱全益先生是兴山县知名的骨伤科专家。他数十年深入到民间，创立了有独特疗效的，骨伤科的……

[朱全益在中医院给病人治病的画面]

朱全益，1935年出生在于兴山县高阳镇，是"兴山全益伤科"第三代传人。从医六十年来，用中医药理论指导他的实践，不断学习，吸取众家之长，对手法正骨术、小夹板外固定技术、中草药加工工艺等进行了多项改进，使伤科治疗更便捷有效。

他认为：对伤科的治疗，皆要内、外双修，主张内补气血，外散淤肿；正骨技法强调小夹板固定同中草药相互配合；康复主张药物熏洗和功能锻炼相结合。

[患者简成章同期声]

简成章：当时伤的是粉碎性骨折，带燎斜。朱医生用传统的中草药给我敷的，只在床上睡哒45天，原先可以说背250斤，现在照直背250斤。像他您这样的中草药能发扬下啊，是相当好的，朱医生棒棒的。

[中医院朱、王、张给病人上药、看病的画面]

"兴山全益伤科"对于骨伤的诊断全凭手"摸"，"先观其外形而知其内伤，后以手摸之伤情自悉"，手一"摸"，无移位的骨折直接外敷"消瘀镇痛膏"，夹板固定后回家休养；有移位的骨折，先进行手法复位，再外敷"消瘀镇痛膏"，夹板固定。

"兴山全益伤科"的正骨手法的精髓就体现在"巧"字上，手法柔和，动作轻缓，力度均匀，恰到好处。通过"拔、捏、端、提"等手法，治疗骨折、脱臼等疾病，巧力施治。要求力度既要透达患处，使骨关节损伤、肢体变形能恢复原位，又不产生新的创伤。不用麻醉剂，患者无痛苦。

[市中医院副院长、主任医师段砚方同期声]

段砚方：核心的治疗药物"四大天王接骨膏"是采用兴山当地的中药材"飞天蜈蚣"、"扑地蜈蚣"等当地的道地药材，经过精心的炮制而成。

[王涛、许振南调配草药画面]

"兴山全益伤科"用药精准、疗效奇特。

(骨科制剂)"消瘀镇痛膏"：适用于跌扑损伤初期，红肿热痛以及软组织损伤等疾病；

"四大天王"接骨膏：适用于骨折中期，促进骨痂形成，加速愈合；

治虫类咬伤，以七叶一枝花、江边一碗水等药物，蘸唾液磨成浆液涂擦患处。

[湖北中医药大学教授张正浩同期声]

张正浩：全益伤科在我们整个骨伤领域里面，在诊断、治疗、康复，在我们省里面来说，处于一个领先的水平，可以大大地发扬。

[中医医院药房画面]

然而，由于受经济利益的驱使，"兴山全益伤科"的生存空间越来越小；加之所用药物生长周期长、对自然环境的要求苛刻，天然药物资源日趋枯竭；当下朱全益等老一辈传人都年世已高，新一代学徒又难挡一面，"兴山全益伤科"已凸显青黄不接的局面。

[杏花风景画面]

"医乃仁术，救死扶伤，不分贫富，不图报酬"。这是"兴山全益伤科"始

269

终恪守的为医之道。

　　"杏林春意浓，古树绽新枝"。我们坚信薪传百余年的"兴山全益伤科"一定会发扬光大，祝愿这朵杏林奇秀，绽放得更艳，更美……

第 ①② 章　名录保护

第一节　保护内容与措施

一、兴山民歌

保护内容：为加强我县非物质文化遗产的抢救保护，根据《国务院办公厅关于加强我国非物质文化遗产保护工作的意见》（国办发［2005］18号文件精神，制定保护计划，保护和传承、展示兴山民歌丰富内涵，增强中华民族的文化自觉和文化认同。其目的是：使兴山民歌脱离薅草锣鼓的载体而单独存活；建立薅草锣鼓博物馆式的保护模式。现结合兴山实际，制定兴山民歌保护计划如下：

进一步全面深入地开展普查工作，弄清"兴山民歌"项目的发生、发展的历史源流及师承关系、艺术表现形式、文化空间、分布状况、艺术价值等基本

　国家级传承人陈家珍到校园教唱兴山民歌

情况。

将普查资料进行系统地归类、整理、存档，建立"兴山民歌"资源数据库。

成立"兴山民歌"研究室，深入开展理论研究工作，在过去民间音乐集成和近期全面普查的基础上，组织有关文艺专家抓好"兴山民歌"的理论研究，进一步形成系统的理论研究成果，并将研究成果汇编出版。

动态保护：以全县中小学为阵地，建立"兴山民歌"传承机制，把"兴山民歌"的传承纳入本县地方课程教育教学计划，并将其重点内容由专家组编入地方课程，走进课堂；

在黄粮镇建立"兴山民歌"文化生态保护区，在黄粮镇户溪村创建"民歌村"的基础上，再建古夫、峡口、水月寺、南阳、高阳等五个文化生态保护区和8个民歌村，并逐步创建"兴山民歌"之乡（镇）；

积极筹措资金建立民族民间文化展演中心；组建兴山县民间艺术表演团体，以"兴山民歌"为主要内容，大力弘扬优秀民间文化，着力打造地方特色文化精品；创作编排一台"以兴山民歌"为素材的原生态歌舞《巴风楚韵》广泛对外展演；

组建乡镇民间文化协会及其分会组织，组织和调动一批优秀民间艺人，开展"兴山民歌"的传承和演唱活动，并把"兴山民歌"演唱与当地群众的婚俗、丧俗及其他习俗等有机结合起来，扩大"兴山民歌"的表现空间；

举办昭君民间艺术节，通过比赛活动，促进"兴山民歌"的传承与发展；

积极发展以"兴山民歌"为特色的文化产业，大力开发旅游产品，以优秀民间艺术为表演形式，以旅游景点、宾馆饭店、娱乐场所等为平台，寻求民间艺术与旅游产业的最佳契合点，大力推动旅游文化的发展，着力振兴兴山文化、旅游事业，促进兴山经济的可持续发展。

保护措施：成立"非物质文化遗产代表作暨民族民间文化保护工程领导小组"及其办公室；

组建"兴山县民族民间文化保护工程中心"，成立专家组，具体指导工作；

组建由文化部门牵头，文化、广播电视、乡镇文化广播电视服务中心有关人员参与的普查工作专班；

成立以分管副县长为组长，县文化局局长、县教育局局长为副组长，县直有关部门及各乡镇分管文化、教育的领导为成员的民族民间文化传承教学协调小组，并由县文化局、县教育局联合组建教育教学计划及地方课程编写组；

273

教学生唱民歌

建立以古夫民居（省级重点文物保护单位）为阵地，以民俗实物展示和兴山民歌展演为主要内容的昭君民俗风情园，大力开展兴山民歌的展演传承活动，形成有效的优秀民间文化传承保护和开发利用机制。

充分利用本地文艺人才，积极引进外来专家，共同研究和打造兴山民歌独具特色的舞台艺术精品，使其成为立得稳、影响大、市场广、受欢迎的优秀剧目，并逐步做大做强，形成特色艺术产业。

县政府每年预算15万元，用于兴山民歌的保护工程，并确保财政预算逐年递增。

每两年组织专家对兴山民歌传承人进行一次评定命名，凡被命名为县级以上且年满70周岁的优秀民间艺人（特别是高龄著名艺人）每人每年补助一定的生活费。

二、兴山薅草锣鼓

保护内容：加强我县非物质文化遗产的抢救保护和传承、展示兴山薅草锣鼓丰富内涵，增强中华民族的文化自觉和文化认同。其目的是：使兴山薅草锣鼓脱离薅草锣鼓的载体而单独存活；建立薅草锣鼓博物馆式的保护模式。现结合兴山实际，制定兴山薅草锣鼓保护计划如下：

静态保护：在县民族风情园内组建兴山薅草锣鼓演唱队，专门负责兴山薅草锣鼓的演唱、传承、研究的工作，开展博物馆式的保护。

进一步全面深入地开展普查工作，将普查资料进行系统地归类、整理、存档，建立"兴山薅草锣鼓"资源数据库。

成立兴山县非物质文化遗产研究室，深入开展理论研究工作，在过去民间音乐集成和近期全面普查的基础上，组织有关文艺专家抓好"兴山薅草锣鼓"的理论研究，进一步形成系统的理论研究成果，并将研究成果汇编出版。

动态保护：在黄粮镇建立"兴山薅草锣鼓"文化生态保护区，在黄粮镇户溪村创建"民歌村"的基础上，再建古夫、峡口、水月寺、南阳、高阳等五个文化生态保护区和8个薅草锣鼓村，并逐步创建"兴山薅草锣鼓"之乡（镇）；

积极筹措资金建立民族民间文化展演中心；组建兴山县民间艺术表演团体，以"兴山薅草锣鼓"等为主要内容，大力弘扬优秀民间文化，着力打造地方特色文化精品；创作编排一台有"兴山薅草锣鼓"作素材的原生态歌舞《昭君故里情》广泛对外展演；

组建乡镇民间文化协会及其分会组织，组织和调动一批优秀民间艺人，开展"兴山薅草锣鼓"的传承和演唱活动，并把"兴山薅草锣鼓"演唱与当地群众的婚

遗产日活动

俗、丧俗及其他习俗等有机结合起来，扩大"兴山薅草锣鼓"的表现空间；

每两年举办一届昭君民间艺术节，通过比赛活动，促进"兴山薅草锣鼓"的传承与发展；

积极发展以"兴山薅草锣鼓"为特色的文化产业，大力开发旅游产品，以优秀民间艺术为表演形式，以旅游景点、宾馆饭店、娱乐场所等为平台，寻求民间艺术与旅游产业的最佳契合点，大力推动旅游文化的发展，着力振兴兴山文化、旅游事业，促进兴山经济的可持续发展。

保障措施：成立"非物质文化遗产代表作暨民族民间文化保护工程领导小组"及其办公室；

组建"兴山县非物质文化遗产保护中心"，成立专家组，具体指导工作；

组建由文化部门牵头，文化、广播电视、乡镇文化广播电视服务中心有关人员参与的普查工作专班；

建立以古夫民居（省级重点文物保护单位）为阵地，以民俗实物展示和兴山薅草锣鼓展演为主要内容的昭君民俗风情园，大力开展兴山薅草锣鼓的展演传承活动，形成有效的优秀民间文化传承保护和开发利用机制。

充分利用本地文艺人才，积极引进外来专家，共同研究和打造兴山薅草锣鼓独具特色的舞台艺术精品，使其成为立得稳、影响大、市场广、受欢迎的优秀剧目。

三、王昭君传说

静态保护：进一步全面深入地开展普查工作，弄清王昭君传说发生、发展的历史渊源及师承关系、文学艺术表现形式、文化空间、分布状况、艺术价值等基本情况。

将普查资料进行系统归类、整理、存档，建立王昭君传说资源数据库。

成立非物质文化遗产研究室，深入开展以王昭君传说为代表的优秀民间文化的系统研究工作，在过去编纂兴山民间故事集成和即将出版的《中国民间故事全书·兴山卷》及这次全面普查的基础上，组织有关文艺专家开展王昭君传说的理论研究，进一步形成系统的理论研究成果，并将研究成果汇编出版。

动态保护：兴山县昭君纪念馆是全国民族团结进步教育基地之一，以此为载体，建立王昭君传说传承基地。另外选定高阳镇初级中学、高阳镇中心小学为王昭君传说传承示范基地，将昭君传说的传承纳入全县地方课程教学计划，并将重点内容由专家组编入地方课程，走进课堂。

在高阳镇、南阳镇建立王昭君传说文化生态保护区，并在高阳镇陈家湾村、昭君村、南阳镇百羊寨村创建王昭君传说村；凡有关王昭君的地名、遗址、遗迹都立上石碑，以示纪念。

扩大乡镇民间文化协会及其分会组织，组织和调动一批优秀民间故事家，开展王昭君传说的传承和展演活动，并将昭君传说与其它民间艺术表演形式有机结合起来，把它艺术化地搬上舞台，扩大王昭君传说的表现空间和传承

县作家采风团爬山涉水挖掘传统文化

民间艺人年终到非遗中心总结工作

途径。

每两年举办一届王昭君传说传讲大赛，通过活动，促进王昭君传说的传承和发展。

兴山是昭君故里，昭君纪念馆是我县重要的旅游窗口，要把王昭君传说作为发展旅游业的切入点，精心组织，策划包装，向外推介，除了出版王昭君传说丛书以外，还要以"昭君村"这个3A级风景区为平台，寻求王昭君传说与旅游业的最佳契合点，大力推动旅游文化的发展，着力振兴兴山文化、旅游事业，促进兴山经济的可持续发展。

保障措施：以昭君纪念馆（内有省级重点文物保护单位楠木井）为阵地，以昭君民俗实物展示和王昭君传说展演为主要内容，大力开展王昭君传说的传承展演活动，形成有效的优秀民间文化传承保护和开发利用机制。

充分利用本地文艺人才，积极引进外来专家，共同研究和打造昭君题材的舞台艺术精品，使其成为立得稳、影响大、市场广、受欢迎的优秀剧目。

四、兴山围鼓

保护内容：加强我县非物质文化遗产的抢救，保护和传承、展示兴山围鼓的丰富内涵，增强中华民族的文化自觉和文化认同。其目的是：使兴山围鼓长期存活；建立兴山围鼓特定的保护模式。现结合兴山实际，制定兴山围鼓保护计划如下：

静态保护：进一步全面深入地开展普查工作，弄清"兴山围鼓"项目发生、发展的历史源流及师承关系、艺术表现形式、文化空间、分布状况、艺术价值等基本情况。

将普查资料进行系统地归类、整理、存档，建立"兴山围鼓"资源数据库。

成立非物质文化遗产研究室，深入开展理论研究工作，在过去民间器乐集成和近期全面普查的基础上，组织有关专业人员抓好"兴山围鼓"的理论研究，进一步形成系统的理论研究成果，并将研究成果汇编出版。

278

动态保护：以有关中小学为阵地，建立"兴山围鼓"传承机制，把"兴山围鼓"的传承纳入本县校本课程教育教学计划，并将其重点内容由专家组编入地方课程，走进课堂；

在古夫镇、榛子乡建立"兴山围鼓"文化生态保护区，在古夫镇竹园河村创建"兴山围鼓村"的基础上，再建古夫镇邹家岭社区、榛子乡青山村、黄粮镇金家坝村、峡口镇李家山村、高阳镇青华村5个围鼓村，并逐步创建"兴山围鼓"之乡（镇）；

积极筹措资金建立民族民间文化展演中心；组建兴山围鼓民间艺术表演团体，以"兴山围鼓"为主要内容，大力弘扬优秀民间文化，着力打造地方特色文化精品；创作编排一台以"兴山围鼓"为主要素材的原生态节目《兴山围鼓春潮涌》，广泛对外展演；

组建乡镇民间文化协会及其分会组织，组织和调动一批优秀民间艺人，开展"兴山围鼓"的传承和演奏活动，并把"兴山围鼓"演奏与当地群众的婚俗、丧俗及其他习俗等有机结合起来，扩大"兴山围鼓"的表现空间；

每两年举办一届昭君民间艺术节，通过比赛活动，促进"兴山围鼓"的传承与发展；

表彰非遗传承人

少年围鼓队上舞台

　　积极发展以"兴山围鼓"为特色的文化产业，大力开发旅游产品，以优秀民间艺术为表演形式，以旅游景点、宾馆饭店、娱乐场所等为平台，寻求民间艺术与旅游产业的最佳契合点，大力推动旅游文化的发展。

　　保障措施：成立"非物质文化遗产代表作暨民族民间文化保护工程领导小组"及其办公室；

　　建立以古夫民居（省级重点文物保护单位）为阵地，以民俗实物展示和兴山围鼓展演为主要内容的昭君民俗风情园，大力开展兴山围鼓的展演传承活动，形成有效的优秀民间文化传承保护和开发利用机制。

　　充分利用本地文艺人才，积极引进外来专家，共同研究和打造兴山围鼓独具特色的舞台艺术精品，使其成为立得稳、影响大、市场广、受欢迎的优秀节目，并逐步做大做强，形成特色艺术产业。

五、兴山地花鼓

　　保护内容：为加强兴山地花鼓的抢救，保护和传承、展示兴山地花鼓的丰富内涵，增强全县人民的文化自觉和文化认同。其目的是：使兴山地花鼓长期存活；建立兴山地花鼓特定的保护模式。现结合兴山实际，制定兴山地花鼓保护计划如下：

静态保护：进一步全面深入地开展普查工作，弄清"兴山地花鼓"发生、发展的历史源流及师承关系、艺术表现形式、文化空间、分布状况、艺术价值等基本情况。

将普查资料进行系统归类、整理、存档，建立"兴山地花鼓"资源数据库。

成立非物质文化遗产研究室，深入开展以"兴山地花鼓"为代表的优秀民间文化的系统研究工作，在过去编纂兴山民间舞蹈集成和近期全面普查的基础上，组织有关文艺专家抓好"兴山地花鼓"的理论研究，进一步形成系统的理论研究成果，并将研究成果汇编出版。

动态保护：

以全县中小学为阵地，建立"兴山地花鼓"传承示范机制，把"兴山地花鼓"的传承纳入本县校本课程教育教学计划，并将其重点内容由专家组编入校本课程，走进课堂；

在南阳镇营盘村创建"兴山地花鼓村"的基础上，再建南阳、古夫等两个"兴山地花鼓"文化生态保护区和10个地花鼓村，并逐步创建"兴山地花鼓"之乡（镇）；

积极筹措资金建立民族民间文化展演中心；组建兴山县民间艺术表演团体，以"兴山地花鼓"等为主要内容，大力弘扬优秀民间文化，着力打造地方特色文化精品；创作编排一台以"兴山地花鼓"为主要素材的原生态舞蹈节目《潮涌兴山地花鼓》，广泛对外展演；

积极发展以"兴山地花鼓"为特色的文化产业，大力开发旅游产品，以优秀民间艺术为表现形式，以旅游景点、宾馆饭店、娱乐场所等为平台，寻求民间艺术与旅游产业的最佳契合点，大力推动旅游文化，促进兴山经济的可持续发展。

保障措施：建立以古夫民居（省级重点文物保护单位）为阵地，以民俗实物展示和兴山

获 2014 年宜昌市庆祝"文化遗产日"非遗保护成果展演一等奖

地花鼓展演为主要内容的昭君民俗风情园，大力开展兴山地花鼓的展演传承活动，形成有效的优秀民间文化传承保护和开发利用机制。

充分利用本地文艺人才，积极引进外来专家，共同研究和打造兴山地花鼓独具特色的舞台艺术精品，使其成为立得稳、影响大、市场广、受欢迎的优秀剧目，并逐步做大做强，形成特色艺术产业。

六、兴山五句子歌谣

*静态保护：*进一步全面深入地开展普查工作，弄清五句子歌谣发生、发展的历史渊源将普查资料进行系统归类、整理、存档，建立五句子歌谣资源数据库。

收集、整理五句子歌谣出版《兴山五句子歌谣选》。

*动态保护：*兴山县王昭君纪念馆是全国民族团结进步教育基地之一，以此为载体，建立传承基地，另外选定黄粮镇初级中学、黄粮镇中心小学、高阳镇初级中学、高阳镇中心小学为传承示范基地，并纳入全县乡土教材教学计划，走进学生课堂。

举办一届五句子歌谣创作、演唱大赛，通过活动，促进五句子歌谣的传承和发展。

非遗传承人领奖

保障措施：由县文化局、县教育局联合组建教育教学计划及地方课程编写组。

七、李来亨传说

保护内容：建立李来亨故事基地，将李来亨故事传承纳入全县地方课程教学计划，并将重点内容由专家组编入地方课程，走进课堂。

在南阳镇建立李来亨故事传承演展中心，并设传说文化生态保护区，并在南阳镇百羊寨村创建李来亨故事村，并申请将李来亨的遗址修复并加以保护。

把昭君和李来亨的遗址和传说故事结合起来，把李来亨故事作为发展旅游的切入点，精心组织，策划包装，向外推介，除了出版李来亨故事丛书以外，还要切入李来亨与旅游业的最佳结合点，大力推动旅游文化的发展，着力振兴兴山文化、旅游事业，促进兴山经济可持续发展。

保障措施：组建"兴山县非物质文化遗产保护中心"，成立专家组，具体指导工作。

以李来亨故事及李来亨遗址为主要内容，大力开展李来亨故事展演活动，形成有效的优秀民间文化遗产保护和开发利用机制。

充分利用本地文艺人才，积极引进外来专家共同研究和打造李来亨题材的舞台艺术精品，使其成为广大观众受欢迎的剧目。

八、文三猴子的故事

保护内容：成立非物质文化遗产研究室，深入开展以"文三猴子的故事"为代表的系统研究工作，在过去编纂《兴山民间故事集成》和已经出版的《文三猴子的故事》及这次田野调查基础上，组织有关文艺专家抓好"文三猴子的故事"的理论研究，进一步形成系统的理论研究成果，并将研究成果汇编出版。

扩大乡镇民间文化协会及其分会组织，组织和调动一批优秀民间故事艺人，开展对"文三猴子的故事"的传承活动，并把"文三猴子的故事"与其它民间文化有机结合起来，搬上文艺舞台，扩大"文三猴子的故事"的表现空间和传承途径。

保障措施：以昭君文化园为阵地，以昭君民俗实物展示和"文三猴子的故事"演讲为主要内容，大力开展"文三猴子的故事"的传承活动，形成有效的优秀民间文化传承保护和开发利用机制。

充分利用本地文艺人才，培养一批本地故事家。

九、兴山踩堂戏

已采取的保护措施：新中国成立以来，兴山踩堂戏作为具有代表性的地方剧种，受到党委政府重视。20世纪50年代起，即组织文化工作对各乡镇戏班、民间艺人和所传承的剧目等相关情况进行了调查，1956年县文化馆已进行了兴山踩堂戏艺人登记和建档。文革期间，各地民间团队组织遭到破坏，兴山踩堂戏的民间演出活动也被视为"四旧"和"毒草"而被迫叫停，一度消失。改革开放后的1983年—1987年，兴山在全县范围内普查花鼓（踩堂戏），再次建档。从20世纪80年代开始，兴山踩堂戏逐步恢复，当时的县文工团和各地民间团体相继复排传统戏和改编新剧目上演，政府文化主管部门给予相应的资金扶持，对获奖作品和演员予以奖金鼓励。这些措施对踩堂戏的保护传承，起到了至关重要的作用。

近10年来，兴山县委、县政府、县文体局都将踩堂戏作为兴山县重点项目加以保护，2006年已将"踩堂戏"列为县级非物质文化遗产代表性项目名录。兴山县文化馆对该项目进行了重点调查，建立了普查档案，并制作了重点艺人分布图。县文化馆（非遗保护中心）用国家、省近些年下拨的保护经费扶持民间骨干团体复排踩堂戏传统剧目，参加市、县非遗展演和农村文艺汇演等演出，极大地激发了民间传承人的热情和保护意愿；还对全县现存的踩堂戏传统剧目进行了搜集整理，于2011年由三峡电子音像出版社公开出版发行了《兴山踩堂戏》一书，该书荣获了兴山县人民政府第二届"昭君文学艺术奖"。

"文化力量 民间精彩"宜昌市第三届群众广场舞展演获二等奖

保护内容：对全县各乡镇、社区现存兴山踩堂戏团体和传承人进行一次全面的摸底，对其传承的剧目进行文、图、声、像全方位的抢救性记录拍摄，建立档案库；对音频、视频资料进行整理，建立电子数据库。为进一步梳理、挖掘传统剧目打下基础。

建立兴山踩堂戏传承基地、传习所；定期开展民间文艺汇演；以传承基地为阵地、以汇演为契机，激励民间团体排练演出踩堂戏，并制定复兴踩堂戏计划和剧目复排扶持机制；扶持县昭君艺术团复排演出踩堂戏；同时每年分批次重点支持5个民间团体，解决踩堂戏排练、演出以及必备的乐器、服装、道具、化妆和交通等基本费用。

举办兴山踩堂戏传承人培训班，请健在、技艺高超的传承人为年轻一代授课；建立激励机制，奖励师徒传承，以培养更多的年轻人。聘请退休的原兴山

"欢跃四季"北京演出纪念

戏剧创作室资深创编专家为踩堂戏创编、改编剧目，聘请对踩堂戏有研究和造诣的老音乐专家编写音乐，对踩堂戏进行重点加工精排。尝试、探讨踩堂戏进校园、进社区传承机制。

加强在县域内外的展演和文化交流，走访踩堂戏及花鼓戏声腔系统涉及区域的地方戏曲所在地，进行史料、文献的收集整理，以厘清兴山踩堂戏的历史发展脉络，完善兴山踩堂戏声腔系统理论。

保障措施：成立兴山踩堂戏县级保护协会，加强协会人员配备，组建辅导组和编、导、演创作组，指导传承和协调抢救、复排等工作。

以全县各乡镇综合文化站或文化服务中心为单位，建立兴山踩堂戏辅导站，并选定乡镇学校建立踩堂戏培训基地，请技艺高超的传承人和资深专家，对踩堂戏排练演出进行辅导，提升艺术技能。

定期开展民间文艺汇演或兴山踩堂戏汇演，设立踩堂戏编剧、导演、表演、作曲等评比奖项；设立兴山踩堂戏艺人传承奖、团体贡献奖、剧目创新奖等奖项，予以奖励。

落实专项保护经费，筹措创新发展基金，建立健全经费投入机制和激励机制，加大保护工作奖金保障力度。

十、兴山全益伤科

保护内容：

1. 发掘和保护"兴山全益伤科"的特色技术，将创始人朱全益师徒请进"名医堂"，总结真理其学术思想及诊疗经验。

2. 重视学术经验的传承和推广，安排年轻人员为新的传承人，开展师承代教工作。

3. 加强协调，优化的技术、人才、物资等资源，利用新建中医药大楼契机，积极筹建重点专科建设。

4. 在秉承传统的基础上，引入先进的诊疗理念、设备及现代技术，确保专科发展的可持续性。

5. 加大专科技术品牌的宣传，进一步扩大专科的知名度和影响力

6. 加速推进特色专科建设，培育形成中医重点专科品牌。

7. 将技术和经验直接推广于临床，强化优势资源的运用。

保护措施：

1. 特色科室建设资金：投入资金约5万元，建立特色伤科门诊，包括富含古色古香装修、装饰等。

2. 人才培育经费：近年来每年相继投资约5万元教育经费，用于院内人员全脱产，跟师学徒。

3. 开展业务经费：每年投资约2万元，用于上山采药的业务经费，用于人员装备、采药工具、交通车辆，生活补助等。

4. 设备投资经费：除科室日常设备添置及制剂投入成本外，加大了先进设备的投资，对"兴山全益伤科"专科专药制剂设备投资约5万元，购买大小药物粉碎机械三套。

第

① ③ 章

传承现状

第一节　传承人选登

　　陈家珍　女，1935年出生，黄粮镇户溪村四组农民。她自幼喜爱唱山歌，会打薅草锣鼓、丧鼓、打连厢、玩彩莲船等多种民间文艺。特别爱好具有浓郁地方特色的兴山民歌，能唱一百余首曲调，如《征东》、《征西》、《薛刚反唐》、《杨家将》、《十送》、《十想》、《十劝》、《采茶》、《五更》等。改革开放以后，她多次参加县、市、省举办的农民艺术节、汇演、农民歌手比赛等活动，屡屡获得奖励和表彰，1982年荣获"宜昌地区首届农民艺术节优秀表演奖"，2001年荣获"宜昌市农民歌手电视大奖赛一等奖"，2002年被授予"宜昌市优秀民间艺人"、"宜昌市文化中心户"，2003年，获省第八届"楚天群星奖"优秀奖；2004年，获市迎新春民间艺术大赛金奖；2005年，获文化部主办的"全国第三届南北民歌擂台赛"表演银奖；2006年，获湖北省楚天群星奖金奖；2006年5月，她与王庆沅老师同时接受邀到湖北电视台"非常关注"栏目做节目，对外介绍兴山民歌的渊源、传承与发展。同年6月，以同样内容接受"焦点访谈"栏目记者的采访并在中央一台播放；2008年，赴北京参加"迎奥运——群星奖优秀节目展演"；2009年，参加"北京传统音乐节"；2011年4月，参加"首届中国原生态民歌盛典暨中国文艺'山花奖'"系列活动，获优秀传承人奖、展演金奖、传承贡献奖。

　　她出生于一个山歌之家，是在兴山民歌的熏陶下长大的。她的祖父、父亲在当地都是远近闻名的薅草锣鼓、丧鼓艺人，她从刚会说话时，就被祖父和父亲抱在怀里一字一句，一腔一板的教唱，不到4岁就会唱《采茶》、《五更》、

《梁山伯与祝英台》等兴山民歌，她的音色甜美明亮，腔调高亢圆润。当地老百姓都称她是"山歌甜妹子"。她在"文革"期间为唱兴山民歌挨过批斗，以后有十多年没敢唱兴山民歌，而只唱《大海航行靠舵手》等当时流行的革命歌曲。

陈家珍在民歌的传承方面作出了巨大的贡献，她有八个儿女，通过她的教唱，儿子、女儿、儿媳、孙子、外孙都会唱兴山民歌，她经常和女儿、孙子同台演唱。她除了传授自己的家人，还热心对外授徒，对慕名前来学唱的人总是有求必应，百教不厌，毫无保留。她并教了两名兴山县歌舞剧团的徒弟，其中姚文仙演唱兴山民歌曾获得省一等奖、全国农民歌手大赛湖北赛区三等奖等。

传承谱系

代别	姓名	性别	出生年月	文化程度	传承方式	学艺时间	居住地址
第一代	舒朝祥（太叔）	男	1867年	读过私塾	家族传承	不详	峡口镇建阳坪村
第二代	陈尚贤（爷爷）	男	1885年	读过私塾	家族传承	6岁	户溪村二组
第三代	陈梅武（父亲）	男	1899年	读过私塾	家族传承	13岁	户溪村二组
	金能英（母亲）	女	1899年	文盲	家族传承	10岁	户溪村二组
	万能银（丈夫）	男	1933年	小学	家族传承	17岁	户溪村四组
第四代	陈家珍	女	1935年	文盲	家族传承	2岁	户溪村四组

彭泗德 男，1931年出生，峡口镇琚坪村三组人。9岁时随父亲彭祖官（是当时有名的民间艺人，带过八个徒弟）学薅草锣鼓、丧鼓、地花鼓、彩莲船、道士、端公等，属世代相传的门第师，11岁在水磨湖打第一场锣鼓（当地艺人称"出台"），因年龄太小挎不起鼓，只好把鼓放在石头上打。他曾被请到黄粮镇、神农架林区木鱼镇、秭归县水田坝乡、长岩村等地去打薅草锣鼓。他现在还能唱48个"阳雀"、48个"午时中"、24个"花名"，并且很擅长唱"大翻身号子"（又称"慢声"），他的唱腔独特，演唱内容丰富。当地人评价他是"唱三天三夜不唱重句子"，是当地有名的集打、念、唱等技艺于一身的"歌师傅"。代表作有"六板腔"、"刹九声子"、"半声阳雀"等等。1986年县文化馆干部陈大炳曾收集了他演唱的兴山民歌，并被县广播站选中，在全县有线广播中每天播放，一直持续了一个多月。

在中国第八届艺术节宜昌分会场、兴山县首届昭君民间艺术节上表演了"兴山薅草锣鼓"并获奖。2009年6月，参加宜昌市庆祝第四个文化遗产日专场晚会，同年10月参加"北京传统音乐节"，2010年1月，接受阳光卫视采访，并制作了专题片《女徒》在其电视台播放，2010年2月，参加宜昌市春节联欢晚会。为了更好地传承"兴山民歌"，80岁高龄的他还组建了村民间文化协会琚坪村分会，为非物质文化遗产的传承工作辛勤地耕耘着。

传承谱系

代别	姓名	性别	出生年月	文化程度	传承方式	学艺时间	居住地址
第一代	彭元敬	男	乾隆年间	不详	不详	不详	峡口镇琚坪村一组
第二代	彭克朝	男	嘉庆年间	不详	家族传承	不详	峡口镇琚坪村一组
第三代	彭昌寿	男	不详	读过私塾	家族传承	不详	峡口镇琚坪村一组
第四代	彭三德	男	不详	文盲	家族传承	不详	峡口镇琚坪村一组
	彭泗德	男	1845年	小学	社会传承	9岁	峡口镇琚坪村三组

王作章　男，1932年7月出生。启蒙于兴山县城关小学，1944年在兴山大公中学读书，未毕业回家务农。因家庭成分影响，务农27年。属王昭君72代后裔。1977年开始学讲故事。1980年开发昭君村后，专门为游客讲王昭君传说故事，1992年受聘在昭君纪念馆为各级领导、游客讲故事，先后接待过胡德平、赵紫阳、乔石、刘澜涛、王任重、李瑞环、钱正英、钱其琛、王光美、马万祺、李铁映、宋健、王炳乾、姜春云等党和国家领导人及台湾蒋孝严夫妇；接待国际友人有日本、美国、英国、德国、俄罗斯等10多个国家和地区游客约50万人次。原居住楠木井。2004年搬到昭君桥头居住，现借住宝坪小学。一生为宣传兴山、宣传王昭君、讲述王昭君传说贡献很大，曾被宜昌市委宣传部、宜昌市文化局命名为"宜昌市文化中心户"，2006年被县文化局命名为"兴山县首批十大优秀民间艺人"，他的代表作有《选妃》、《王字岩》等。

传承谱系

代别	姓名	性别	出生年月	文化程度	传承方式	学艺时间	居住地址
第一代	王君治	男	1898.6.	高中	家族传承	1918年	昭君村楠木井背后
第二代	王作章	男	1932.7.	高中	家庭传承	1945年	高阳镇昭君村一组

李作权 男，1946年12月出生。1960年青草小学毕业，1963年古夫二中毕业后，在家从事民兵、共青团工作，先后任生产队长8年，大队长3年。1994年进古夫文化站，1998年到昭君村从事民间

文艺的传授、表演。1963年开始学艺，讲王昭君传说，表演王昭君的民间歌舞。8年来，先后为日本、美国、德国、俄罗斯等国家及中央电视台、纽约国际影视制作传媒有限公司、内蒙古、北京电视台等新闻媒体和游客表演，接待游客达百万人次。带有王昭君故事、传说、王昭君地名故事、王昭君歌谣、兴山围鼓、兴山地花鼓等徒弟达400余人。2001年10月在宜昌市委宣传部、市文化局举办的民间艺术大赛中获电视表演赛优秀奖；2002年被宜昌市委宣传部、市文化局授予首批"优秀民间艺人"称号；2003年被市委宣传部、市文化局授予市级"文化中心户"称号；2006年6月，被兴山县文化局授予"兴山县首批十大优秀民间艺人"称号；现为宜昌市音乐家协会会员。月均演出60多场次。

代表作：《王昭君拜师》等。

传承谱系

代别	姓名	性别	出生年月	文化程度	传承方式	学艺时间	居住地址
第一代	王三思	男	清朝年间	私塾	社会传承	不详	古夫镇青草村
	王二思	男	清朝年间	私塾	社会传承	不详	古夫镇青草村
第二代	李永久	男	1908年	小学	社会传承	1928年	古夫镇青草村
第三代	李长凡	男	1928年	小学	家族传承	1943年	古夫镇青草村
第四代	李作权	男	1946.12.	初中	家族传承	1963年	古夫镇青草村三组

陈常明 男，1926年出生，黄粮镇户溪村二组人。15岁跟着盲人万喜纲学打薅草锣鼓，丧鼓、围鼓等。在当地是德高望重的艺人，他性格乐观、开朗，家中十个小孩在他的传授下，都会唱兴山民歌。由于他特别好学，在演唱上集众家之长，综合多种艺术的特点，形成了自己的独特风格。正是由于他演唱技艺的精湛，在当地乃至周边乡镇很多人慕名而来拜他为师。

从1981年起，多次参加县里举办的农村文艺调演、围鼓大赛，都曾获得奖励。

传承谱系

代别	姓名	性别	出生年月	文化程度	传承方式	学艺时间	居住地址
第一代	袁瑛	男	不详	不详	不详	不详	榛子乡青山村
第二代	李学纯	男	不详	不详	不详	9岁	水月寺沙树坪村
第三代	韩善发	男	民国元年	不详	不详	18岁	不详
第四代	万喜纲	男	宣统二年	文盲	家族传承	不详	黄粮户溪村三组
第五代	陈常明	男	1926年	私塾	社会传承	15岁	黄粮户溪村二组

万能干 男，黄粮镇户溪村人。17岁拜著名民间艺人万从刚为师，学唱薅草锣鼓、丧鼓，既能唱也能打，鼓、锣技艺都很出众。能演唱较多的歌腔，最擅长的是喊号子，唱高腔嗓音出众。经常接待一些来采风的专业院校师生，还经常参加省、市、县举办的民间艺术活动，是市、县有名的假声高八度（俗声"鬼音"）薅草锣鼓艺人，三遍子锣鼓的代表性传人。被授予宜昌市第三批优秀民间艺人。

传承谱系

代别	姓名	性别	出生年月	文化程度	传承方式	学艺时间	居住地址
第一代	万从纲	男	光绪年间	不详	不详	不详	黄粮镇户溪村四组（生前）
第二代	万能干	男	1946	初中	社会传承	16岁	黄粮镇户溪村四组
第三代	陈传尧	男	1962	初中	社会传承	16岁	黄粮镇户溪村三组

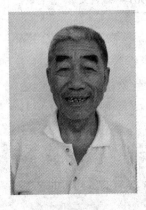

金开亮 男，黄粮镇金家坝村人。是兴山薅草锣鼓的主要传承人之一。16岁就跟著名民间艺人龙天兴、金能尧学薅草锣鼓。能唱能打，鼓、锣技艺都很出众。最擅长唱高腔，特别是"拐声号子"和"拖尾巴号子"，"拐声号子"热闹，弯弯儿多；"拖尾巴号子"一般是在转板之前唱的，用它作铺垫过渡，然后再转板。特别是演唱的真声高八度（俗称"满口音"）薅草锣鼓更是独树一帜。被授予兴山县第二批十大优秀民间艺人。

代别	姓名	性别	出生年月	文化程度	传承方式	学艺时间	居住地址
第一代	王兴才	男	不详	私塾	不详	不详	黄粮镇金家坝一组（生前）
第二代	龙天兴	男	1912	私塾	社会传承	17岁	黄粮镇金家坝村二组（生前）
第二代	金能尧	男	1922	私塾	社会传承	13岁	黄粮镇金家坝一组（生前）
第三代	王国清	男	1929	私塾	社会传承	22岁	黄粮镇金家坝一组（生前）
第三代	金开亮	男	1936	私塾	社会传承	16岁	黄粮镇金家坝村二组

王万斌　男，汉族，1963年生，湖北省兴山县古夫镇竹园河村人。第一批省级非物质文化遗产项目兴山围鼓代表性传承人。王万斌从小喜爱围鼓，1975年师从张连新学艺，因聪慧勤奋，受到师傅垂青和真传，逐渐掌握了围鼓各类乐器演奏技巧。此后，他还得到舅父袁培名的指点和培养，其围鼓演奏技艺日益精进。自二十世纪八十年代以来，王万斌加入乐班常年为当地民众的各类民俗活动服务，其演奏足迹遍布兴山全境、保康及神农架部分区域，还曾数次朝圣武当山。王万斌在乐班主司击鼓，其兴山围鼓的手音手势指令——"36叫头"、"48点子"的演奏娴熟，并熟练掌握兴山围鼓传统曲牌200多首。王万斌的击鼓技艺在当地有较高的声誉，个人曾获"兴山县第二届围鼓大赛最佳鼓手奖"。王万斌曾多次带队参加市、县文化部门组织的非遗展演及民间文艺调演，同时，他还积极参与兴山围鼓传承工作，先后收受、培养徒弟20余名。

传承谱系

代别	姓名	性别	出生年月	文化程度	传承方式	学艺时间	存亡情况	存亡	居住地址
第一代	王兴武	男	不详	不详	社会	不详	已故	唢呐	谷城
第二代	石天福	男	不详	不详	社会	不详	已故	唢呐	保康
第三代	甘大荣	男	不详	不详	社会	1850	已故	唢呐	榛子乡
	李兴德	男	不详	不详	社会	1850	已故	唢呐	榛子乡
	王万斌	男	1963	高中	社会	1975	健在	鼓	古夫竹园河村二组

雷杰秀 男，1960年生，汉族，家住兴山县榛子乡青山村七组高中文化程度，务农。以唢呐见长，音色优美，有一定吹奏技巧。自小爱好围鼓，十二岁时师从王文高学吹唢呐，十五岁时正式组班演奏。1988年参加"兴山县首届围鼓大赛"获得一等奖，1994年参加"宜昌市春节联欢晚会"2002年在"兴山县'天星杯'第二届围鼓大赛"中获得最佳唢呐演奏奖。2006年参加"三峡国际旅游节"演出，并参加了北京与上海两地的"旅游博览会"演出。同年被宜昌市命名为"优秀民间艺人"。

传承谱系

代别	姓名	性别	出生年月	文化程度	传承方式	学艺时间	存亡情况	行当	居住地址
第一代	王兴武	男	不详	不详	社会	不详	已故	唢呐	谷城
第二代	石天福	男	不详	不详	社会	不详	已故	唢呐	保康
第三代	甘大荣	男	不详	不详	社会	1850	已故	唢呐	榛子乡
	李兴德	男	不详	不详	社会	1850	已故	唢呐	榛子乡
	雷杰秀文	男	1960	高中	社会	1972	健在	唢呐	榛子乡青山村七组

梁望生 男，汉族，1933年生，湖北兴山人。12岁的梁望生从私塾里辍学，就一直回家做农活，从前文化活动少，没事干，跟着祖父梁君相学习打锣鼓，唱五句子山歌，后来跟父亲梁品富学打花鼓子唱山歌，还参师跟名歌师傅万奎纲学唱五句子和打丧鼓，至今已六十多年。一生酷爱唱民歌，怕失传，先教大儿子梁从福唱，后又亲自教孙女梁涛唱。梁涛先后赴北京、武汉、宜昌等地参加民歌比赛，2010年兴山县举办非物质文化遗产里活动民歌大赛，梁望生演唱的五句子歌谣《一把扇子二面花》获得一等奖。他还收集、抄录民歌和五句子歌谣8部，至今保存完好。2009年6月成为市级第五批代表性传承人。现今84岁的他，至今仍能登台打薅草锣鼓。他主要以唱五句子歌谣为主，在田间或守夜打丧鼓，在鼓锣的伴奏下，唱一首，打一板，夏天乘凉，晚上撕包谷时，大家围在一起，可以唱五句子，也可以赶五句子，形式非常灵活。

传承谱系

代别	姓名	性别	出生年月	文化程度	传承方式	学艺时间	居住地址
第一代	梁君相	男	清朝年间	私塾	家族传承	不详	黄粮镇户溪五组
第二代	万奎纲	男	1905.4	私塾	社会传承	不详	黄粮镇黄粮坪村
	梁品富	男	1904.1	私塾	家族传承	不详	黄粮镇户溪五组
第三代	梁望生	男	1933.9	小学	家族传承	1945	黄粮镇户溪五组

万梅知 女，1955年12月出生，家住高阳镇青华村。2009年被湖北省文化厅命名为兴山民歌省级非物质文化遗产项目代表性传承人。她从小跟随母亲陈家珍学唱兴山民歌，多次跟母亲参加全国、省、市、县民歌比赛，并多次获得各种表彰和奖励。2003年，获省第八届"楚天群星奖"优秀奖；2004年，获市迎新春民间艺术大赛金奖；2005年，获文化部主办的全国"第三届南北民歌擂台赛"表演银奖；2006年，获宜昌市委宣传部、市文化局举办的第一个文化遗产日艺术大赛优秀表演奖；2006年，获湖北省楚天群星奖金奖；2011年4月，参加"首届中国原生态民歌盛典暨中国文艺'山花奖'"系列活动，获优秀传承人奖、展演金奖、传承贡献奖。

万会知 女，1963年7月出生，家住古夫镇桂苑小区。2010年被湖北省文化厅命名为第二批兴山民歌省级非物质文化遗产项目代表性传承人。她出生在一个山歌之家，多次随母亲陈家珍参加全国、省、市、县举办各种比赛等活动，屡屡获得奖励和表彰。2003年，获省第八届"楚天群星奖"优秀奖；2004年，获市迎新春民间艺术大赛金奖；2005年，获文化部主办的"全国第三届南北民歌擂台赛"表演银奖；2006年，获湖北省楚天群星奖金奖；2006年5月，她与王庆沅老师同时接受邀到湖北电视台"非常关注"栏目做节目，对外介绍兴山民歌的渊源、传承与发展。同年6月，以同样内容接受"焦点访谈"栏目记者的采访并在中央一台播放；2008年，赴北京参加"迎奥运——群星奖优秀节目展演"；2009年，

参加"北京传统音乐节";2011年4月,参加"首届中国原生态民歌盛典暨中国文艺'山花奖'"系列活动,获优秀传承人奖、展演金奖、传承贡献奖。

传承谱系

代别	姓名	性别	出生年月	文化程度	传承方式	学艺时间	居住地址
第一代	陈家珍	女	1935年	文盲	家族	7岁	户溪村四组
第二代	万梅知	女	1953年	文盲	家族	20岁	高阳镇青华村
	万会知	女	1963年	初中	家族	16岁	古夫镇桂苑小区
第三代	余长坤	男	1980年	中专	家族	20岁	青华村四组
	万超	男	1993年	高中	家族	5岁	户溪村四组
	梁涛	女	1995年	小学	社会	7岁	户溪村四组

屈承望 男,1928年12月出生,家住峡口镇琚坪村。2010年被湖北省文化厅命名为兴山薅草锣鼓第二批省级非物质文化遗产项目代表性传承人。从小学锣鼓,现在既能打鼓,又能打锣,在本地有一定的影响,锣鼓的唱腔别具一格,通过申遗定性为"鸡鸣调"的唱法。2005年,参加县首届昭君民间艺术节获薅草锣鼓二等奖。

传承谱系

代别	姓名	性别	出生年月	文化程度	传承方式	学艺时间	存亡情况	居住地址
第一代	邓怀知	男	不详	私塾	社会	不详	已故	秭归县
第二代	向德明	男	不详	初小	社会	1912	已故	峡口镇向家湾
第三代	屈承旺	男	1928	小学	社会	1939	健在	峡口镇琚坪村二组

刘廷华 男,汉族,1937年生,湖北兴山人。他自幼喜爱文艺,无论是唱大戏小戏、红事白事等群众性的娱乐活动,到处可见他的影子,学一行钻一行爱一行,人们说他是多才多艺最聪明的人。自成立古夫新城民间文化协会以来,负责辖内传统民间文化遗产和民间文艺的传承与发展工作,按照贴近群众、贴近生活、贴近实际的要求,组织开展各种类型的民间文化活动。从事文艺活动以来,他参加了省、市、县、

296

镇四级文艺演出共达1500多场，历次演出都受到了各级的奖励和人民群众的赞誉。刘延华在传统舞蹈和传统音乐方面是一个比较全面的骨干民间艺人，从1957年开始，从艺已有50余年的时间，在多种地方传统戏如兴山地花鼓、穿花鼓、踩堂戏、舞龙舞狮等方面都能起到领头的作用，是一个不可多得的地花鼓传人。

传承谱系

代别	姓名	性别	出生年月	文化程度	传承方式	角色	学艺时间	存亡情况	居住地址
第一代	袁朝万	男	1890	初小	社会	丑角	不详	已故	古夫镇北斗坪社区
第二代	刘延华	男	1937	初小	社会	旦角	1949	健在	古夫镇邹家岭居委会

蔡德义 男，生于1948年，昭君镇蔡家垭人，从小爱好民间文化，根本村锣鼓匠蔡明孝学习打薅草锣鼓，跟地花鼓艺人蔡德会学打地花鼓，跟本村民歌方代梅、高世兰学唱五句子歌谣。春节文化活动的组织者和表演者，玩狮子喝彩，口头表达能力强，有一定的创作能力。他唱诵的五句子歌谣近百首，其代表作有《郎从高山打伞来》、《十二月》、《一把扇子二面花》和《郎在高山挖黄姜》等。

传承谱系

代别	姓名	性别	出生年月	文化程度	传承方式	学艺时间	居住地址
第一代	蔡明考	男	不详	私塾	社会	1918年	高阳镇青华村
第二代	蔡世福	男	不详	私塾	社会	1960年	高阳镇青华村
第三代	蔡德义	男	1948年2月	高小	家族	1962年	高阳镇青华村

余祖礼 男，艺名苕二哥，1953年出生，南阳镇营盘村人。12岁时跟随父亲余顺传学习地花鼓丑角的表演，兼学了薅草锣鼓、围鼓、花鼓戏等民间艺术。带有徒弟30多人。1980年在兴山县客运公司任演员，1985年回家务农。在传承民间艺术方面做了大量工作。

从艺40多年来，将老一辈地花鼓的表演程式进行了发扬光大，他表演的"翘翘步"、"蛤蟆晒肚"

等丑角动作诙谐大方，规范严谨，语言风趣。表演承袭了古老的民间舞蹈韵味，又显现出独特的个性特色。

2006年6月10日参加宜昌市"民间艺术大赛"获地花鼓表演优秀演员奖。2005年参加兴山县"首届昭君民间艺术节"获地花鼓表演一等奖。1991年参加"兴山县第七届农村文艺调演"，表演花鼓戏"苕二哥"获优秀演员奖。1986年参加"兴山县第六届农村文艺调演"，创作并表演的薅草锣鼓"郎在高山打伞来"获表演三等奖。1982年表演的话剧"借风点火"获宜昌市民间艺术调演二等奖。

袁裕忠 男，1934年出生，古夫镇麦仓人，会木匠、篾匠手艺，12岁时随父亲袁美明学习地花鼓。专习旦角，期间还请花鼓戏艺人教习花鼓戏旦角。经过四年的正规训练，16岁出师。从艺50多年来，广采众家之长，集"薅草锣鼓"、"丧鼓"、"花鼓戏"等多种民间艺术于一身，能演唱"兴山民歌"400多首、薅草锣鼓201首、12出花鼓戏。带有李仕清、李承源等徒弟40多人。他在长期的艺术实践中吸呐姊妹艺术之精华，丰富了地花鼓的表演，身韵讲究手、眼、身、法、步的应用，具有动作规范、舞姿优美等独特的艺术风格。特别是在刻画人物性格、表达角色情感方面具有独到之处，他在艺术上能达到一定造诣，还得益于天生就有一副好嗓子。经过多年潜心钻研，掌握了正确的民间发声方法。演唱的颤声柔美，高音明亮，滚音（即喉震音）清脆。多年来，参加各类比赛频频获奖，1980年参加"兴山县首届妃台山歌会"获优秀演员奖。1991年参加"宜昌市城建杯调演"获优秀演员奖。1994年参加"宜昌市农行杯文艺调演"获二等奖。在演出现场，应上海乐团、北京等乐团老师的要求，反复多次的在舞台上表演兴山地花鼓。受到专业老师的充分肯定，是一位不可多得的地花鼓传人。

张开锦（1892—1980） 出于农商结合家庭，祖辈在榛子岭开栈房（客栈），因榛子乡有"四十五里侯家坪"之称，路途遥远、人烟稀少，榛子乡又为出入保康、房县交通要道，跑运输的骡马队、货郎均要在此歇脚住店，四川"走方郎中"常来此处投宿，当时张开锦先生年仅16岁，因腿部骨折在家休养，四川采药人前来栈房住宿，当即手法复位，立刻痛止，于次日采药外敷，月余痊愈如初，张开锦就此拜师与采药人，学得手法复位、中草药外敷真传。此人为伤科奠基人，为伤科的传承起着承上启下的重要作用。

朱全益 男、1935年出生，汉族，"兴山全益伤科"第三代传承人，家住兴山县古夫镇桂园小区，兴山县人民医院主治医师退休，在职期间，多次被省市县评为"中医药先进工作者"，于1959年3月在兴山县人民医院拜于张开锦门下为徒，1962年出师，出师后张开锦先生因"精兵简政"回榛子老家继续行医，朱全益每年抽2月时间随师傅上山采药，师傅每遇疑难病症则召集徒弟上山讨论、交流。由于榛子气候凉爽，朱全益则将烧伤病人转至榛子乡治疗，师徒伤科交流一直持续到师父离世，朱全益跟师二十余年，深得先师真传，领悟伤科疗法之精髓。这一技艺得以幸存和发扬，得以朱全益的不断坚持。同时朱全益又为伤科传承中核心人物，张开锦晚年不能上山采药，许多徒弟都跟随朱全益上山采药。

　　张运青 男、张开锦长孙，1951年出生，汉族，第一代家族传承人，家住兴山县榛子乡和平村，务农，自幼随祖父学习伤科，1964年落实政策跟随祖父进入榛子乡卫生院学习伤科，此人为家族传承第一人，开辟家族传承的先河。

　　张国斌 男，张开锦之曾孙，汉族，家族传承第二代传承人，家住兴山县古夫镇，大专文化程度，毕业于十堰市卫生学校骨伤专业，现任榛子乡卫生院院长，自幼随父学习伤科，后又跟随朱全益学习，上山采药，参加工作后又在县人民医院外科进修2年，为第二代家族传承人，目前主要从事医院管理工作，以及西医骨伤科治疗领域。

　　张永国 男，1953年出生，汉族，"兴山全益伤科"第四代传承人，家住兴山县昭君镇原水电宿舍，初中文化程度，原兴山县水电开发公司内退职工。1998年内退后跟师学艺，跟师十八年，每年陪伴师傅上山采药，识得中草药无数，平时随师父一起出诊，救治病人千万，自己技艺也日益见涨，此人对"兴山全益伤科"起着承上启下的作用，时值朱师年寿已高，又恐技艺失传，随产生带徒的念头，朱师倾传所学，此人正好使"兴山全益伤科"得以继续延续。

　　王爱明 男，1972年生，汉族，"兴山全益伤科"第四代传承人，家住兴山县占夫镇梅园小区，大专文化程度，兴山县中医医院中医师。2016年7月跟师于朱全益，每日随朱师坐诊，时至今日国家大力发展中医药事业，兴山县中医医院领导班子高度重视中医药事业的发展，广泛挖掘和抢救民间医术，为使"兴山全益伤科"重出江湖，造福百姓，先将朱全益师徒请进"名医堂"，使淡出人们视线二十余年的民间绝技，重新回到了台前。随后安排中医后备力量拜师学习，逐步使这一技艺能够进一步流传和推广。

第二节　荣誉集锦

十多年来，在非遗保护中心和全县非遗代表性传承人的共同努力下，申报非物质文化遗产名录以及对非遗保护工作做出了许多成绩，获得了上级的表彰和辉煌的荣誉，走在全市前列。

一、在各级非物质文化遗产名录中，我县多项民间文化项目名列其中

2006年5月，兴山民歌入选首批国家级非物质文化遗产名录；2008年6月，王昭君传说入选第二批国家级非物质文化遗产名录，兴山薅草锣鼓入选首批国家级非物质文化遗产扩展项目名录。

2007年6月，王昭君传说、兴山薅草锣鼓、兴山围鼓入选第一批省级非物质文化遗产名录（不含兴山民歌）；2009年5月，兴山地花鼓入选第二批省级非物质文化遗产名录。

2006年11月，王昭君传说、兴山民歌、兴山薅草锣鼓、兴山围鼓、兴山地花鼓入选第一批市级非物质文化遗产名录；2009年4月，昭君故里五句子歌谣入选第二批市级非物质文化遗产名录。

　　国家级兴山民歌　　　　　　　　　　　　　　国家级王昭君传说

国家级薅草锣鼓　　　　　　　　　　国家一级文化馆

2006年8月，夬状元的故事、昭君刺绣、昭君故里三条龙、兴山皮影戏等26项入选第一批县级非物质文化遗产名录。

二、在各级非物质文化遗产项目代表性传承人中，我县多名优秀民间艺人榜上有名

2008年1月，兴山民歌艺人陈家珍被命名为第二批国家级非物质文化遗产项目代表性传承人；2009年5月，兴山民歌艺人彭泗德被命名为第三批国家级非物质文化遗产项目代表性传承人。入选人数位列三峡库区之首、宜昌市第二位。

2008年12月，王昭君传说艺人王作章、李作权，兴山薅草锣鼓艺人金开亮、万能干，兴山围鼓艺人王万斌、雷杰秀、李作权，兴山民歌艺人陈家珍、彭泗德、万梅知被命名为第一批省级非物质文化遗产项目代表性传承人。

2003年、2004年、2006年、2007年、2009年，我县先后有5批25名民间艺人被命名为市级非物质文化遗产项目代表性传承人。

2006年、2007年、2009年，我县先后有3批40名民间艺人被命名为县级非物质文化遗产项目代表性传承人。

省级地花鼓　　　　　　　　　　省级五句子歌谣

市级兴山李来亨传说

市级兴山踩堂戏

市级兴山文三猴子的故事

三、我县非物质文化遗产保护工作获多项荣誉称号

"山歌大王"陈家珍获得"全国非物质文化遗产保护先进工作者"称号。2009年6月11日,全国非物质文化遗产保护、古籍保护暨文博事业杰出人物表彰会议在北京召开,我县"山歌大王"陈家珍获得人力资源和社会保障部、文化部联合表彰的"全国非物质文化遗产保护先进工作者"称号,全国共35名,湖北省仅她一人获此殊荣。

2008年11月,我县被命名为中国民间文化艺术之乡(兴山民歌)。

2007年5月,我县被命名为湖北省民间文化艺术之乡(民歌)。

2006年6月、2009年6月,兴山县人民政府连续两次被市人民政府表彰为宜昌市非物质文化遗产保护工作先进单位;同时,兴山县文化局、兴山县文化馆等单位也先后被市人事局、市文化局表彰为全市非物质文化遗产保护工作先进单位。

2009年4月,我县黄粮镇(薅草锣鼓)、高桥乡(薅草锣鼓)、榛子乡(兴山围鼓)被命名为宜昌市非物质文化遗产保护之乡。

2006年6月,我县有王庆沅、万宗知等5名同志被评为全市优秀民间文艺工作者;2009年6月,我县有丁岚、蔡长明等5名同志被授予全市非物质文化遗产保护先进工作者称号。

四、我县多名优秀民间艺人屡获各级各类大赛奖项

2005年10月，陈家珍祖孙三代在北京通州获全国第三届南北民歌擂台赛银奖、评委会特别奖、优秀传承奖。开创了兴山文化史的先河。

2006年6月，我县兴山民歌艺人陈家珍祖孙三代与长阳山歌艺人王爱民祖孙三代联合表演的《喊歌》节目，在第八届中国艺术节湖北省群文节目选拔赛暨第十一届"楚天群星奖"决赛中，荣获老年组金奖。

2006年9月，我县兴山民歌艺人陈家珍祖孙三代与长阳山歌艺人王爱民祖孙三代联合表演的《喊歌》节目，在广州举行的第八届中国艺术节群文节目复赛中，获得一等奖，取得参加第14届全国群星奖决赛资格。

2007年11月，我县兴山民歌艺人陈家珍祖孙三代与长阳山歌艺人王爱民祖孙三代联合表演的《喊歌》节目，在第八届中国艺术节暨第十四届"群星奖"决赛中，获群星奖大奖、表演奖，开创了宜昌文化史的先河。

2008年7月，我县兴山民歌艺人陈家珍祖孙三代与长阳山歌艺人王爱民祖孙三代联合表演的《喊歌》节目，参加文化部主办的奥运会祝贺演出，受到世界各国来宾的高度赞誉及好评。

在其它各级各类民间文艺大赛中，我县还有多名民间艺人屡获大奖。

第三节　传承人统计

兴山县　国家　级非物质文化遗产传承人统计表

序号	姓名	性别	出生年月	详细家庭地址	所属项目	联系电话	命名时间
1	陈家珍	女	1936.1.17	兴山县黄粮镇户溪村	兴山民歌	15272126857	2008.2
2	彭泗德	男	1931.8.21	兴山县峡口镇琚坪村	兴山民歌	15997518548	2009.6

兴山县　省　级非物质文化遗产传承人统计表

序号	姓名	性别	出生年月	详细家庭地址	所属项目	联系电话	命名时间
1	王作章	男	1932.8.24	兴山县昭君镇昭君村	王昭君传说		2008.12
2	李作权	男	1949.12.22	兴山县古夫镇青草村	王昭君传说 兴山围鼓	13872485530	2008.12
3	万梅知	女	1955.12.1	兴山县昭君镇青华村	兴山民歌	15997586762	2008.12
4	金开亮	男	1936.11.26	兴山县黄粮镇金家坝村	薅草锣鼓	13997716396	2008.12
5	万能干	男	1946.11.19	兴山县黄粮镇户溪村		15997691960	2008.12
6	雷杰秀	男	1962.3.20	兴山县榛子乡青山村	兴山围鼓	13487256873	2008.12
7	王万斌	男	1963.3.17	兴山县古夫镇金字山村		13487257878	2008.12
8	万会知	女	1963.7.22	兴山县古夫镇桂苑小区	兴山民歌	15090918935	2010.12
9	屈承旺	男	1928.12.14	兴山县峡口镇琚坪村	薅草锣鼓	18986829260	2010.12
10	陈常明	男	1926.11.17	兴山县黄粮镇户溪村	兴山围鼓	13997655294	2010.12
11	梁望生	男	1923.10.26	兴山县黄粮镇户溪村	五句子歌谣	15971638912	2012
12	蔡德义	男	1949.2.12	兴山县昭君镇青华村		15071778592	2012
13	刘廷华	男	1937.11.18	兴山古夫邹家岭居委会	兴山地花鼓	13997708506	2012

兴山 县 市级非物质文化遗产传承人统计表

序号	姓名	性别	出生年月	详细家庭地址	所属项目	联系电话	命名时间
1	王君汉	男	1923.8.9	兴山县南阳镇百羊寨村			2009.6
2	王清菊	男	1932.12.17	兴山县昭君镇陈家湾村			2010.9
3	王昌俊	男	1929.9.1	兴山县昭君镇陈家湾村	王昭君传说	2518272	2010.9
4	苗明君	男	1954.10.14	兴山县古夫镇龙珠社区		13469836836	2010.9
5	邹良茂	男	1942.7.23	兴山县水月寺镇白果园村		15871630049	2003.2
6	万郊刚	男	1945.3.14	兴山县古夫镇后河小区	五句子歌谣	15327639303	2010.6
7	蔡德弟	男	1940.4.6	兴山县昭君镇青华村			2012.5
8	蔡德金	男	1953.6.1	兴山县昭君镇青华村		13117281735	2012.5
9	严传武	男	1963.4.25	兴山县昭君镇青华村	五句子歌谣	13197337133	2012.5
10	高世兰	女	1942.5.8	兴山县昭君镇			2012.5
11	余长坤	男	1980.6.30	兴山县昭君镇青华村		13872526585	2009.6
12	李应秀	女	1934.12.12	兴山县水月寺镇居委会		2440331	2010.9
13	刘义林	男	1941.6.6	兴山县高桥乡伍家坪村		13545751466	2010.9
14	余英	男	1946.12.20	兴山县南阳镇阳泉村		15926955977	2010.9
15	姚文仙	女	1961.11.15	兴山县古夫镇龙珠居委会	兴山民歌	13114457693	2010.9
16	李奎	男	1974.10.14	兴山县黄粮镇高华村		13886749735	2010.9
17	万应珍	女	1963.3.14	兴山县黄粮镇户溪村		13197307107	2010.9
18	王克序	男	1933.11.26	兴山县峡口镇琚坪村		13135825980	2010.9
19	孙进先	男	1954.7.14	兴山县古夫镇邓家坝居委会		15007202348	2012.5
20	舒德应	男	1950.11.26	兴山县峡口镇漆树坪村		13477160624	2012.5
21	李家兴	男	1945.7.12	兴山县高桥乡大槽村		13972557047	2009.6
22	孙为先	男	1932.1.14	兴山县峡口镇秀龙村		13199314532	2009.6
23	彭道林	男	1929.8.10	兴山县水月寺镇石柱观村	薅草锣鼓	15071778103	2010.9
24	李波	男	1955.3.4	兴山县高桥乡大槽村		13872587363	2010.9
25	唐学良	男	1950.3.16	兴山县峡口镇岩岭村		2480487	2012.5

续表

序号	姓名	性别	出生年月	详细家庭地址	所属项目	联系电话	命名时间
26	王万海	男	1957.8.3	兴山县古夫镇金字山村		8816983	2009.6
27	金开国	男	1953.9.28	兴山县古夫镇桂苑小区		15872559543	2009.6
28	王万星	男	1950.12.13	兴山古夫镇邹家岭居委会		13387269351	2010.9
29	袁显喜	男	1966.10.6	兴山县榛子乡青山村		15872628343	2010.9
30	万楚知	男	1947.9.27	兴山县峡口镇李家山村	兴山围鼓	15090870343	2010.9
31	丁祥贵	男	1958.6.2	兴山县水月寺镇居委会		15871544078	2010.9
32	刘廷国	男	1939.4.14	兴山古夫镇邓家坝居委会		13886671638	2010.9
33	黄选朗	男	1949.1.19	兴山县黄粮镇金家坝村		15872598789	2012.5
34	王松柏	男	1972.12.17	兴山县古夫镇夫子居委会		15872558758	2012.5
35	袁裕忠	男	1934.1.10	兴山县古夫镇麦仓村			2006.6
36	余祖礼	男	1953.5.13	兴山县南阳镇云盘村		13117288976	2009.6
37	彭鸿才	男	1929.1.20	兴山县水月寺镇晒谷坪村	兴山地花鼓	13477866462	2009.6
38	田正西	男	1941.4.16	兴山县黄粮镇金家坝村		15997698698	2009.6
39	贾代银	女	1954.9.18	兴山县南阳镇阳泉居委会		18986808506	2010.9
40	高秉森	男	1932.12.1	兴山县高桥乡伍家坪村		2459193	2010.9

兴山县＿县＿级非物质文化遗产传承人统计表

序号	姓名	性别	出生年月	详细家庭地址	所属项目	联系电话	命名时间
1	王功兴	男	1929.8.12	兴山县昭君镇陈家湾村	王昭君传说		2010.6
2	许代坤	男	1945.9.28	兴山县南阳镇阳泉居委会	兴山竹编	8817180	2010.6
3	杨坤	男	1959.10.9	兴山县高桥乡			2010.6
4	李成刚	男	1963.3.4	兴山县古夫镇古洞村	五句子歌谣	13872552092	2010.6
5	万能伟	男	1948.10.21	兴山县峡口镇李家山村		13032702994	2010.6
6	王明强	男	1963.9.6	兴山县古夫镇夫子居委会		13986771127	2010.6
7	舒世先	男	1961.12.27	兴山县昭君镇	兴山民歌		2010.6
8	夏青蔚	男	1944.2.20	兴山县昭君镇			2010.6

序号	姓名	性别	出生年月	详细家庭地址	所属项目	联系电话	命名时间
9	郑家兴	男	1949.10.3	兴山县昭君镇响滩村		13197326707	2010.6
10	王祖培	男	1945.7.11	兴山县南阳镇云盘村		13986787238	2010.6
11	王英菊	女	1972.3.14	兴山县黄粮镇户溪村	兴山民歌	15997699400	2012.6
12	王正虎	男	1958.4.7	兴山县黄粮镇金家坝村		15907206332	2012.6
13	向昌富	男	1953.11.26	兴山县黄粮镇户溪村		18972602067	2012.6
14	王清沛	男	1948.6.26	兴山县昭君镇大礼村		13477111307	2010.6
15	李仕国	男	1946.9.30	兴山县高桥乡长冲村		13872470661	2010.6
16	王国超	男	1944.9.28	兴山县古夫镇快马村		13986822955	2010.6
17	王国兴	男	1949.4.13	兴山县古夫镇快马村		13310573229	2010.6
18	李成元	男	1941.10.10	兴山县古夫镇麦仓村		13886739903	2010.6
19	舒家发	男	1941.11.8	兴山县黄粮镇户溪村		15072509743	2010.6
20	王绍玉	男	1941.1.4	兴山县水月寺镇树空坪村	薅草锣鼓		2010.6
21	贾代郎	男	1962.10.25	兴山县南阳镇阳泉居委会		8816471	2010.6
22	贾先兴	男	1943.9.22	兴山县南阳镇阳泉居委会		13581496309	2010.6
23	范定海	男	1949.8.28	兴山县南阳镇			2010.6
24	孙文先	男	1940.3.22	兴山县峡口镇秀龙村		8816656	2012.6
25	孙宜德	男	1945.2.6	兴山县峡口镇秀龙村		15997521698	2012.6
26	向日葵	男	1946..3.31	兴山县黄粮镇火石岭村		15549270142	2010.6
27	张斌	男	1957.2.14	兴山县高阳镇青华村		15871545892	2010.6
28	邹志波	男	1965.9.23	兴山县水月寺镇白果园村		13032747359	2010.6
29	赵从银	男	1948.6.13	兴山县水月寺镇椴树垭村		2440599	2010.6
30	赵永修	男	1943.9.20	兴山县水月寺镇椴树垭村	兴山围鼓	8962951	2010.6
31	张兴三	男	1960.6.10	兴山县古夫镇夫子居委会		13986826191	2010.6
32	袁选槐	男	1957.7.3	兴山县榛子乡青山村		15872577864	2010.6
33	郑元清	男	1965.10.15	兴山县榛子乡青山村		15872566559	2010.6
34	官兴云	男	1962.5.1	兴山县榛子乡幸福村		13581481137	2010.6

续表

序号	姓名	性别	出生年月	详细家庭地址	所属项目	联系电话	命名时间
35	王家柏	男	1968.8.3	兴山县榛子乡和平村		13135818531	2010.6
36	金太华	男	1964.6.5	兴山县黄粮镇金家坝村		13997727177	2012.6
37	李直兴	男	1962.1.26	兴山县黄粮镇金家坝村		13177074592	2012.6
38	张传杰	男	1948.4.22	兴山县黄粮镇界牌垭村		18972007248	2012.6
39	袁书雨	男	1983.12.6	兴山县古夫镇竹园河村		15971635637	2012.6
40	袁书盛	男	1967.7.20	兴山县古夫镇		18671703860	2012.6
41	张发祥	男	1950.9.7	兴山古夫镇邓家坝居委会		15871607846	2012.6
42	袁书华	男	1963.8.28	兴山县古夫镇竹园河村	兴山围鼓	13997727616	2012.6
43	刘成元	男	1970.11.8	兴山县古夫镇金字山村		13872694653	2012.6
44	杨正明	男	1959.11.7	兴山县古夫镇夫子居委会		13607209883	2012.6
45	袁书荣	男	1961.2.10	兴山县古夫镇古洞村		13545772456	2012.6
46	潘光申	男	1963.5.16	兴山县峡口镇白鹤村		13477144728	2012.6
47	许世禄	男	1947.11.27	兴山县榛子乡和平村		8817659	2012.6
48	王英虎	男	1979.1.8	兴山县榛子乡和平村		15997618009	2012.6
49	许自培	男	1975.12.27	兴山县榛子乡和平村		13972519312	2012.6
50	朱道鑫	男	1983.5.2	兴山县榛子乡和平村		15872566513	2012.6
51	郭举美	男	1944.5.14	兴山县榛子乡和平村		13687224660	第三批
52	余顺志	男	1927.3.26	兴山县南阳镇云盘村		2450236	2010.6
53	李开菊	女	1964.4.8	兴山古夫镇邹家岭居委会		13997678352	2010.6
54	袁代福	男	1952.12.8	兴山县古夫镇			2010.6
55	蔡庸仁	男	1944.12.11	兴山县昭君镇黄家堼村	兴山地花鼓	15171820037	2010.6
56	向立国	男	1942.2.19	兴山县古夫镇夫子居委会		13197314740	2010.6
57	朱敬艳	男	1976.3.4	兴山县古夫镇		13032719812	2012.6
58	王国宪	男	1940.10.10	兴山县古夫镇快马村		2587033	2012.6
59	李昌凤	女	1953.3.3	兴山县古夫镇			2012.6
60	别兆生	男	1945.9.21	兴山县古夫镇龙珠居委会		13872609326	2012.6

序号	姓名	性别	出生年月	详细家庭地址	所属项目	联系电话	命名时间
61	吴承祥	男	1955.9.7	兴山县昭君镇黄家垭村	兴山地花鼓	13872562197	2012.6
62	杨定安	男	1940.2.10	兴山县水月寺镇杉树坪村	兴山皮影戏	13997746175	第三批
63	杨大秀	女	1926.6.21	兴山县水月寺镇居委会	昭君刺绣		2010.6
64	朱全益	男	1935.	兴山县古夫镇	兴山全益伤科		2017.6.
65	张运青	男	1951.	兴山榛子乡	兴山全益伤科		2017.6.
66	张永国	男	1953.	兴山昭君镇	兴山全益伤科		2017.6.
67	王爱明	男	1972.	兴山古夫镇	兴山全益伤科		2017.6.

附：兴山县申报非物质文化遗产名录工作人员名单

兴山民歌

项目负责人：王世昌

项目统筹：王庆沅　丁　岚　黎刚健

项目辅导：罗晓露　段德新

撰　　稿：段德新　万凡全

摄　　像：谢永奎　程　刚　孙晓刚　陈　超　陈光立　金卫东

播　　音：冀三莲　董　锋

剪　　辑：万凡全

音乐整理：龚道守　刘经建　王小月　龚艳丽

田野调查：龚艳丽　万国青　姚文仙　潘丽华　朱光明　伍青云

　　　　　万家知　李明风　邹小明　蔡长明　胡　云　简　冰

　　　　　谭中华　王江令　邹学传　刘明军　甘元菊　马　超

　　　　　甘元雄　王辉忠　万忠元　牛小林

资料整理：万宗知　刘　平　万国清　彭　辉　石绍璧　黎刚健

　　　　　潘丽华　姚文仙　伍青云　万能年　聂心燕　张宝金

　　　　　马　莉　李忠溪

录　　音：程　刚　万希知

监　　制：方扬帆　岳新梅　黄惠宁　舒　刚

总监制：罗　毅

王昭君传说

项目管理：王世昌

项目负责人：蔡长明

项目申报书撰写：蔡长明

　项目简介：蔡长明

　基本信息、保护计划：万宗知　黎刚健

　项目说明、项目论证：蔡长明

田野调查：蔡长明　万国清　邹学传　张文兆　万国知
　　　　　简恒章　王育瓒　王江令

资料整理：蔡长明　万国清　邹学传　万宗知　彭　辉　谭光亮
　　　　　万国知　黎刚健

田野调查报告撰稿：蔡长明

申报专题片撰稿：万国清　蔡长明

摄　　　像：张文兆　陈光立　刘兴路

电视编辑：刘兴路　万国清　陈光立

播　　　音：王　琼

传说整理：邹学传　蔡长明

访谈整理：万国清　邹学传

地图编制：黎刚健

项目统筹：蔡长明　黎刚健

项目辅导：罗晓露　段德新　杨涌泉

监　　制：方扬帆　许开龙　岳新梅　舒　刚

总监制：罗　毅　陈　华

兴山围鼓

项目负责人：邹志斌

项目申报书撰稿：

　项目说明、项目论证：王庆沅

　基本信息、保护计划：万宗知　黎刚健

　项目管理：黎刚健

田野调查：龚道守　刘经建　丁　岚　王庆沅　曹再烈　董庭喜

王江令　万国知

资料整理：龚道守　刘经建　黎刚健　丁　岚　王庆沅　潘丽华
　　　　　曹再烈　董庭喜　彭　辉　彭　刚　王万兴　雷杰秀

田野调查报告撰稿：王庆沅　刘经建　龚道守

申报专题片撰稿：王庆沅　丁　岚

音乐整理：龚道守　刘经建

摄　　像：刘兴路　陈光立

电视编辑：刘兴路　王庆沅　丁　岚

播　　音：谭中华　万国清

项目辅导：罗晓露　段德新

监　　制：方扬帆　许开龙　岳新梅　舒　刚

总 监 制：罗　毅　陈　华

兴山地花鼓

项目负责人：邹志斌

项目申报书撰稿：

　项目说明、项目论证：丁　岚

　基本信息、保护计划：万宗知　黎刚健

　项目管理：黎刚健

田野调查：曹再烈　董庭喜　龚道守　刘经建　丁　岚　潘丽华
　　　　　彭　辉　彭　刚　黎刚健

田野调查报告撰稿：丁　岚

申报专题片撰稿：丁　岚

音乐整理：龚道守　刘经建　王庆沅

摄　　像：刘兴路　陈光立　沈　宜

电视编辑：刘兴路　丁　岚　王庆沅

播　　音：万国清　谭中华

项目辅导：罗晓露　段德新

监　　制：方扬帆　许开龙　岳新梅　舒　刚

总 监 制：罗　毅　陈　华

兴山五句子歌谣

项目管理：邹志斌

项目负责人：蔡长明

民间艺人分布图编制：黎刚健

项目申报书撰写：蔡长明　黎刚健

田野调查：蔡长明　陈光立　邹学传　刘道霖　万　俊　杨定仁

田野调查报告撰写：邹学传

资料搜集整理：邹学传　蔡长明

摄　　像：陈光立

摄　　影：刘道霖　万　俊

申报片制作：陈光立

申报片撰稿：蔡长明

播　　音：万　俊

项目审核：黎刚健

监　　制：宋学著　裴金安　邹志斌

总监制：李　红　李志飞

李来亨传说

项目负责人：邹志斌

项目执行组长：简　冰

田野调查：简　冰　张祖雄　陈光立　陈　君　王育瓒　洪述政

资料提供：谢源远　刘道霖　李　琼　向文玲　陈爱国

资料整理：简　冰

撰　　稿：简　冰

审　　稿：黎刚健

编　　导：陈光立　陈　君

电视编辑：陈　君

播　　音：万　俊

故事访谈整理：简　冰　张祖雄

项目统筹：简　冰

项目辅导：罗晓露　谢源远　王作栋　万宗知

监　　制：李晓晴

总 监 制：王恒宝

文三猴子的故事

项目负责人：何　兴

项目申报书撰写：蔡长明

田野调查：蔡长明　邹学传　朱光明　黄妮丽　刘兴路　陈登卫

资料整理：蔡长明　邹学传　黄妮丽　李　敏　彭　辉

田野调查报告撰写：蔡长明

申报专题版解说词：蔡长明　黄妮丽

摄　　影：朱光明　黄妮丽

摄　　像：刘兴路

电子编辑：刘兴路

播　　音：黄妮丽

故事整理：蔡长明　邹学传

访谈整理：蔡长明　邹学传　黄妮丽　李　敏

艺人登记、环境调查表整理：黄妮丽

地图编制：何　兴

项目统筹：何　兴

监　　制：董毅军　何　兴

总 监 制：邹志斌

兴山踩堂戏

项目负责人：何　兴

项目申报书撰写：张代久

田野调查：张代久　何　兴　朱光明　黄妮丽　曹再烈　王春花
　　　　　刘林芬　李忠溪

资料整理：张代久　黄妮丽　李　敏

田野调查报告撰写：张代久

专题片解说词撰写：张代久　黄妮丽

摄　　影：何　兴　朱光明　刘兴路

摄　　像：刘兴路　何　兴　曹再烈

电子编辑：刘兴路

播　　音：黄妮丽

剧本整理：张代久

地图编制：何　兴

项目指导：白晓萍

项目统筹：何　兴

监　　制：董毅军　何　兴

总 监 制：邹志斌

兴山全益伤科

项目负责人：张　健

总 策 划：何　兴

田野调查：黄妮丽　王春花　王爱民　钟思杰　曹再烈　李忠溪
　　　　　邹远锦　李方涛

资料整理：黄妮丽　王春花　袁书宝

田野调查报告撰稿：黄妮丽　王春花

项目申报书撰稿：王爱民

申报专题片撰稿：王爱民　刘兴路

摄　　影：何　兴

视频拍摄、编辑：刘兴路

解　　说：钟思杰

项目辅导：张正浩　段砚方

监　　制：赵　兰　何　兴　黄妮丽

总 监 制：沈　冬　任　琦

314

后记

　　我县非物质文化遗产保护中心，肩负着保护传承民间优秀文化的重任，在抢救非物质文化遗产方面取得了可喜成绩，非物质文化遗产名录数量可观，内容丰富。为进一步做好非物质文化遗产传承保护这项工作，我们举全馆之力，请有关专家把关，编辑了《香溪古韵》一书。编辑出版此书目的，旨在把储存在电子数据库中的非物质文化遗产资源，以物质的、最美的形态向社会作一个集中展示和传播，促使静态保护向动态保护转化，彰显非物质文化遗产的魅力。

　　《香溪古韵》是我县非物质文化遗产保护工作专班和众多民间艺人共同努力的成果，是集体智慧的结晶。本着实事求是原则，尊重大家的劳动，我们将"申报非物质文化遗产名录工作人员名单"附录于后，体现出"申遗"工作的集体性和严肃性。另外，《香溪古韵》采用全彩印刷，插有大量图片，为使图书内容简洁、悦目，编辑过程中，绝大多数摄影作品均未署名。对"申遗"工作田野调查现场拍摄者；专业和业余的摄影爱好者，如吴佑忠、汪发凯、黎刚健、王庆沅、丁兰、王辉、何兴、刘道霖、黄妮丽、吴瑶林、万俊、朱光明、张文兆、邹学传、蔡长明、曹再烈、刘兴路等同志所提供的大量照片，在此予以特别说明，并致以最诚挚的感谢。

　　由于编辑水平有限，书中谬误及遗憾之处在所难免，望广大读者及同仁原谅的同时多提宝贵意见！

编者

2017.7.22